本辑研究报告是北京市教育科学"十三五"规划2016年度重大课题"京津冀协同发展战略下首都教育地位、作用和变革趋势的研究"（立项编号 BMAA16012）的研究成果

北京教育发展研究报告

2018年卷

主　编◎方中雄　桑锦龙
副主编◎郭秀晶　高　兵

"四个中心"建设与首都教育新使命

"Four Centers" Constructing and
New Mission of Beijing Education

知识产权出版社
全国百佳图书出版单位

图书在版编目（CIP）数据

北京教育发展研究报告.2018年卷："四个中心"建设与首都教育新使命/方中雄，桑锦龙主编.—北京：知识产权出版社，2019.5
ISBN 978-7-5130-6216-9

Ⅰ.①北… Ⅱ.①方… ②桑… Ⅲ.①地方教育—教育事业—研究报告—北京—2018 Ⅳ.① G527.1

中国版本图书馆 CIP 数据核字 (2019) 第 073514 号

责任编辑：王颖超　　　　　　　责任校对：潘凤越
文字编辑：褚宏霞　　　　　　　责任印制：刘译文

北京教育发展研究报告·2018年卷
——"四个中心"建设与首都教育新使命

主　编　方中雄　桑锦龙
副主编　郭秀晶　高　兵

出版发行	知识产权出版社有限责任公司	网　　址	http://www.ipph.cn
社　　址	北京市海淀区气象路50号院	邮　　编	100081
责编电话	010-82000860 转 8655	责编邮箱	wangyingchao@cnipr.com
发行电话	010-82000860 转 8101/8102	发行传真	010-82000893/82005070/82000270
印　　刷	北京九州迅驰传媒文化有限公司	经　　销	各大网上书店、新华书店及相关专业书店
开　　本	720mm×1000mm　1/16	印　　张	18.75
版　　次	2019年5月第1版	印　　次	2019年5月第1次印刷
字　　数	288千字	定　　价	98.00元
ISBN 978-7-5130-6216-9			

出版权专有　侵权必究
如有印装质量问题，本社负责调换。

《北京教育发展研究报告·2018年卷》编委会

编委会主任：方中雄
编委会副主任：马谊平　桑锦龙　熊　红　刘占军
主　　　编：方中雄　桑锦龙
副　主　编：郭秀晶　高　兵

前　言

2017年中共中央、国务院批复的《北京城市总体规划（2016—2035年）》明确提出"北京是中华人民共和国的首都，是全国政治中心、文化中心、国际交往中心、科技创新中心"的基本定位，明确了北京未来的宏伟发展方向，对建设好、发展好首都进行了高端顶层设计。从世界城市发展的历史来看，教育在城市发展的地位至关重要。发达国家的世界级城市以其高度发达的教育科技体系，而成为世界学术的中心、科技创新的中心、人才聚集的中心，引领世界教育、文化和科技的发展。教育既是世界级城市的特征，又是世界级城市形成和发展的基本条件和路径。

北京城市发展"四个中心"战略定位，对首都教育发展提出新的要求。北京市委书记蔡奇在北京市教育大会讲话中，特别回应了"四个中心"功能建设中没有教育中心的问题。他指出：首都教育举足轻重，至关重要。"四个中心"是中央给北京的定位，教育虽然没有作为一个中心，但它贯穿于"四个中心"功能建设之中，无所不在。随着首都的发展，教育的分量和地位比以往任何时候都更加重要和突出。因此，深入探讨和研究首都教育发展与城市发展"四个中心"战略定位的关系问题，紧密联系新时代首都城市发展新定位对教育提出的"更高要求、特殊要求"，科学精准地规划首都教育未来发展战略，推进城教融合发展，就成为一项富有战略意义的重要课题。

首都教育发展与城市发展"四个中心"战略定位的关系问题，既是一个重大的理论问题，也是一个极具现实意义的实践命题。本辑发展报告拟以历史与比较的视角，围绕北京在实现"四个中心"战略目标过程中，教育服务于"四个中心"建设现状分析及其未来发展战略展开研究。研究思路主要从四个方面展开：一是概述，在"四个中心"提出的背景下阐述首都教育发展的相关概念，作出基本价值判断等，为后面各部分做好铺垫。二是比较研究，从历史比较和国际比较的视角展开，分析城市发展与教育的融合关系。三是应然和实然研究，再一次审视首都"四个中心"建设与教育的关系，从"四个中心"对教育的需求点和教育服务"四个中心"的着力点展开，同时分析教育的不足之处。四是战略研究，提出服务"四个中心"的首都教育发展战略。

编　者

2018 年 12 月

Preface

In 2017, *the General Urban Planning in Beijing (2016–2035)*, approved by the Central Committee of the Communist Party of China and the State Council, clearly proposed the basic orientation of "Beijing is the capital of the People's Republic of China, the national political center, cultural center, international communication center, science and technology innovation center", defined the grand development direction of Beijing in the future, and provided the top-level design for the construction and development of the capital. Viewing from the history of world city development, the education plays an important role in the process. The world-class cities in the developed countries become the world's academic center, scientific and technological innovation center, and the center gathering the talents with their highly developed educational science and technology system, leading the development of the education, culture and science and technology in the world. The education is not only the characteristics of the world-class cities, but also the basic conditions and paths for the formation and development of the world-class cities.

The strategic positioning of "four centers" of the city development in Beijing has proposed new requirements for the development of education in the capital. Cai Qi, Secretary of municipal Party committee specifically responded to the lack of education center in the functional construction of the "four centers" in his speech in Beijing Education Conference. He pointed out that education in the capital is of great significance. "Four centers" is the orientation of Beijing proposed by the central government. Although there is no education center in the "four centers", it runs through the functional construction of "four centers" and is ubiquitous. With the development of the capital, the role and status of the education are more important and prominent than ever before. Therefore, it is an important issue of strategic significance to deeply explore and study the relationship between the development of education in the capital and the strategic positioning of "four centers" of urban development, to closely link the new positioning of urban development in the new era with "higher requirements and special requirements" for education, to plan the future development strategy of education in the capital scientifically and accurately, and promote the integration of urban education and development.

The relationship between the education development in the capital and the strategic positioning of "four centers" of city development is not only a major theoretical issue, but also a practical proposition of great practical significance. From the perspective of history and comparison, this report will focus on the current situation and future development strategy of education in Beijing serving the "four centers" in the process of realizing the strategic targets of "four centers". The research ideas are mainly made in four aspects: firstly, overview of the background of the "four centers" to elaborate the relevant concepts of education development in the capital, make basic value judgments, and so on, to pave the way for the following parts. Secondly, comparative study, from the perspective of historical and international comparison, it analyzes the integration relationship between the city development and education. Thirdly, research on oughtness and reality, the relationship between the construction of the "four centers" in the capital and education shall be reviewed once again, starting from the needs of the "four centers" for education and the key point of the "four centers" for the education services, and analyzing the shortcomings of the education. Fourthly, strategic research, propose the capital education development strategy serving the "four centers".

Editor
December, 2018

目 录

概 述

一、城市与教育的发展 / 001

二、北京城市与教育的历史发展 / 009

三、新时代"四个中心"城市建设与首都教育的新发展 / 014

第一部分 比较：城市定位与教育发展

第一章 首都城市发展与教育发展关系的历史轨迹 / 025

第二章 世界城市定位与教育发展概况 / 044

第三章 世界城市与教育的融合发展 / 086

第二部分 审视："四个中心"建设与首都教育的关系

第四章 首都教育发展站在新的历史起点上 / 101

第五章 首都教育是政治中心功能建设的重要阵地 / 125

第六章 首都教育是文化中心功能建设的重要载体 / 140

第七章　首都教育是国际交往中心功能建设的重要窗口　/　162
第八章　首都教育是科技创新中心功能建设的重要支撑　/　186

第三部分　展望：服务"四个中心"建设的首都教育发展与变革趋势

第九章　面向 2035 首都教育发展价值选择和战略重点　/　217
第十章　面向 2035 首都教育体制机制改革趋势　/　233

附　件　聚焦："教育 2030"视域下 OECD 的倡议与行动　/　256

参考文献　/　279

后　记　/　283

Contents

Overview

I. City and Education Development / 001

II. History Development of City and the Education in Beijing / 009

III. New Development of City Construction and Capital Education of "Four Centers" in New Era / 014

Part I Comparison: City Positioning and Education Development

Chapter 1 Historical Track of the Relation between the Capital City Development and the Education Development / 025

Chapter 2 World Cities Positioning and Education Development / 044

Chapter 3 The Development of Integration Between World Cities and Education / 086

Part II Review: The relationship between the construction of "four centers" and capital education

Chapter 4 The capital education development stands at a new historical starting point   /   101

Chapter 5 The capital education is an important position for the functional construction of political center   /   125

Chapter 6 The capital education is an important carrier for the functional construction of cultural center   /   140

Chapter 7 The capital education is an important window for the functional construction of international communication center   /   162

Chapter 8 The capital education is an important support for the functional construction of science and technology innovation center   /   186

Part III   Prospects: Capital education development and change trend serving the construction of "four centers"

Chapter 9 Strategic Key Points for 2035 Capital Education Development   /   217

Chapter 10 Reform Trend of Capital Education System and Mechanism in 2035   /   233

Appendix Focuses on OECD Initiatives and Actions from the Perspective of "Education 2030"   /   256

Reference   /   279

Postscript   /   283

概 述

面对新时代、新形势、新要求,城市作为社会发展的重要载体,其现代化既是社会现代化的重要体现,也是社会现代化的重要推动力。城市现代化需要具有创新能力和现代素质的人才,也需要城市市民具有现代文明素质。城市现代化对教育发展提出了更为迫切的任务和更具现代性的发展要求。同时,教育现代化也离不开城市现代化,特别是城市教育的现代化更是城市现代化的重要组成部分、重要动力和主要标志,城市教育现代化引领和带动着整个教育现代化。城市和教育经历长期的互动发展过程,到今天这个新时代,城教融合发展已成为现代城市与教育发展的内在要求,成为实现城市现代化和教育现代化的基本选择。

一、城市与教育的发展

(一)城市的内涵

城市是人类社会发展到一定阶段后产生的文明,既是人类社会高级的聚集之地,也是人类社会交易之所,更是人类社会发展之道。教育作为人类社会产生以来自带的重要基因,既是人类社会发展的生存需要,也是人类社会发展的基本动力。城市之产生必然带着教育的因子,人群聚集、交易、生活、生产必然需要和产生了教育活动,适应人群需要的教育活动必然会推动城市发展。随着城市发展,城市之中的教育也得到相应的发展,教育活动更加普遍、更加多样、更加体系化。常说的城市是大学的诞生之地,就是城市发展到高级阶段对教育发展出高等教育创造了条件和环境。

城市发展到当今时代，城市现代化程度更加高级，相应地，城市中的教育现代化也需要发展到与之相适应的高级程度。现代城市与现代城市教育已经形成了互惠互利、互生共荣的融合发展关系。这种关系来自两者发展的历史，也基于两者发展的现实，更是面向两者共同发展的美好未来。

一个城市的发展会经历规模上的由小到大、结构上的由简单到复杂、功能上的由单一到多样、效益上的由少到多的多个阶段，城市能够发展到哪种程度取决于多种多样的条件和机遇。可以说，现今的每一个大城市能够发展到目前的程度，都有着自己独特的条件支持和发展机遇。在城市发展的不同阶段，对于教育的需要是不同的，其教育发展的形态也是不同的。形成与现代大城市相匹配的教育也是经历了独特的发展阶段，也会有一个教育规模由小到大，结构由简单到复杂，功能由单一到多样，效益由少到多的发展过程。城市与教育的相互伴生的发展关系是根植于城市与教育的内在属性之中的，是两者发展规律的基本体现。这种关系发展到现代社会，由于城市与教育的现代属性的增长，两者的融合发展成为新的要求，也成为两者关系的新性质。现代城市的发展必然是现代教育融合于其中的发展，而现代城市教育的发展也必然是现代城市产生和推动的发展。

一个城市的发展会形成与这个城市相匹配的城市教育。多个城市的发展会产生多样的城市教育。一个国家的城市是多种多样的，并形成了带着这个国家特点的城市体系，包括多样规模与结构的小城、中城、大城、超大城市，等等；包括多样功能与效益的经济型城市、政治型城市、教育型城市、开放型城市，等等。与国家城市体系相适应，也会形成带有这个国家特点的城市教育体系，并与农村教育体系一起组成整个国家教育体系。在国家教育体系当中，随着城市现代化程度的提高，城市教育必然会成为国家教育体系的重要部分，其现代化发展成为决定国家教育体系现代化程度的基本因素。犹如城市与农村关系一样，城市教育代表着国家教育发展方向，代表着国家教育现代化发展程度，对农村教育的发展发挥着引领和示范作用，提升着农村教育的现代化程度。当国家发展到高度城市化阶段，农村将成为城市的一部分而存在，农村教育也将与城市教育一样，其现代属性与城市教育将无差别，都成为现代教育。到那时，一个国家教育分为农村教育与城市教育两类的局面会消失，农村教育的称谓会取消，城市教育的称谓也会逐步取消，称呼教育就是指城市教育，城市教育就是一个国家的教育。

现代城市是适应工业化社会的发展而逐步发展的，与工业化社会发展要求相适应的现代教育也是随之逐步发展的，从决定性意义上来说，现代教育的发展就是现代城市教育的发展，不管是基础教育的发展，还是高等教育的发展，不管是现代学校体系的健全，还是终身教育体系的完善，都是现代城市所产生和推动，都是现代城市教育逐步发展的体现和结果。随着工业化社会逐步进入信息化、知识化社会，现代城市发展面临新的要求和机遇，需要有新的动力和支持，从而对现代城市教育提出新要求，也提供新的发展机遇。作为培养人的社会活动，作为具有知识传承与创新功能的教育，在信息化、知识化社会发展中越来越发挥着基础性、全面性、先导性的作用，越来越成为现代社会发展的决定性因素，也越来越成为现代城市发展的决定性因素。推进城市与教育融合发展是适应现代化社会发展趋势的根本要求，也是现代城市和现代教育发展的内在要求。

（二）城市与教育的作用关系

从城市与教育发展的历程来看，教育对城市发展的作用主要体现在以下几个方面。

其一，教育为城市发展培养高素质的建设者和人才。每个城市发展都具有其独特的路径，形成特定的产业结构和转型升级发展的特殊要求，形成特定的社会、经济、政治、文化、科技等发展局面，从而对建设者和人才的需求也具有独特性。虽然城市发展所需要的建设者和人才可以通过非本城教育的发展来满足，但本城教育的发展应将培养本城市所需要的建设者和人才放在优先位置，率先满足城市发展的需要。从城市发展的经济效益和人才培养的规律而言，城市教育只有与城市发展的实际相结合，只有将培养人的过程与使用人的需求相结合，才能真正培养出适应城市发展的人才。而城市发展依赖与依靠本城市教育所培养的人才，也更为经济更具效益，毕竟城市需求与教育供给之间的衔接与结合更为紧密、更为有效。

城市教育特别是城市高等教育和职业教育的发展，必须结合当地城市发展的需要，必须走城教融合的路子，才能培养出城市发展的人才，推动城市的持续发展。

其二，教育为城市发展提供知识与科技支撑。城市发展越到高级阶段，其所遇到的产业发展、文化发展、政治发展、科技发展、教育发展、文化发展、环境生态发展以及城市管理等方面的新问题越会层出不穷，对相应的知识与科技的要求也会更加迫切。教育特别是高等教育有知识传承与创新的功能，有推动科技发展的作用，能够为城市发展提供其需要的知识与科技支撑，特别是能够提供满足城市独特发展并形成城市发展特色的本地性知识和科技创新。针对教育特别是高等教育和职业教育聚焦城市发展所遇到的问题开展科学研究和人才培养，更能够创造和产生本城市发展所需要的新知识和新科技，从而更好地推动城市创新发展。

其三，教育为城市发展提升市民素质。城市发展是为了市民发展更好，是为了市民幸福生活服务的。城市发展也是通过所有市民的作为来实现的。从这种意义上来说，市民素质决定着城市发展的过程和结果，也体现着城市发展的文明程度。教育作为提升人综合素质和文明程度的基本途径，对于城市市民的素质提升起着决定性作用。城市教育特别是形成完善的终身教育体系的城市教育，对于每个市民的素质更是发挥着基础性、决定性作用，对于形成城市文明，提升城市发展的品质发挥着重大的促进作用。一个城市的教育对那些由农村或其他地区进入城市的新人口实现素质提升、更好融入城市生活之中、真正转变成这个城市的市民，发挥着基础性的重要作用。通过加强这些新移民的融入教育，对于提升全体市民的素质，提升整个城市发展的质量，都是一个必不可少的手段和有效措施。

其四，教育为城市发展营造和谐社会氛围。城市发展涉及市民生活的方方面面，需要满足市民各种各样的需求。教育作为市民生活的重要方面，作为市民的重要的基本需求，其发展既是城市发展的内在部分，也是满足市民其他需求的重要基础。城市教育通过教育社会化和社会化教育的相互促进，特别是加强每一所教育机构与当地社区的紧密互动关系，构建学校、家庭、社区三位一体的居民生活体系，充分发挥每一所学校在社区中的文化中心功能，可以将城市教育融入城市发展的方方面面，融入市民生活的方方面面，改善人际关系，协调多方面关系，为城市发展营造和谐社会氛围，促进城市协调健康地发展。

其五，教育为城市发展集聚资源。城市发展需要各方面的资源，特别是劳动力资源和人才资源。城市发展越高级，对高素质劳动力资源和优质人才资源的需要就越多。而人往高处走是劳动力和人才流动的基本趋向。城市教育不仅通过培养高素质劳动力资源和优质人才资源为城市发展服务，而且通过自身的发展可以吸引和集聚其他城市和国家的劳动力和人才来为本城发展服务。城市教育通过发达的基础教育可以吸引那些高度重视子女享受优质教育的人才，通过发达的职业教育和高等教育可以吸引那些优秀学子和重视优秀人才的企业，从而为城市发展集聚更多的资源，为城市发展提供源源不断的动力。

城市发展与教育发展是相互促进、相互呼应、相互作用、互惠互利的共同发展关系。相应地，城市对教育发展的作用主要体现在以下几个方面。

其一，城市为教育发展提供要素支持。教育发展需要人、财、物等要素，教育活动也需要人员、场地、经费、设施设备、手段工具、制度规范等要素支持。而这些教育发展的要素和教育活动的要素，城市都可以提供，能够确保教育发展的需要，确保教育活动顺利开展。现代城市经济的发展、财政的富足可以为教育发展提供充足的经费，文化的发展可以为教育发展提供丰富的教育内容，科技的发展可以为教育发展提供创新的知识和先进的技术手段，政治的发展可以为教育发展提供可靠的制度与政策，城市空间的发展可以为教育发展提供足够的教育用地和发展空间，社会的发展可以为教育发展提供和谐的人际关系支持。现代教育发展所需要的各种要素，现代城市都可以提供。但是，现代城市为教育发展提供各种要素不是无止境的，也不是无成本的，既要考虑教育发展自身的需求，更要考虑城市发展对教育发展提出何种需求。一般而言，城市对教育发展提供要素支持的基本标准就是教育发展通过这些要素能够充分地满足城市发展所提出的各种教育需求，所需要教育发挥的功能和作用。

其二，城市为教育发展提供需求引领。城市发展需要教育。在这种意义上说，教育发展就是教育满足城市发展需求的过程。正是通过不断地满足复杂多样且日益更高更新的城市发展需求，教育发展才成为现实，才能够持续地进行。一般而言，城市发展需求主要包括人才、知识、制度、资金、土地、水等自然资源和社会资源。城市发展需求是不断变化和发展的。就以人才而言，城市发展的阶段不同、类型不同、目的不同都会对需要的人才提出不同的要求，而这些人才要求就对教育发展提供了引领，要按照城市发展所需要的人才素质、类型、规模等来发展相应的教育，开展相应的人才培养活动。现代城市发展对教育所提出的要求越来越多样复杂，引领着现代教育的发展。

其三，城市为教育发展提供环境支撑。教育发展需要有一个良好的环境支撑。教育作为城市的一部分，教育发展作为城市发展的一部分，教育发展需要城市提供一个良好的环境。城市作为整体，可以为教育发展提供相应的支持和制约，确保教育发展符合城市整体发展的需要；同时，城市作为政治、文化、科技、社会、教育等部分所共同组成的整体，可以引导其他组成部分与教育形成良好互动关系，为教育发展提供各方面的环境支撑。现代教育的发展正是在现代城市这一载体和这一环境支撑下得到发展的，也将会在适应城市环境变化和得到城市环境支撑的基础上获得持续的发展。

城市与教育的相互作用是在一定条件下发生的，其作用的好与坏在很大程度上由城市和教育是否相协调所决定，也就是城市对教育发展发挥正向的作用；同时，教育对城市的发展也发挥正向的作用，两者在正向的相互促进的互动中共同发展。在实践中，我们所追求的是城市与教育的融合发展，两者形成正向自加强的互动融合共同持续发展的生态。而所谓的一定条件下，指的就是我们采取的城市发展政策和教育发展政策是适合城教融合发展的，我们所采取的具体行动确实是符合城教融合发展规律的。由于我们对城教融合发展规律的认识是随着一定时代、一定阶段、一定条件下的状况会有不同的变化，并不能确保我们所制定的政策和所采取的行动一定是正确的，所以我们对城教融合发展的推进会有不同的效果，需要我们在实践中不断地提高认识，不断地修正政策措施，不断地寻找更好的方式方法。

(三)城市与教育融合发展

城教融合发展指的是城市与教育融合发展,教育发展融入城市整体发展中,为城市整体发展提供动力和支撑,而城市整体发展也为教育发展创造良好环境与条件支持,两者之间形成了和谐的互相支持、互相联动的紧密发展关系。

城教融合既体现了现代城市发展的基本特点,也彰显了现代教育发展的内在属性,具有三个主要特征。

一是城市发展与教育发展的良好互动性,城市发展与教育发展互相促进,在良好的相互作用中共同发展;二是城市发展与教育发展的动态协调性,城市发展与教育发展彼此协调,在适应彼此的变化中获得共同发展;三是城市发展与教育发展的可持续性,城市发展与教育发展立足人与社会的发展,在持续促进人和社会全面发展的过程中获得共同发展。

城市与教育的融合发展就犹如糖与一杯水的关系,糖溶于水中,使水具有了甜味,提升了水的品质与口感,让人们对生活感到更加幸福;同时,由于糖溶入水中,可以让更多的人享受到糖的福利,扩大了受益群体,利于整个社会的和谐发展。糖能否充分地溶入水中也取决于水的温度,取决于适宜糖充分溶入水中的环境与条件。由此来看,城市与教育的融合发展至少有相辅相成的两种互动关系和互惠利益。一方面,教育融入城市发展中可以提升城市发展的品质,改善人民的生活水平,提高人民的幸福感与获得感;同时,教育融入城市发展中可以扩大教育的普及程度和覆盖面,推动教育更好地发展并惠及更多的人民。另一方面,教育与城市融合发展也取决于城市为教育发展提供的适宜条件和良好环境,城市发展好,为教育发展提供的条件与环境就更好;而教育发展越好,融入城市发展越好,则城市发展也就更好。城市与教育的融合发展如果形成互相适应的良好互惠关系,则走上了一条自我加强、自我实现的康庄发展大道。相反,如果教育与城市发展相互不适应、不协调,教育非城市发展之需要,城市非教育发展的环境,则两者关系犹如一锅粥与一粒老鼠屎的关系,必然坏了城市整体发展，也坏了教育的声誉、地位及作用。这也从反面说明了城市与教育的融合发展既是城市发展的必需，也是教育发展的必需。

城市与教育的融合发展可从三个角度来观察和推进。一是整体与部分的关系，教育作为城市的组成部分，其发展要适应城市整体发展的需要，能够为城市发展提供动力和支持，实现以部分改变整体的关键作用，同时，城市作为整体，也为教育发展提供一种约束和条件，形成一定的激励约束机制，为教育这个部分实现整体约束下的发展提供条件与环境；二是部分与部分的关系，教育作为城市发展的一部分，与城市发展的其他部分，如经济、社会、科技、政治、文化等部分互动发展，通过部分与部分之间的融合发展，推动和实现城市整体发展，同时教育与其他部分也得到发展；三是内部与外部的关系，教育作为城市内部因素，与城市外部的教育、经济、社会、政治、文化等因素相互作用，通过这种内外融合发展，为城市发展创造良好的外部环境和有利条件，推动城市整体发展。由这三种角度来看，城市与教育的融合发展是一个涉及多种因素的综合发展，取决于多方面主体的选择和长期互动中形成良好关系，需要树立一个全面、系统、整体、可持续的发展观念。

纵观世界各大城市发展的历史轨迹，教育在城市发展中始终发挥着重大作用，是一个城市文明进步的重要标志之一。很多发达国家的世界级城市都拥有先进发达的教育体系，它们引领着世界学术、科技创新的发展。世界级城市也是人才的聚集地，一个引人注目的世界级城市离不开教育的改革与发展，像纽约市有20多所世界名校，先进的教育体系极大地提高了纽约市在全世界的地位。北京是中国的首都，是全国政治中心、文化中心、国际交往中心和科技创新中心，是向世界展示我国文明与进步的重要平台，因此，多年来，北京教育的发展格外受到关注。要想深入研究首都教育发展与"四个中心建设"的关系问题，我们需要了解首都城市发展与教育发展的历史轨迹，也要深刻理解北京作为首都，在教育发展方面承载了哪些责任以及北京具有哪些教育方面的优势。

二、北京城市与教育的历史发展

（一）北京城市发展

北京城市发展到如今的程度，经历了一个长期的发展过程，体现了城市发展由小到大、由简单到复杂、由单一到多元等一般规律，同时也有着自己独特的发展特色和特定规律。一般而言，北京城市发展可以分为四个时期。

第一个时期（50多万年前—公元前222年），是北京地区出现古代人类活动到城市的起源和初始发展时期。北京最早建城于西周初年燕国，距今已3000余年，并随着统治需要得到初步发展。

第二个时期（公元前221年—公元937年），是北京地区从封建统一国家的东北军事重镇、交通贸易枢纽到北部地区的多民族大城市时期。北京作为一个重点强调军事功能的区域性大城市而不断发展。

第三个时期（公元938年—1949年），是北京在封建社会中后期和半殖民地半封建社会中逐渐上升为全国政治、经济、文化中心的时期。北京逐渐作为独一无二的国家都城而得到重点发展。

第四个时期（1949年至今），是北京作为中华人民共和国的首都时期。北京作为首都伴随国家和城市现代化建设而不断地探索具有中国特色、首都特点、北京城市风格的现代首都城市发展独特道路。

从北京城市发展历程可以看到，北京文化源远流长，历史非常连贯，地位不断递升，造就了北京历史文化的丰富、厚重和区域特点非常鲜明；北京是不同民族、不同文化大融合、大交汇之地，尤其是北方草原文化和中原农业文化的交接地带，造就了北京文化的丰富多彩，又造成北京历史发展的复杂性和曲折性，民族矛盾、民族斗争表现得十分突出；北京城市发展的优势在于其独特的空间区位优势、自然地理和人文地理空间位置上的过渡性及政治地位的重要性，优越的地理位置，独特的多方位的衔接性，使之成为首都所选之地。北京城市之所以有这样的发展历程和今日之发展地位，我们不能不看到北京教育在其中所发挥的重要作用。不管是文化的传承，还是多民族文化的交流融合；不管是城市自身管理和市民生活发展需求的满足，还是作为首都对全国的有效统治和全体国民的教化，都离不开北京教育的相应发展和作用的发挥。不说与科举制度密切相关的教育对封建王朝统治和社会稳定发展的作用，就以清朝末年开始探索现代教育发展以来而言，北京教育作为首都的教育，都在全国起着示范引领的作用，占据着"首善"的地位，与北京城市作为首都的地位和功能要求相适应并服务于首都城市的发展。同时，北京教育在这种适应和服务首都城市发展的过程中，也形成了自身的发展路径和发展特色，与全国其他城市的教育相比较而言，获得了整个国家更多的资源和各种支持，取得了更为巨大的发展成就。

如果说中华人民共和国成立前的北京城市发展与教育的发展属于城市发展与教育发展互动发展的初期，更多的是城市发展决定和主导着教育发展，教育于城市发展而言是一种必需的城市功能而存在，并获得发展，那么中华人民共和国成立以来的北京城市发展和教育发展则更为突出首都城市性质前提下的更为明确的城教融合发展，历次北京城市发展规划都将教育作为重要组成部分和重要内容予以明确的规划与安排，强调了教育发展要主动地适应城市发展的需要，要更主动地体现和突出首都城市性质，要发挥出促进北京城市发展的正向作用。在这种主动适应和服务中，北京教育的首都性质逐步强化和突出，逐步在政策上和措施上明确首都教育概念，以此引导北京教育发展，并促进北京城市发展，探索到一条城教融合发展的新道路。

（二）首都教育[1]发展

2004年北京市教育大会首次提出首都教育这一概念，并明确了其内涵和目的。在大会发布的《中共北京市委北京市人民政府关于实施首都教育

---

[1] 从概念辨析而言，"北京教育"与"首都教育"具有不尽相同的内涵范畴，前者主要是一个地域概念；后者除地域内涵外，更是一个政治概念，为北京市的教育赋予了首都性质的内在禀赋，凸显了北京市教育发展与北京这座城市作为伟大社会主义祖国首都之间的独特关系与特殊地位。为突出北京教育所具有的政治属性，本部分内容统一采用"首都教育"的称谓。

发展战略率先基本实现教育现代化的决定》中明确指出,"首都教育是与北京作为全国政治中心、文化中心的功能地位相匹配,与弘扬先进文化、建设'首善之区'的要求相适应,以培养高素质人才为核心,以集成区域教育资源为优势,以优质、协调、开放、创新为特色的教育"。文件还明确指出北京市教育改革发展的战略就是首都教育发展战略,而"实施首都教育发展战略必须坚持内涵发展、人才强教、资源统筹、开放创新的方针,使首都教育实现全面、协调、可持续发展"。首都教育的提出和首都教育发展战略的实施,其目的就是"为了实现到2010年首都教育改革发展的总目标,在全国率先基本实现教育现代化",就是"为充分发挥教育在北京全面建设小康社会、实现'新北京、新奥运'战略构想中的先导性、全局性、基础性作用"。从这些规定中,我们可以看到首都教育体现了北京城市发展和教育发展的相匹配、相适应、相促进的互动关系,已经在很大程度上体现了城教融合发展的基本思想,突出了首都教育在北京城市发展中的地位和作用,也突出了北京城市发展对于首都教育的内在规定性和基本要求。

首都教育的提出既是北京市教育改革发展内在规律的要求,也是北京市教育贯彻落实中央对北京城市发展定位的重要策略,更是北京作为首都推动城市发展的基本要求。从北京市教育改革发展内在规律的要求来看,当时的北京市教育自改革开放尤其是"九五"时期以来,就始终保持了持续、快速、健康发展的良好势头,取得了全国率先普及九年义务教育(1993年)、率先普及高中阶段教育(1999年初中毕业生升学率达到96.2%)、率先进入高等教育普及化阶段(2003年高等教育毛入学率达到52%)的重大成就,进入了向现代化迈进的新阶段。在这个新阶段,首都教育的提出和首都教育发展战略的实施正是适应北京市教育改革发展的内在要求,以整合区域的教育资源来打造符合首都城市发展要求的现代终身教育体系和学习型社会,以满足人民群众不断增长的对优质公平教育的需求。同时,首都教育的提出,也表明了首都教育不仅具有北京市地方性质,更是具有国家首都性质,需要北京市和国家共同来发展。

从贯彻落实中央对北京城市发展定位的重要策略来看,北京市教育始终是按照中央对首都城市发展性质、功能定位等要求来进行改革发展的,始终将主动适应和服务首都城市发展作为重要指导和基本遵循。早在1980年，中央书记处对北京建设提出四条指导思想：要把北京建成社会秩序、社会治安、社会风气和道德风尚最好的城市；最清洁、最卫生、最优美的城市；科学、文化、技术最发达，教育程度最高的第一流的城市，并且在世界上也是最发达的城市之一；要使北京经济上不断繁荣，人民生活方便、安定。从中可以看到，中央对于北京城市建设目标的要求中明确地指出北京市教育改革发展的要求，就是"教育程度最高""在世界上也是最发达"。这既表明北京市教育自身发展要达到的程度，也表明唯有这样的教育才是符合北京城市发展需要的，也才是能够促进北京城市发展的教育。同时，这也表明北京城市发展包含着首都教育发展，首都教育发展是北京城市发展的重要组成部分，也是北京城市发展的重要成果和标志。

到1993年，国务院对《北京城市总体规划》的批复中明确指示，"北京是我们伟大社会主义祖国的首都，是全国的政治中心和文化中心"，"要不断改善居民工作和生活条件，促进经济、社会协调发展，成为全国文化教育和科学技术最发达、道德风尚和民主法治建设最好的城市；……将北京建设成经济繁荣、社会安定和各项公共服务设施、基础设施及生态环境达到世界第一流的历史文化名城和现代化国际城市。"同时，明确提出"四个服务"要求："为党政军首脑机关开展工作服务""为国家教育、科技和文化的发展服务""为日益扩大的国际交往服务""为市民的工作和生活服务"。从中可以看到，中央再次将北京市教育发展作为首都城市发展的应有之义，明确提出成为"全国最发达"的要求，也首次提出了教育作为"四个服务"的重要内容，北京城市发展要为教育发展提供服务，要能够促进首都教育发展，从而进一步揭示北京城市发展与教育发展的相互促进、共同发展的密切关系。

进入21世纪后，在2005年，国务院常务会议讨论并原则通过《北京城市总体规划（2004—2020年）》，要求北京进一步凸显"国家首都、世界城市、文化名城、宜居城市"的城市性质和功能定位，并再次强调"四个服务"的要求和教育在北京城市发展中的基础地位和作用，指出在北京城市发展中要"贯彻更好地为中央党政军领导机关服务、为日益扩大的国际交往服务、为国家教育、科技、文化和卫生事业的发展服务和为市民的工作和生活服务的原则","突出政府社会管理和公共服务职能,高度重视科技、教育、文化、卫生、体育、社会福利等社会事业的发展"。从中可以看到,中央对于北京城市作为国家首都性质的一贯强调,对教育在北京城市发展中地位和作用的一贯重视。作为响应和贯彻《北京城市总体规划(2004—2020年)》要求的2004年北京市教育大会,基于北京城市的国家首都性质,基于北京市教育作为北京城市重要组成部分的基础地位和作用,基于北京教育与北京城市发展的密切关系,强调和突出北京市教育的首都性质,进而创新性地提出首都教育这一独特概念,也正是贯彻落实中央对于北京城市发展一贯要求的必然选择和科学决断。

自首都教育提出以后,首都教育事业改革发展不断地取得新的成就,为巩固首都教育在北京城市发展中的基础地位,充分发挥首都教育在北京城市发展中的基础性、先导性、全局性作用提供了坚实的基础。为此,2011年3月召开的北京市教育工作会议明确指出,"经过多年的不懈努力,首都教育事业全面发展,教育普及程度已经基本达到世界发达国家平均水平,基本实现教育现代化的目标,教育资源已经成为北京最珍贵的资源,人才优势已经成为北京最突出的优势,教育为推动首都科学发展、促进社会和谐、提升市民素质作出了重要贡献"。2016年在《北京市"十三五"时期教育改革和发展规划》中进一步总结指出:"'十二五'时期,首都教育坚持优先发展、统筹协调、优质育人、改革创新,全面深化教育领域综合改革,在一系列重点领域和关键环节取得突破,顺利完成了'十二五'规划确定的主要目标和任务,进一步提高了首都教育现代化水平。""'十二五'时期首都教育改革与发展取得的成就,为满足人民群众日益增长的教育需求,推进首都经济社会持续健康发展奠定了坚实基础。首都教育现代化建设站在了新的历史起点上。"

回顾北京市教育改革发展的历程,首都教育的提出具有重大的里程碑意义。首都教育打破了一直以来的以行政区划来称呼当地教育的传统,突破了北京市行政所属教育的限制,将北京区域所拥有的原本归属不同部门的教育都纳入首都教育之中,作为一个整体来发展,并作为首都城市的一个重要部分更好地融入首都城市发展之中。以首都教育来指代北京市教育，对于明确北京市教育的性质、地位及其发展方向发挥了奠基和引领作用，对于体现北京城市发展与首都教育发展密切互动关系也起到了重要作用。首都教育，首次鲜明地彰显了北京市教育在全国独一无二的特殊性，首次鲜明地指出了北京市教育与首都北京这座伟大城市的特殊关系，从此使首都性质成为北京市教育的内在禀赋，使首都教育成为全国教育事业改革发展中的独特存在，使首都教育成为体现中国教育在中国特色社会主义现代化建设中具有基础性、先导性、全局性地位的标志，也使首都教育在首都北京城市发展中的基础地位更加稳固，为进一步推进城教融合发展，推进北京城市现代化和首都教育现代化奠定了坚实基础。

三、新时代"四个中心"城市建设与首都教育的新发展

"十三五"之初，中央明确了首都北京作为"全国政治中心、文化中心、国际交往中心、科技创新中心"的城市战略定位，明确了建设国际一流和谐宜居之都的发展目标，北京城市发展与首都教育发展进入了一个新时代。面对新时代，首都教育发展需要始终围绕北京"四个中心"城市战略定位，不断强化首都教育在服务首都城市发展中的自觉性和重要性，充分发挥首都教育发展促进北京城市发展的重要作用，以率先实现首都教育现代化，更好推动北京城市现代化的实现。

（一）首都教育是建设国际一流和谐宜居之都的必要保障

北京作为伟大社会主义祖国的首都，其发展一直都与党和国家的历史使命紧密联系在一起。2014年，习近平总书记在北京视察时指示要"努力把北京建设成为国际一流的和谐宜居之都"，为北京当前和未来的发展道路指明了方向。2017年年初习近平总书记再度视察北京时强调，要深入思考"建设一个什么样的首都，怎样建设首都"这个问题，把握好战略定位、空间格局、要素配置，做到服务保障能力同城市战略定位相适应，人口资源环境同城市战略定位相协调，城市布局同城市战略定位相一致，不断朝着

建设国际一流和谐宜居之都的目标前进。2017年6月，北京市委书记蔡奇在中共北京市第十二次代表大会上强调，要把习总书记视察北京的重要讲话精神切实贯彻落实到全市工作的全过程和各个方面，进一步明确指出要"努力把北京建设成为拥有优质政务保障能力和国际交往环境的大国首都，弘扬中华文明与引领时代潮流的文化名城，全球创新网络的中坚力量和引领世界创新的新引擎，人民幸福、社会和谐的首善之区，天蓝水清、森林环绕的生态城市，世界超大城市可持续发展的典范"。在首都硬件条件已经比肩现代化国际大都市的今天，上述目标的实现将更深刻地依赖于由市民素质、城市文明、公共服务、生态环境等软指标所展现的城市现代化水平上，而这些软环境的发展无一不需要首都教育作为其发展的基础保障。可以说，在"四个中心"建设中，首都教育举足轻重，至关重要。在2018年10月北京召开的全市教育大会上，蔡奇书记指出："四个中心"是中央给北京的定位，教育虽然没有作为一个中心，但它贯穿于"四个中心"功能建设之中，无所不在；首都教育是加强"四个中心"功能建设、提高"四个服务"水平不可或缺的重要基础和支撑力量，是满足人民群众美好生活新期待的重要方面；随着首都的发展，教育的分量和地位比以往任何时候都更加重要突出。

　　首先，首都教育是提高首都公民素养的根本途径。建设和谐宜居的大国之都，离不开经济的助力、文化的繁荣、生态环境的改善、社会治理体系的完善等，而这些要素的发展归根结底都在于人的发展。培养适合新时期首都经济社会发展所需的各领域建设者和接班人，以及具有高度责任感与良好素质修养的首都公民，成为首都教育义不容辞的历史使命。随着生产力的稳定和人民生活水平的提高，由物质积累对首都城市可持续发展的带动作用将不那么明显，而精神文明建设对首都发展的刺激作用必定会日益凸显。在这种形势下，和谐宜居之都的建设必将越来越倚重于以人为载体的内涵要素的发展，首都教育在人才培养和公民塑造中所承担的基础性作用亟待得到更充分的发掘。

　　其次，首都教育是增强首都人民获得感的重要源头。世界一流和谐宜居之都的要义之一在于"人们生活实现新提高"，❶教育作为人民生活的重要组成部分，承载着人民的期盼，自然构成了首都民生建设的基本内容和首都人民获得感的重要来源。《北京市"十三五"时期教育改革和发展规划（2016—2020年）》指出，"随着首都经济社会快速发展和人民生活水平日益提升，人民群众的教育需求呈现出多层次、多样化、个性化、高质量等特点。满足人民群众教育需求，解决教育热点难点问题，是首都教育改革发展的重要方向"。回应人民群众对首都教育的期待，办人民满意的首都教育，进而提高人民生活品质和城市竞争力，是建设世界一流和谐宜居之都的应有之义。

（二）首都教育是落实北京"四个中心"城市战略定位的中坚力量

其一，首都教育是政治中心功能建设的重要阵地。作为一国之都，北京不仅是我国中央政府所在地，也是各国政要、外交人员往来的集中地，是国内外诸多重要赛事会议的承办地，具有突出的政治属性，对社会安全稳定具有超越国内其他城市的特殊要求和更高标准。正因如此，首都教育具有特殊重要性、高度敏感性、极端复杂性，教育领域也随之成为意识形态的前沿阵地、安全稳定的风向标。❷首都教育通过培养和储备具有较高政治素养的专门人才、为党政外交活动提供支持与服务、塑造良好意识形态环境等方式，在人才、服务、思想等方面全面助力"四个中心"建设。作为培育和践行社会主义核心价值观的重要渠道，首都教育凭借其广泛的覆盖性和直接的渗透性，成为培养社会主义建设者和接班人的主要力量，是维护首都意识形态安全稳定的重要阵地。

其二，首都教育是文化中心功能建设的重要载体。教育既是具有文化属性的符号，也是文化传承、传播与创新的工具。为把北京这座千年古都"建设成为社会主义物质文明与精神文明协调发展，传统文化和现代文明交

---

❶ 蔡奇. 更加紧密团结在以习近平同志为核心的党中央周围　为建设国际一流的和谐宜居之都而努力奋斗［EB/OL］.［2017-06-19］.http://cpc.people.com.cn/n1/2017/0627/c64102-29365001.html.

❷ 蔡奇. 北京市教育大会讲话［Z］.2018-10-18.

相辉映，历史文脉与时尚创意相得益彰，具有高度包容性和亲和力，充满人文关怀、人文风采和文化魅力的中国特色社会主义先进文化之都，推动北京朝着世界文化名城、世界文脉标志的宏伟目标迈进"，[1]首都教育应进一步加强其对于我国优秀文化进行保护与传承、传播与交流、丰富与创新等方面的承载力。一方面充分挖掘和发扬教育的文化属性，积极引导普通民众增强对中华优秀传统文化、革命文化、社会主义先进文化的认同感与自信心；另一方面培养一批能够促进文化中心建设的专业人才，提升首都教育对文化的凝聚荟萃、辐射带动、创新引领、展示交流和服务保障能力。

其三，首都教育是国际交往中心功能建设的重要窗口。首都教育的发展既是国际交往中心功能建设不可或缺的渠道和平台，也是首都软文化外交的重要组成部分。首都教育作为我国教育现代化建设的排头兵，不仅在教育国际化的发展上具有较为突出的比较优势和活跃表现，集中反映和展示着北京乃至全国教育现代化发展的卓越成就，而且主动担负起承接国际交往中心建设的公共服务与资源保障功能。一方面，首都教育通过扩大教育对外开放、推进人文交流等途径，支持构筑全方位、多层次、宽领域、高水平、有影响的首都教育开放合作新格局；另一方面，面对日益增长的国际交往需求，首都教育致力于培养一大批具有国际化视野、拥有跨文化沟通能力、能够参与国际事务的国际化人才，并逐步优化对外教育服务环境，这是提升首都教育国际影响力、竞争力和吸引力的重要内容。

其四，首都教育是科技创新中心功能建设的重要支撑。以培养高水平创新人才为使命的高校，是科技创新的重要阵地。在高校云集的首都，科技和人才是其最大的优势。首都高校在培养高水平创新人才、提供科技创新原动力、提升科技创新驱动辐射力、增强首都研发集群优势等方面一直发挥着积极作用。在经济发展新常态下，随着科技对于首都经济社会发展的影响力日益增大，人才在科技发展推动社会进步过程中的决定性作用得到了进一步加强。只有不断提高首都劳动者队伍的整体知识水平，不断提

---

[1] 北京市人民政府.北京市"十三五"时期加强全国文化中心建设规划［EB/OL］.［2016-06-03］.http://www.ce.cn/culture/gd/201606/15/t20160615_12884420.shtml.

高拔尖人才的科技创新能力，不断提高科研成果的有效转化率，首都作为全国科技创新中心的地位才能获得持续助力。从这个意义上说，推动科技创新中心建设的基础正在于首都教育。

（三）首都教育是推动京津冀协同发展的持续引擎

京津冀协同发展战略和雄安新区"千年大计"的提出，为首都教育基础地位的拓展提出了崭新的时代要求。对比来看，首都教育在整体上居于京津冀区域教育发展的高地，具有远高于河北的巨大发展优势。在这种背景下，首都教育在加强自身发展的基础上，还要肩负起带动和扶持天津教育、河北教育、雄安新区教育发展的重大历史使命。首都教育不仅要使自己的优势资源向周边地区有效辐射，积极发挥"传帮带"的推动与激励作用，而且要勇于站在更高更大的发展格局上，深入思考"首都教育"的内涵与功能，使其能更好成为推动京津冀区域协同发展的持续动力源和牵引力。

疏解非首都功能，是京津冀协同发展的重中之重，也是我们的必由之路。因此，首都教育应积极配合以产业转移为突破口的非首都功能疏解，破除体制机制障碍，打破行政区域限制，促进教育这一要素在天津和河北更大范围内的自由流动，从而使一些优质的教育资源产生更大的效应，发挥更大的作用。

（四）以率先推动首都教育发展来促进北京城市发展

1. 人才强国，坚持教育优先发展的战略地位不动摇

新时代实现新跨越，关键靠人才，基础在教育。首都教育事业在城市现代化全局中肩负的历史使命愈发重要，在现代化国际城市建设中的先导性、全局性、基础性作用日益突出。北京"四个中心"城市战略定位，以及实现建设国际一流的和谐宜居之都的总目标，都对首都教育的基础地位提出了更高的新要求，始终坚持教育优先发展战略，不仅体现了新时期党对发展教育事业的高度重视，而且也是坚定"四个意识"，满足广大人民群众愿望的生动体现，更是首都顺应时代潮流和城市战略转型作出的重要战

略抉择。在改革进入深水区和攻坚期之时,各级党委、政府要进一步增强"四个意识",高度重视首都教育作为政治稳定之根基,文化自信之源泉,社会民生之根本、科技创新之动力的基础地位,努力破除各种体制机制障碍,切实保证教育发展优先规划、优先投入、优先保障、优先安排,把人才资源作为第一资源,把教育投入作为第一投资,动员全社会关心支持教育,办好公平优质、人民满意的教育,用实际行动贯彻落实党的十九大会议精神和习近平总书记关于教育的重要论述,奋力谱写新时代首都教育发展新篇章。

2. 立德树人,实现教育人才培养目标与城市建设所需人才高度一致

当今世界,科学技术高速发展,文化多元,各种思想交相融合和冲突,青少年学生的成长环境发生了深刻的变化。作为未来的北京市民,面对社会复杂环境的挑战,"培养什么人、如何培养人以及为谁培养人"这个根本问题,更加凸显出了立德树人的时代要求和政治要求。首都教育积极应对这种挑战和要求,要坚持把立德树人作为根本任务,坚定理想信念,增强学生的中国特色社会主义道路自信、理论自信、制度自信、文化自信,厚植爱国主义情怀,引导学生培育和践行社会主义核心价值观,推进社会主义核心价值观内化于心,外化于行。要整合学校、家庭、社会各方面的力量,形成协同育人的机制,实现全员育人、全过程育人、全方位育人,为中国特色社会主义事业培养更多德才兼备、德智体美劳全面发展的社会主义建设者和接班人。北京城市的转型,离不开创新,需要教育形成更高水平的创新人才培养体系,以适应北京城市科技创新发展的需要。

3. 整合教育资源,加快学习型城市建设

学习型城市的建成,城市学习的渠道更加畅通,学习的方式更加灵活,学习的资源更加丰富,学习的途径更加便利,而这一切,都离不开教育的重要作用。搭建学习者成长成才立交桥,有机衔接基础教育、职业教育、高等教育、继续教育,打通普通教育与职业教育、学历教育与非学历教育、学校教育与培训教育、职前教育与职后教育,健全终身教育体系。完善招生入学、弹性学习和继续教育制度,畅通学习成果转化渠道,加快各类教育的学分认定和转化。立足城市发展和市民素质提升需求,完善全民终身

学习制度环境和终身学习服务平台，形成全民人人皆学，处处可学，时时能学的良好氛围。拓展继续教育渠道，鼓励高等学校、职业学校、社区学院面向行业企业、各社会群体开展多层次、多形式、多类型的继续教育与培训。通过学习型城市建设，不断提升北京市民素质，增强城市发展活力，助推北京建成天蓝水清、森林环绕的生态城市，促进特大城市的可持续发展。

4. 以人为本，办好人民满意的首都教育

以习近平总书记教育思想统领教育综合改革各项工作，办好"人民满意"和"国际一流"的首都教育，解决好教育发展不充分、不平衡问题，在增量、提质、均衡、公平上下功夫，让人民群众有更多的"教育获得感"。坚持质量提升，做大学前教育，做优基础教育，做活职业教育，做强高等教育；坚持群众满意，让老师安心教学，让学生快乐学习，发展更加公平、更高质量的教育。面对日益扩大的城市人口，要在学位数与学校合理布局上做好城市人口与教育资源配置相应的匹配，解决适龄儿童有学上、上好学的难题。各区要科学合理统筹各级各类教育资源的配置，加大基本公共教育服务的多元化供给。随着境外人口的大量增长，要把开设有中国汉语言及中华传统文化专业的高等院校做大做强，要办好每一所满足外籍儿童教育需求的国际学校。随着人口红利的下降和城市老龄化人口的增长，大力发展老年教育，优先发展社区老年教育，为老年人提供就近便利、优质多元的教育服务。

5. 立足疏解，优化教育资源空间布局

强化首都功能是北京城市性质所决定的，首都功能是核心，城市功能是支撑。为了更好地优化首都功能，解决由于人口"过密"所导致的"大城市病"问题，要进一步优化区域教育结构，发挥教育在人口疏解与转移中的引导作用。伴随北京城市布局的系列重大变化，全面落实《京津冀协同发展规划纲要》，牢牢把握首都城市战略定位，积极推进教育领域非首都功能疏解，大力提升首都教育品质。坚持世界眼光、国际标准、中国特色、高点定位，教育要在推进"一核"辐射、"两翼"联通、形成"一核两翼"整体发展中发挥牵引带动作用。多形式、多渠道增加"两翼"优质教育资源总量，带动两翼教育整体提升，努力形成教育和城市发展协同互动、北京城市副中心与雄安新区教育发展比翼齐飞新格局，提高"四个服务"的能力和水平，进一步强化作为北京核心功能的首都功能。坚持创新发展，教育要深入参与"三城一区"建设。

6. 创新体制，全面深化教育领域综合改革取得新进展

要坚持新的教育发展理念。要以"创新、协调、绿色、开放、共享"五大发展理念为教育改革的思想指南，统领教育改革发展。要坚持教育的文化自信。全面深化教育领域综合改革不仅要继承发扬中华优秀传统教育的丰厚遗产，而且还要立足本土，不断总结首都文化、古都文化、京味文化，凝练首都教育思想，让教育改革更加智慧地解决各级各类教育所面临的新问题。要解决人民群众关心的教育热点难点问题。要破除各种体制机制障碍，促进教育公平，实现各级各类教育内涵式发展。要全面把握教育领域的各种关系，统筹处理各种矛盾，科学谋划整体改革，统筹协调各级各类教育发展，激发各级各类教育发展活力，形成上下齐心、协力推进首都教育现代化的开放共赢局面。

7. 强化保障，确保城教深度融合政策落到实处

推动首都教育发展，离不开政府对教育持续充足的经费支持。要进一步明确政府提供教育公共服务的主体责任，坚持教育优先发展。以疏解非首都功能为核心，在强化"四个中心"功能建设，加快京津冀区域教育协同发展和北京城市副中心建设中，加大教育投入，提高首都教育的"四个服务"水平。推动首都教育发展，离不开政府对教育重要方面的政策支持。政府要积极为高层次人才引进、教育规划占地及基础设施建设、学校办学条件完善、社会及社区资源共享、信息共享、教师编制及工资等方面争取更多利好政策，并创造一切条件促成这些相关政策的落地。要联合财政、规划、人事、社保、建设等职能部门共同参与政策的制定，并保持内部政策的一致性、互补性和协调性，相辅相成。推动首都教育发展，离不开中国共产党的领导。要在贯彻中央决策部署上更加自觉，把习近平总书记视察北京重要讲话精神作为做好首都工作的根本遵循，按照首都功能定位和《北京城市总体规划（2016—2035年）》要求，全面深入抓好落实。坚持正

确的政治方向，牢牢掌握党对教育工作的领导权，掌握教育领域意识形态工作的主导权，强化基层党组织的创造力、凝聚力和战斗力，为全面深化教育领域综合改革提供坚强的政治保证和组织保障。

第一部分　比较：城市定位与教育发展

　　纵观世界各大城市发展的历史轨迹，教育在城市发展中始终发挥着重大作用，是一个城市文明进步的重要标志之一。发达国家的世界级城市都拥有先进发达的教育体系，它们引领着世界学术、科技创新的发展。世界级城市也是人才的聚集地，一个引人注目的世界级城市离不开教育的改革与发展，像纽约市有20多所世界名校，先进的教育体系极大地提高了纽约市在全世界的地位。北京是中国的首都，是全国政治中心、文化中心、国际交往中心和科技创新中心，是向世界展示我国文明与进步的重要平台，因此，多年来，北京教育的发展格外受到关注。要想深入研究首都教育发展与"四个中心"建设的关系问题，我们需要了解首都城市发展与教育发展的历史轨迹，也要深刻理解北京作为首都，在教育发展方面承载了哪些责任以及北京具有哪些教育方面的优势。

第一章　首都城市发展与教育发展关系的历史轨迹

一、观察首都城市与教育发展关系的视角

（一）城市总规划与教育发展规划的关系

要想了解城市总规划与教育发展规划之间的关系，我们首先要清楚何谓"城市规划"和"教育发展规划"，以及教育的内涵与作用。

城市总规划是指人民政府依据国民经济和社会发展情况以及当地的自然条件、资源情况等统筹规划，以确定城市未来的发展道路和方向、促进城市经济和社会发展为目标，合理利用城市土地、统筹协调城市空间布局等所作的综合安排。它以科学规划、创新发展、聚焦发展、可持续发展为基本原则。它的具体内容包括确定城市未来发展方向、估算人口规模、选择城市用地，划分城市功能分区，安排好高校、科研单位、企业用地等。城市规划是建设和管理城市的前提，也是促进城市发展的重要"工具"。❶"教育"主要是指有目的有计划地对受教育者身心施加影响的活动，它更多指学校教育，教育的发展水平高低关系到国家的发展和人民的生活水平，对国家来说，大力发展教育可以增强综合国力和国际竞争力；对个人来说，受教育水平提高可以提高社会地位、增强幸福感。教育是立国之本，那么国家和各个城市的教育发展规划显得尤为重要。教育发展规划是国家或地区主管部门就有关教育事业的发展目标、规模以及实现的措施等作出的长远计划，教育事业的发展规划是促进经济社会发展的重要力量。教育发展规划的内容都会说明在一定时期内教育与社会政治、经济的关系，指出教

---

❶ 城市总体规划［EB/OL］.［2018-09-20］.https://baike.baidu.com/item/城市总体规划/671635?fr=aladdin.

育的目的以及如何达到教育目的。值得注意的是，教育规划的制定必须符合以下几点：（1）教育发展规划能够真正做到促进社会精神文明、物质文明的发展，培养高素质人才；（2）规划必须与当地经济发展相适应、培养符合社会需求的人才；（3）规划的制定要根据本地的实际需要。[1]总之，一个城市的教育发展规划是对该城市未来教育的发展方向、实施策略、人才培养的统筹安排。

明确了城市总规划和教育发展规划的内涵，我们可以总结出二者的关系。首先，从范围上来说，教育发展规划是城市规划的重要组成部分。一个城市的发展规划涉及政治、经济、文化等多个领域，教育规划是其中的重要组成部分。"经济社会发展规划要优先考虑教育，公共资源要优先满足教育。"[2]可见，教育规划是城市规划的核心环节，离开了教育规划，城市规划是不完整的。其次，从目标上来说，二者有着共同的终极目标，即促进经济社会的发展和人民生活质量的提高。再次，教育发展规划会随着城市规划的变化而变化，一个城市的发展规划会随着国家的发展与城市的发展而变化，也会随着经济和社会发展需求变化，相应地，教育发展规划也会随之变动。此外，教育发展规划中的许多内容与城市总体规划中强调的内容是相吻合的。例如，在《北京城市总体规划（2016—2035年）》中进一步强调北京的战略定位之一是国际交往中心，《北京十三五教育规划》也突出强调要加快世界一流大学的建设，扩大国际交流与合作项目，支持高水平中外合作办学等。最后，作为城市总规划的重要组成部分，教育发展规划的有效落实可以促进城市发展规划的实施与落实，会加强整个城市的精神文明建设。

（二）城市战略重点与教育发展的关系

城市战略是对城市经济、社会、文化等的发展所作的全局性、长期性

---

[1] 城市总体规划［EB/OL］.［2018-09-20］.https://baike.baidu.com/item/城市总体规划/671635?fr=aladdin.

[2] 参见：刘国瑞.区域教育发展战略规划的使命与创新［J］.辽宁教育研究，2008（4）：20-25.

的谋划与考虑。它始终坚持科学发展观的指导，以长远利益为目的，合理规划人与城市的关系。相较于城市总规划，城市战略重点更加具体和有针对性，主要是关于该城市最需要解决的问题和最需要发展的方面。而城市战略重点与教育发展是息息相关的，教育的发展会根据城市战略重点发生变化。例如，以首都为例，习总书记指出，北京的战略重点是发展成为全国政治中心、文化中心、国际交往中心、科技创新中心，北京的一切工作都必须坚持这"四个中心"，这也是首都教育改革与发展的新课题。为了响应这一战略，北京各个层级的学校都进行教育改革，例如，中小学注重培养学生的创新思维，教师在授课时改变以往只是"教师讲，学生听"的情况，增加学生动手实践的机会以及与国际学生交流的机会等；高等院校更是大力开展创新创业教育，建立"创客空间"，以培养创新型人才为目标、积极与当地企业合作，努力实现科研成果的转化，大力支持与国外高水平大学的合作，鼓励学生出国留学或交换，开阔国际视野，提高选拔教师的标准，教师不仅需要高学历，还要有真正的科研能力等，这些都是城市战略重点带给教育的新变化。另外，《北京城市总体规划（2016—2035年）》中提到要"高水平建设三城一区，聚焦中关村科学城，突破怀柔科学城，搞活未来科学城，加强原始创新和重大技术创新"，这无疑给各大高校特别是高水平大学提出了新要求，高水平大学在政府的支持下更加注重知识与技术的创新，努力提高学生和教师的科研能力，为城市和区域发展做贡献。反过来，北京教育的发展也可以促进城市战略与规划的有效实施。此外，《北京城市总体规划（2016—2035年）》中提到要构建"一核一主一副、两轴多点一区"的城市空间结构，这会影响北京各类学校的空间布局，使许多新建学校不再建在中心城区，而是向边缘地区发展，这样同时也会缓解北京的"大城市病"。对于我国其他城市也是一样，在城市战略重点中往往可以找到许多与教育相关的内容，二者共同进步。

　　总之，城市战略重点与教育发展是密切相关的，二者可以相互促进。城市战略重点有利于学校进行改革与进一步发展，进而促进教育现代化，为教育发展提供更加广阔的平台；而教育的发展又是城市规划的重要组成部分，它有利于城市战略重点的实施，使整个城市健康发展。因此，我们在谈到一个城市的教育规划与发展时，不能忽视这个城市的总体规划与战略重点。

二、首都城市发展与教育关系的历史考察

要想深入了解一个城市的教育发展情况，主要是对该城市的教育规模、教育结构、教育质量和教育效益等方面做分析。《教育大辞典》中所谓教育规模，主要是指各类学校所具有的人、财、物的总和，像教育设备规模、教育师生规模、初等教育规模、中等教育规模、高等教育规模等；教育结构既可以指各阶段教育之间的结构，如初等教育、中等教育、高等教育、职业教育之间的结构，也可以指教育层次结构、教育类型结构等；教育质量主要是指教育水平高低和效果的好坏，它受教学内容、教学方法、教育制度等的影响，教育质量也体现在教师素质高低和学生的质量；教育效益是指教育所产生的效果和利益，可以分为显性效益和隐性效益，显性效益主要是指教育给国家和社会带来的经济利益，隐性效益主要是指对社会精神文明的贡献，丰富社会的精神文明，丰富人们的精神生活等。

本章首先从教育的规模、结构、质量等方面对首都教育的发展做历史考察与比较，然后分析它的教育发展具备哪些优势、作为"首都"教育承载了哪些责任。主要分析历史上的北京教育与城市关系和中华人民共和国成立后北京城市与教育发展，又根据北京城市总规划出台的时间将中华人民共和国成立后的教育发展历程划分为三个阶段，分别是中华人民共和国成立到改革开放前夕（1949—1978年）、20世纪80—90年代以及21世纪以后。值得注意的是，我国古代经历了多个朝代的变更，教育发展情况在这个阶段都有不同，但很难从规模、质量等方面——论述，因此对历史上北京教育发展只做了整体梳理。

（一）历史上北京教育发展情况

从西周开始，北京地区就已经开办了学校，当时的学校都由官府开办，教师也由官吏担任，学校分为"大学"和"小学"，学习内容主要是六艺。

到了秦朝，推行"焚书坑儒"，为了控制人们的思想，既不设立官学，也不设立私学，要求人们"以吏为师"，因此秦朝北京的教育没有得到很大发展。到了隋唐时期，官学和私学均有了很大的发展，北京地区有各级地方官学以及以启蒙教育为主的私学，此时是教育发展的繁盛时期。自辽代开始，北京开始设置中央官学，金代北京升为国都，中央官学更加兴盛，中央官学主要包括国子学和太学。到了元代，除了开设中央官学，还开设了一些专门学校，像宫廷学校。明清时期，科举制达到鼎盛，北京作为全国的教育中心，其中央官学、地方官学规模非常宏大、制度也非常完备；清朝末年，开始变革旧教育，废除了科举制，颁布了新学制，为新式教育的发展开辟了道路，北京建立了许多新式学堂，到1907年，北京有各级各类学校超过200所，学生超过11000人，像北京四中成立于1907年，它的发展也见证了整个北京乃至中国的历史发展进程。在此期间，北京也大力发展留学教育，从1902年开始派八旗子弟出国留学，1909—1911年共派了三批学生赴美留学，学生人数达118人。民国时期，新文化运动和五四运动在北京发起，出现了众多的进步知识分子，为北京教育增添了许多新色彩，例如用白话文取代文言文、进一步扩大女子教育的权力、提倡平民教育运动等，北京四中在五四运动时期高举"科学、民主"的旗帜，敢于反对腐朽的旧文化。[1]在抗战时期，北京的教育受到了毁灭性的打击，众多学校停办，学生辍学，从抗战胜利到1949年中华人民共和国成立期间，北平教育恢复十分缓慢，高校仅有十几所。

从各个朝代北京教育的发展情况可以看出，无论北京是否是中国的首都，其教育发展都与中央的政策和制度密切相关，会随着整个城市政治、经济、文化等的变化而变化。总体而言，北京教育的发展有过辉煌，也有过衰落，与时代背景紧密相关。

（二）中华人民共和国成立到改革开放前夕（1949—1978年）

中华人民共和国成立到改革开放，北京共出台了5次《城市总体规划》

---

[1] 参见：何力.北京的教育与科举［M］.北京：北京出版社，2000：3-129.

（分别是 1953 年版、1954 年修改版、1957 年版、1958 年修改版和 1973 年版），这几个版本反映了北京城市规划在不同时期的主要指导思想和战略，相应地，教育发展也响应城市规划的要求而发展。

中华人民共和国的成立是中国历史上的一个转折点，中国共产党成为执政党，工作重心发生了根本性转变，由战争转向和平建设，由农村转向城市，新中国面临的最大任务就是恢复和发展经济，并在新民主主义理论指导下，建设一个人民民主国家。教育领域面临的迫切任务是改造旧民主主义教育，恢复发展教育事业，建设新民主主义的教育。1949 年，在教育部第一次全国教育工作会议上，提出新中国教育工作的目的是"为人民服务，首先为工农服务，为当前的革命斗争与建设服务"。❶ 在上述方针的引导下，以北京为首的各个地区均制定了高校、中学、小学的教育目标和教育宗旨，在一定程度上为教育的进一步发展奠定了基础，但此时整个中国的入学率都非常低，平均每 10 名儿童中仅有 2 名能够上学，文盲率约为 80%。❷ 从 1949 年到 1966 年，北京的几次城市规划的主要思想是控制城市规模、消除城乡差别，为北京建设成为大工业城市而努力，总体规划方案也重视北京作为全国文化教育中心、科学技术中心的城市性质和发展定位，但还是更多地突出"工业化"。❸ 因此，尽管北京的教育也有了很大发展，当时中国的学前教育、中等教育、高等教育都进一步发展，北京地区的学校数量和教师数量也迅速增多，接受教育的学生人数也显著增加，但总体上教育发展并不是十分迅速。1966 年 5 月开始实行"文化大革命"，原本已经出现成效的教育发展也被迫停滞，整个社会都弥漫着"读书无用论"，教育事业受到严重打击。1978 年党的十一届三中全会的召开，开启了我国改革开放的新时代，我国教育事业也迎来了"春天"。邓小平提出我国要继续坚持"培养德、智、体全面发展，有社会主义觉悟的有文化的劳动者"的

---

❶ 中国教育年鉴编辑部. 钱俊瑞副部长在第一次全国教育工作会议上的总结报告要点 [A] // 中国教育年鉴 1949—1981. 中国大百科全书出版社，1984：684.

❷ 苏晓环. 中国教育改革与创新 [M]. 北京：五洲传播出版社，2002：10.

❸ 参见：李建盛. 新中国成立后北京城市性质定位对全国文化中心建设的影响 [J]. 北京联合大学学报·人文社会科学版，2015（7）：1-8.

方针，在这一方针的指引下，首都地区教育规模扩大，1978年新增大学36所，招收大学生1.6万人，并且开始接收留学生，教育开始有意识地面向国际化。❶

总之，这一时期无论是首都地区的教育发展还是全国的教育发展都是呈现波浪式的，在起伏中缓步前进。从教育规模上来说，初等教育、中等教育、高等教育和职业教育的学生人数和教职工人数还偏少，国家给予教育的经费投入也较少，导致教育规模不大；从教育结构上来说，其内部的教育目标结构、课程结构、专业结构等都不完善，例如教育目标较单一、课程结构缺乏合理性、专业设置不全面等；从教育质量上来说，由于该时期教学内容、方法等都不够完善，师资队伍水平不高，所以整体教育质量不高，培养的人才缺乏。但因为当时城市规划的主要目标是把北京建设成为现代化工业基地，所以在一定程度上忽视了教育的发展。

（三）改革开放稳步发展期（20世纪80—90年代）

从20世纪80年代开始，改革开放稳步进行，为了更好地建设首都，几次城市规划提出要进一步加强和完善北京作为全国政治中心和文化中心的功能，把北京建设成为全方位对外开放的国际城市、文化教育和科学技术最发达、社会风尚与民主法制建设最好的城市。1983年的《北京城市建设总体规划方案》提出首都北京的城市建设应当反映中华民族的历史文化、革命传统以及社会主义中国首都的独特风貌，文化建设和文化保护在总体规划和定位中的突出，以及要让北京成为全国科学、文化、技术最发达，教育程度最高的城市，这些具体内容标志着对北京作为全国文化中心的重要地位的肯定和重要作用的认识。❷为了深入贯彻落实《城市规划方案》，从20世纪80年代开始，各部门在教育方面作出了很大努力，北京对教育发展的重视程度越来越高，在中小学课本中增加了许多关于历史文化、

---

❶ 参见：线联平. 改革开放30年首都高等教育发展的回顾与思考［J］. 北京教育，2008（11）：11-16.

❷ 参见：李建盛. 新中国成立后北京城市性质定位对全国文化中心建设的影响［J］. 北京联合大学学报·人文社会科学版，2015（7）：1-8.

革命事迹的内容，学校注重向学生宣传中华民族的历史文化和中国首都的独特面貌。此外，中小学为了顺应时代发展的潮流，积极改革教学方法和教学内容等，像北京四中积极改变传统的教学方式，注重提高学生的教育素养，顺应改革创新的潮流，成为基础教育领域的示范学校。1985年，中共中央提出"有步骤地实行九年制义务教育"。全国各地的教育发展都有进步，北京的高等学校有58所，在校学生91412人，专任教师29452人；高中有313所，在校学生110916人，专任教师9383人；初中有515所，在校学生409406人，专任教师29913人；小学有4168所，在校学生763204人，专任教师41917人、职业中学有7所，在校学生22296人，专任教师41917人。❶由此可以看出，几年内北京各类学校的学生人数和教师数都有很大提高。除此之外，这一时期，北京的科技水平也显著提升，专利申请数逐年上升，1985年为1540件，1986年为1692件，到1989年已经达到3344件。

进入20世纪90年代，在社会主义市场经济的进一步推动下，北京的城市规划也有了改变。1993年10月，国务院批准了修订后的《北京城市总体规划（1991—2010年）》，确立了建设现代国际城市的目标，这也是北京第一次按照社会主义市场经济体制的要求建设城市，教育方面希望培养具有国际化视野的人才，对教育质量的要求也有所提高。《北京城市总体规划（1991—2010年）》对北京的总体城市文化建设和发展提出了比以往更高的要求和更高的目标，要求在科技研究和开发、城市文化建设、教育发展与精神文明建设方面走在全国前面，进一步增强全国文化中心职能。在高等教育领域，首都注重培养具有研发能力和创新能力的高素质人才，培养研究生的机构及研究生招生人数明显增多，1998年北京市共有培养研究生的机构183个，其中科研机构132个，高等学校51个；共招生16273人，其中招博士生4311人，招生总数比1997年增长14%。❷研究生比例的大幅提高标志着首都对科研事业的重视，希望能够培养更多高素质人才来支撑首都的建设与发展，为知识与技术创新提供动力（见表1-1）。

---

❶ 参见：北京市统计局.北京市统计年鉴1985［M］.北京：中国统计出版社，1986：393–408.

❷ 朱薇.北京高等教育事业发展分析［J］.北京高等教育，1999（5）：46–47.

表 1-1　1991—1998 年北京市在学研究生人数变化 ❶

单位：人

年　份	1991	1992	1993	1994	1995	1996	1997	1998
普通高校	17084	18632	21021	24067	27188	30343	33199	37667
科研机构	3922	3898	4419	5141	5814	6554	6837	7206
合　计	21006	22530	25440	29208	33022	36897	40036	44873

（四）进入新世纪以来（21 世纪以后）

进入 21 世纪，首都更加重视城市的协调发展，先后出台了《北京城市总体规划（2004—2020 年）》和《北京城市总体规划（2016—2035 年）》。《北京城市总体规划（2004—2020 年）》中强调要努力实现城乡协调发展，区域协调发展，提高城市现代化与国际化水平；高度重视科技、教育、文化等社会事业的发展；把握社会主义先进文化的前进方向、全面展示北京文化的内涵；大力发展高新技术产业等。这次的规划强调了科学发展观以及新技术和新规划理念的重要性，极大推动了北京城市的发展，提高了北京的国际地位，使首都发展更加和谐。由此带来的重要影响之一便是教育规模的扩大和水平的提高，尤其在高等教育中更加注重培养具有科研能力的人才，大力鼓励创新发展和科技进步，为北京高校的科研活动提供大量经费支持，使这段时期北京在科技产出上取得了巨大成就（见表 1-2）。在初等教育领域，北京的中小学也积极变革。以北京四中为例，它积极配合北京地区的教育政策，构建包含选修课、必修课的先进课程体系，组织各种学术社团，让学术社团真正发挥帮助学术巩固学业的功能；此外，北京四中还成立了科技活动俱乐部，希望可以从小培养学生的科技创新思维，举办模拟联合国活动，培养学生的国际视野。北京四中始终坚持"以人育人"的价值观和"培养杰出中国人"的目标，这些都与首都城市的发展方向与目标相适应。在城市总规划的引领下，北京先后出台《"十一五"教育发展规划》《"十二五"教育发展规划》《"十三五"教育发展规划》，教育发展得到了全面提升。

---

❶ 数据来源：朱薇.北京高等教育事业发展分析 [J].北京高等教育，1995（5）.

"十一五"时期为2006年到2010年,在这一时期北京筹备和举办奥运会,本时期的战略指导思想是"新北京、新奥运",面对国际竞争日趋激烈的严峻挑战,首都落实优先发展教育的指导思想,使教育与城市的经济发展相协调,使教育更加注重走国际化道路;努力让首都教育布局与城市人口聚集区、产业区相适应,通过教育布局引导中心城区人口向边缘地区迁移;此外,为了通过奥运会向世界各国展示首都的风采,首都教育全力支持奥运,努力提高人民素质,扩大教育对外开放行动计划,从而带动整个北京教育的发展。而《北京城市总体规划(2004—2020年)》的实施,为北京教育布局结构提供了依据,新城建设也会促进教育的进一步发展。"十二五"时期为2011年到2015年,这一时期的主要战略思想是"建设人文北京、科技北京、绿色北京",在这一时期,北京以"形成创新驱动发展战略格局"为目标,这就要求教育上要优化升级、提高教育现代化水平、培养更多创新型人才。城市化进程的加快会给首都教育发展带来益处,《北京城市总体规划(2004—2020年)》中也提到要疏散中心城区人口,建设城市新区,这也会改变教育的空间布局。此外,随着北京对外开放水平越来越高,人们出国留学和交换的愿望也越来越强,北京实施了"北京高校优秀学生留学奖励计划",每年会资助上千名学生赴境外高校学校交流,积极提高学生的国际交往能力,以便今后更好地为社会作出贡献。"十三五"时期为2016年到2020年,这也是首都实现教育现代化的决胜阶段,该时期是北京落实首都城市战略定位,建设国际一流的和谐宜居之都的关键时期。北京在教育方面紧跟城市发展战略,推进义务教育均衡发展,使更多务工人员的子女能够接受义务教育,保证教育公平;加强构建职业教育培养体系,培养更多能够与企业对接的应用技术人才,服务首都城市发展;努力创建"双一流"大学,发展新兴学科和交叉学科,鼓励高水平大学与企业合作,为社会创造更多财富,加强大学的创新能力和国际交流合作能力,适应首都城市发展的需求等。在这一时期,北京继续加强对研究型人才的培养和重视,2014年以来,北京普通高校中的研究生规模保持了持续增长(见图1-2)。2017年,全市共有硕士研究生在校生196564人,博士研究生在校生76502

人；当年共有硕士毕业生64452人，博士毕业生13013人（见图1-3）。

表1-2 2013—2016年北京高等学校研发活动情况 ❶

项　目		2013年	2014年	2015年	2016年
高等学校基本情况	学校数（个）	95	99	115	118
	研究与试验发展（R&D）机构数（个）	776	833	863	905
研究与试验发展（R&D）投入情况	R&D人员（万人）	7.29	7.73	8.07	7.74
	R&D经费内部支出（亿元）	136.65	145.66	162.65	160.44
研究与试验发展（R&D）项目（课题）情况	R&D项目（课题）数（项）	76331	83455	92243	91089
	R&D项目（课题）经费内部支出（亿元）	112.93	118.94	125.17	121.93
科技产出及成果情况	发表科技论文（篇）	113220	115143	118985	118193
	出版科技著作（种）	5410	5357	5225	5354
	专利申请数（件）	12024	11503	13363	14960
	专利授权数（件）	7745	7279	9212	10656

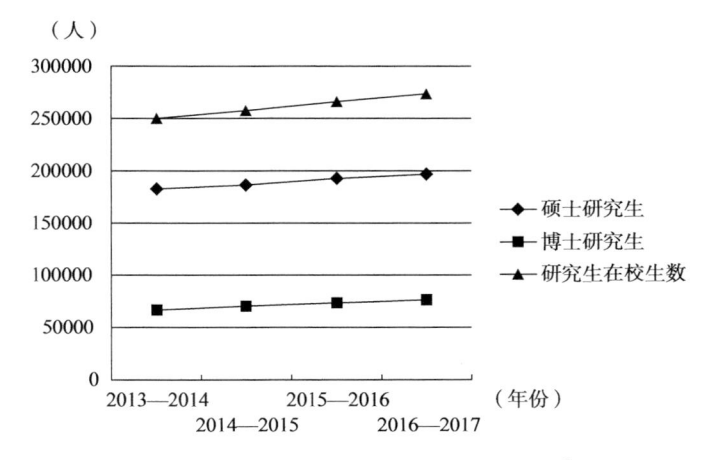

图1-2 北京市普通高校研究生在校生规模 ❷

---

❶ 资料来源：《北京统计年鉴》(2014—2017年)。
❷ 数据来源：北京市教育委员会. 北京教育事业发展统计概况［EB/OL］.［2017-10-15］. http://www.bjedu.gov.cn/xxgk/ywdt/.

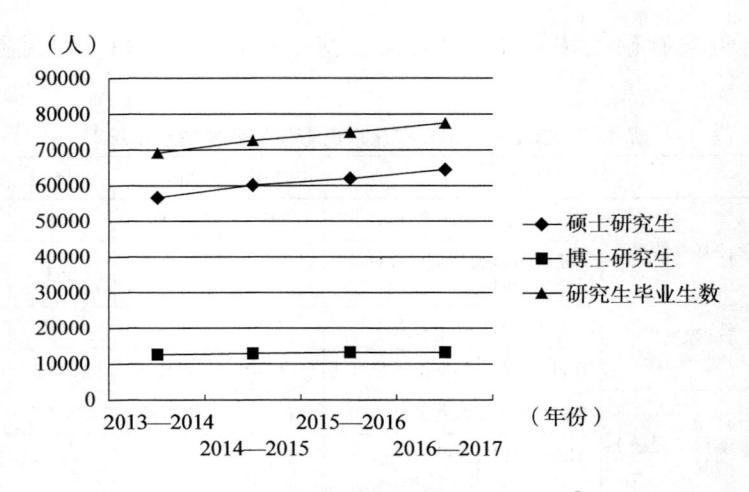

图 1-3　北京市普通高校研究生毕业生数 ❶

总之,《北京城市总体规划（2004—2020年）》将未来北京的发展目标定位于国家首都、世界城市、文化名城，并首次提出"宜居城市"概念。从2004年到2017年，北京城市总体规划更加注重提升首都城市的国际地位，提高科技创新能力。从教育规模上来说，政府在教育上的经费投入越来越大（见表1-3），教育设施更加先进与完备，对高等教育的发展更加重视，注重培养高素质的研究生；从教育结构上来说，教育结构更加完整与合理，也开始重视学前教育的发展，努力协调发展学前教育、初等教育、中等教育、高等教育和职业教育；从教育质量上来说教育制度更加完善、教学内容强调理论联系实际，注重培养学生的创新思维、教育方法更加灵活多样，教师不再单纯采用讲授法、师资队伍的整体素质也极大提高。在高等教育方面，大力鼓励创新发展和科技进步。

---

❶ 数据来源：北京市教育委员会. 北京教育事业发展统计概况［EB/OL］.［2017-10-15］. http://www.bjedu.gov.cn/xxgk/ywdt/.

表 1-3　2012—2016 年北京市财政性教育经费及其占 GDP 比例情况 ❶

年　份	GDP 值（亿元）	财政性教育经费（亿元）	占比（%）
2012	17879.4	—	> 4
2013	19800.8	894.19	4.59
2014	21330.8	968.36	4.54
2015	23014.6	—	—
2016	25669.1	—	—

2017 年，北京又发布了《北京城市总体规划（2016—2035 年）》，提出北京的战略定位是全国政治中心、文化中心、国际交往中心、科技创新中心，要建成公平、优质、创新、开放的教育体系，努力办好人民满意的教育，促进教育公平、提升教育质量。对学前教育来说，要扩大普惠性幼儿园覆盖面；对于中小学来说，要完善义务教育和高中阶段教育体系；对于高等教育来说，要强化高等教育内涵发展，注重人才培养、科学研究、国际合作与交流等。至今为止，北京发展成绩显著，取得了很多新突破。例如，京津冀协同发展取得较大进展，逐渐疏解北京非首都功能，科技创新能力显著提升，对外开放水平显著提高等，整个北京焕发着崭新的气息。

自《北京城市总体规划（2016—2035 年）》出台后，北京教育的发展便与其紧密结合，作出相应的调整。《北京城市总体规划（2016—2035 年）》的落实为首都教育的发展提供了更广阔的平台，首都教育发展也为首都城市发展助力。

通过以上分析可以看出，进入 21 世纪以来，北京教育规模不断扩大；教育质量大幅提高，教学方法和内容更加灵活，培养出更多高素质的创新型人才，产出更多高质量的科研成果，各级各类学校教师的素质也提高很多。高等教育领域也取得很大的成就。作为中国顶尖高校，北京大学在中国和世界上都具有重要地位。北京大学一直履行科学研究和服务社会的职能，产出了多篇高质量论文和科研成果，例如在 *Science* 发表信息科学技术

---

❶ 数据来源：《关于北京市 2017 年预算执行情况和 2018 年预算草案的报告》。

学院彭练矛、张志勇教授课题组 5nm 碳纳米管 CMOS 器件研究成果；此外，北大有 41 个学科入选"双一流"建设学科，学校也积极推动交叉学科的发展，为社会培养更多创新型人才。北大还积极与北京的各类企业合作，如与腾讯公司合作建立了创新实验室，共同致力于人才培养与成果转化，为北京经济发展与人才培养作出重要贡献。大学是一个城市发展程度的重要标志，北京大学顺应时代发展的要求和北京的发展规划，努力实现与首都的协同发展。除了北京大学，北京的其余高校也是推动首都成为全国"四个中心"的重要力量，它们为社会带来科研成果和高素质人才，深刻影响着首都的政治、经济、文化等方面的和谐发展。

北京充分发挥了教育在城市建设中的引领作用，依靠教育质量的全面提升来推动首都尽快成为全国的"四个中心"，具体体现在通过教育培养更多高素质创新型人才、通过教育公平进一步促进社会的公平、通过改变学校布局疏散城中心密集人口等，而北京城市的发展也促进了教育规模的扩大和质量的提升。

三、首都教育的提出及其对城市发展的全面互动

（一）首都教育的内涵与特点

2004 年的北京教育大会上首次提出了"首都教育"，首都教育的概念可以总结为"首都教育是与北京作为全国政治中心和文化中心的功能相匹配，与弘扬先进文化的要求相适应，以培养高素质人才为核心的以优质、创新、开放为特色的教育"。[1] 这个概念的提出引发了人们很深的思考："北京教育"为何改为"首都教育"？"首都教育"实际上就是"北京教育"，只是换了个名字吗？"首都教育"与"北京教育"在实质上有什么不同呢？我们需要解决这些问题进而真正明白"首都教育"的内涵。

---

[1] 参见：耿学超.首都教育发展战略［G］//第五届中国科学家教育家企业家论坛论文集.2006.

北京作为中国的首都，其教育的改革与进步对于其他城市来说具有向导作用，也对增强我国国际竞争力具有至关重要的作用。将"北京教育"改为"首都教育"，不只是名称上的更改，更表达了各界人士希望站在更高的角度来看待北京教育的发展，要树立"首都观念"，清楚地认识到北京的教育发展不只是关系到北京一个城市，也关系到全国各个城市教育的发展。所以"首都教育"比"北京教育"的战略定位更高。

"首都教育"的主要目标是努力使北京各类学校有更高水平的教育质量、更高素质的师资队伍、更先进的教育理念、更高水平的对外交流合作能力。首都教育的关键词是创新、发展、人才、协调。首先，从更深层次来看，首都教育更应当带头宣扬国家的教育理念和贯彻国家的教育政策。在西周时期，西周的国都设有"国学"，正是当时"学在官府"的教育政策的体现。如今北京作为国都，也应该深刻理解我国的教育理念并落实我国的教育规划，在贯彻和落实的基础上要有所创新，形成具有中国特色的教育发展模式，而不是只为了走形式。其次，首都教育不能忽视传承中华民族的优秀传统文化。我国有几千年的历史，孕育了优秀的文化，这些都不应该被现代化和全球化进程的加快所埋没。北京在走向国际化的同时，一定要保持民族特色，让别人看到北京的学校，就能看到中国特色，教学内容要注意向学生传授中国古典文化，总之，北京要在引进西方先进文化的同时保持自身特色，传承中华文明。❶ 此外，首都教育更应该加快现代化进程。《国家中长期教育改革和发展规划纲要（2010—2020年）》提出"到2020年，基本实现教育现代化"，北京一定要发挥自身优势，加快现代化进程，具备包括利用好先进的教育设备、拥有先进的教育制度、培养具有创新思维和国际视野的人才等。

"首都教育"承载了各界人士对北京教育发展的期望，标志着北京教育发展向更高层次迈进。

---

❶ 参见：梅汝莉."首都教育"意味着什么？[J].中小学管理，2004（1）：5-7.

（二）首都教育与城市的互动关系

一个城市主要由政治、经济、文化、科技和人口组成，一个城市的发展也主要体现在政治、经济、文化、科技、人口的进步与发展。教育本身的功能主要包括社会功能（政治、经济、文化、科技、人口等）和个体功能，而教育与城市的互动关系主要体现为教育对城市政治、经济、文化、科技和人口的影响，以及城市政治、经济、文化、科技和人口对教育的影响。

从教育与城市政治的关系来说，教育会传播正确的政治意识形态，为城市培养思想觉悟较高的政治人才；政治会影响该城市教育方针、政策、目的等。从教育与城市经济的关系来说，教育能够通过培养高素质人才来提高劳动生产率进而促进城市经济的发展；城市经济的发展可以给各类学校投入更多的教育经费，从而提高教师待遇、完善教学设备等。从教育与城市文化的关系来说，教育能够传承、创造和更新一个城市的文化；城市文化的繁荣则可以丰富学校的教育内容、影响教育的价值观念，为教育增光添彩。从教育与科技的关系来说，教育水平的提高可以培养大量创新型人才，创新型人才则可以提高城市的科技创新能力，教育还可以再生产科学技术；一个城市科学技术的发展则可以优化教育内容、教学方法和手段。从教育与人口的关系来说，一个城市的人口数量影响着教育发展的规模、结构和教育质量；教育又会影响着该城市的人口数量，一般受教育程度与生育率呈负相关，教育的发展也会提高人口素质（见表1-4）。

表1-4　教育与城市互动关系

教育与其他城市社会系统	教育与城市互动关系的内容
教育与政治	教育传播正确的政治意识形态、为城市培养思想觉悟较高的政治人才 城市的政治会影响该城市的教育方针、政策、目的等
教育与经济	教育能够通过培养高素质人才来提高劳动生产率进而促进城市经济的发展 城市经济的发展可以给各类学校投入更多的教育经费，从而提高教师待遇、完善教学设备等

续表

教育与其他城市社会系统	教育与城市互动关系的内容
教育与文化	教育能够传承、创造和更新一个城市的文化 城市文化的繁荣则可以丰富学校的教育内容、影响教育的价值观念,为教育增光添彩
教育与科技	教育水平的提高可以培养大量创新型人才,创新型人才则可以提高城市的科技创新能力,教育还可以再生产科学技术 一个城市科学技术的发展则可以优化教育内容、教学方法和手段
教育与人口	一个城市的人口数量影响着教育发展的规模、结构和教育质量 教育又会影响着该城市的人口数量,一般受教育程度与生育率负相关,教育的发展也会提高人口素质

教育可以笼统地分为高等教育与基础教育,它们与城市互动的方式以及在城市发展中所起的作用是不同的。基础教育的发展与完善和教育公平以及城市和谐发展关系更加紧密,在基础教育领域非常重要的一点就是提高义务教育的普及率,这样可以提高城市的人口素质,缩小城乡差距,促进社会和谐;此外,基础教育更有利于传播一个城市的文化以及弘扬国家的主流价值观,因为在基础教育的各类教材中会涉及这些内容,学生从小在潜移默化中可以深深受到城市优秀文化和正确价值观的熏陶;基础教育对于提高城市人口的整体素质也至关重要,可以给更多的人提供受教育的机会。而高等教育对城市的影响主要体现在培养高素质创新型人才以及产出科研成果来促进区域经济的发展;大学也是一个城市必不可少的组成部分,高校的主要职能是教学、科研和服务社会,它能够为城市培养出高水平人才,且会与城市中的企业以及各级政府合作,将科研成果转化为经济效益,推动城市的发展。特别是在知识经济时代,城市的发展需要的是具有创新思维的人才,因此,高等教育在城市经济与科技发展中发挥的作用越来越重要。

一直以来,首都教育与城市有着良好的互动。在政治意识上,北京教育一直以社会主义核心价值观为引领,从基础教育开始就弘扬社会主义核心价值观,如北京朝阳小学的开学第一课便是向学生讲"社会主义核心价值观"。各大高校也提高了对学生加入中国共产党的要求,要求学生深入了解党史、有较高的思想觉悟，这些都会在潜移默化中促进首都政治的发展。首都政治的发展也提高了学生的思想觉悟以及政治参与意识和能力。在经济发展上，近年来，首都经济发展迅速，2017年，全市实现地区生产总值28000.4亿元，许多新产业快速成长，大众创业、万众创新蓬勃发展，这些带给教育的是政府增加了对教育经费的投入，教育设备更加完善、教师待遇更好、学生的创新思维和创新能力发展迅速、新兴产业发展迅速、高校科研水平提高；在"十三五"规划的引领下，北京教育事业全国领先，义务教育入学率达到100%。教育模式和内容不断创新、学生综合素养显著提升、教育开放水平更高，在教育上取得的成就也为北京经济的发展增添了新的活动。从文化上来说，北京的孔子学院建设不断完善、影响力不断扩大，整个城市更加注重文化建设，也促进了学校教育的发展；学校教育不仅注重为学生传授中华优秀传统文化，也注重吸收世界先进文化，兼收并蓄，使整个北京的文化更加丰富繁荣。从科技上来说，2017年，北京综合科技创新水平全国第一，吸纳创业投资金额占全国比重达35.4%，国家级双创示范基地占全国的1/6。❶ 北京科技的发展极大地促进了高等教育的发展，许多科技创新企业支持高校科研成果的转化、为大学生提供创业基金、给大学生提供实习岗位等，极大提高了高校的科研能力和成果转化能力。而高等教育的发展为企业输出了大量创新型人才，也为企业提供知识成果和展示企业文化的平台。从人口上来说，中共中央、国务院关于对《北京城市总体规划（2016—2035年）》的批复提出，严格控制城市规模。到2020年，常住人口规模控制在2300万人以内，同时要优化人口分布和人口结构。人口数量的减少可以缓解教育压力，提高教育质量。调整人口布局可以缓解"大城市病"，优化人口结构则可以加快农村人口城镇化，提高人口素质。教育的发展可以提高人口素质，降低生育率。

总而言之，首都教育与城市关系紧密，可以总结为以下几个方面：第一，北京教育的发展提高城市人口素质，进而提高城市劳动生产率，促进

---

❶ 北京晒出科技创新"成绩单"［EB/OL］.［2018-09-23］.https://baijiahao.baidu.com/s?id=1605051356346745942&wfr=spider&for=pc.

经济的发展，首都经济的发展也会为人才的培养提供大量资金支持；第二，北京教育的蓬勃发展能吸引更多科研队伍和学科带头人，而这些优秀的团队和个人又能为北京经济、科技等的发展增添新的活力；第三，首都城市的发展会吸引更多海外知名企业和学者，进而提高教育的对外开放水平，教育的发展也可以增强首都的国家地位和竞争力。

（三）新时代首都教育发展及其与城市关系的未来

在当今时代，首都教育取得了较大发展。例如教育公平取得突破，优质教育资源的覆盖面扩大；教育模式和方法不断优化，课程和教材改革一直向前推进、注重培养应用型职业技术人才和研究型人才；鼓励学校开展创新创业教育和培养跨学科人才；教育对外开放水平不断提高，注重中外文化交流；提高教师准入门槛，健全教育质量监督体系；等等。但面对新形势和新要求，我们也要看到首都教育存在的问题：优质教育资源还不能完全覆盖到偏僻地区的学校，还无法满足人口快速增长的要求；培养出的人才不能完全适应社会的需要；教育目标还带有一定的功利主义色彩等。未来，首都教育在不断发展的同时要关注与城市的互动，更好地利用城市的优势资源来促进教育水平的全面提升。需要做到如下几点：第一，首都教育要注重与城市的知识型企业合作，为企业输送优质人才，同时获取企业的资金和技术支持，这样才能促进学术成果的转化，从而为北京的科技发展作贡献；第二，首都教育要为缓解中心城市人口压力作贡献，通过优化学校空间布局吸引更多人口到中心城市以外的地区，可以在一定程度上缓解"大城市病"；第三，教育的培养目标和方法要适应城市产业结构的调整，目前北京的产业结构以第三产业为主，需要科技和创新型人才的支持，因此教育的目标、方法和内容上要注重培养更具创新能力和实践能力的人才；第四，学校教育的很多资源像学术讲座、图书馆等适度向城市民众开放，让广大民众可以接触到优质教育资源，实现"资源共享"，提高民众的精神文化素养；第五，创造机会让学生与政府领导对话，近距离了解城市的发展蓝图，提高学生的政治参与意识；第六，要提高乡村教师的工资待遇，吸引更多教师去乡村教书，提高乡村教育质量和人口素质，乡村发展好了，才能促进整个城市的协调发展。

第二章 世界城市定位与教育发展概况

  作为全球最著名的城市评级机构之一，全球化与世界级城市研究小组与网络（Globalization and World Cities Study Group and Network，GaWC）自2000年起不定期发布《世界城市名册》，通过检验城市间金融、专业、创新知识流情况，确定一座城市在世界城市网络中的位置。这份榜单则被认为是全球最权威的世界城市排名，GaWC 以其独特视角对城市进行 Alpha、Beta、Gamma、Sufficiency（+/−）划分（全球一、二、三、四线城市），以表明城市在全球化经济中的位置及融入度。根据最新发布的全球城市分级排名——《世界城市名册2018》，本文选择了处于 Alpha++ 级别的伦敦、纽约；Alpha+ 级别的巴黎、东京以及 Alpha− 级别的华盛顿进行研究，这些城市都有其独特的城市定位，如作为单一功能首都的华盛顿，强调其管理国家的行政职能；作为世界金融与贸易中心的纽约，直接影响着全球的金融、政治、媒体、娱乐以及时尚界；作为全球化经济中第一个非西方的重要节点的东京则致力于打造世界第一城市；与经济的出色表现相比，巴黎在全球的文化影响力更加显著；为保持其作为世界金融、商业、文化、艺术、传媒、教育、科技和创新之都的领先地位，伦敦致力于成为地球上最伟大的城市。

一、华盛顿城市定位与教育发展

  华盛顿，全称"华盛顿哥伦比亚特区"（Washington，D.C），美国的首都，靠近弗吉尼亚州和马里兰州，位于美国的东北部、中大西洋地区，是1790年作为首都而设置、由美国国会直接管辖的特别行政区划，因此不属于美国的任何一州。其所辖的市县包括马里兰州的2个县、弗吉尼亚州的4个县及费尔法克斯、福尔斯彻奇、亚历山德里亚3个城镇。

（一）单一功能首都的城市定位

华盛顿是联邦制国家的产物，这决定了它的"特区"身份，也决定了它作为单一功能首都的地位。❶ 华盛顿作为独特的"特区"首都，它建立在一系列特殊的政治框架之上。❷ 根据《美国宪法》第一章以及《哥伦比亚特区地方自治法》，特区由民选市长及一个13人组成的"特区委员会"（Council of the District of Columbia）负责管理，它不受任何州的管辖，但必须接受联邦政府监督。相比州和地方政府而言，华盛顿特区同样具有独立的税收体系和发行债券的权限，唯一不同的是没有预算自治权。市长和委员会一起制定当地的税收和财政预算并提交至国会批准。

1. 政治与文化中心

华盛顿作为美国政治中心，管理国家是华盛顿的主要职能。白宫、国会和最高法院以及绝大多数政府机构都设在这里。这座全新城市在规划之初就确定了明确的目标：职能就是安置联邦政府部门。由于联邦政府禁止在该市发展工业，所以财政收入首先主要依赖政府公务及各企业的业务活动，其次是旅游业。制造业只占经济结构的一小部分，以印刷出版业、食品工业、高级化妆和服装业为主。支柱产业是建筑和采矿、政府信息技术、制造业、财政、教育和卫生、专业和商业服务、娱乐、旅游接待、贸易、运输和设备。❸ 华盛顿人口中的大多数是政府官员、服务人员及其家眷，平均每三个居民中就有一人为政府工作。

作为美国的文化中心之一，华盛顿市拥有众多的文化机构，对全国甚至世界的影响很大。全市有乔治敦、乔治·华盛顿等9所高等院校。创建于1800年的国会图书馆是驰名世界的文化设施，华盛顿歌剧院、美国国家交响乐团、肯尼迪艺术中心等都是美国著名等文化机构。世界知名的史密森尼博物馆（Smithsonian Museum）等大多数博物馆都坐落于华盛顿市区，

---

❶ 徐菁菁.华盛顿：特区之"特"[J].三联生活周刊, 2016 (38): 9-10.
❷ 宋迎昌.美国的大都市区管治模式及其经验借鉴 [EB/OL]. [2019-01-18].http://www.fx361.com/page/2016/0920/244839.shtml.
❸ 华盛顿特区政府官方网站.http://www.dc.gov/.

很多在特区的博物馆都是免费对外开放。

2. 国际化大都市

华盛顿也是一座国际性大都市，具有非常重要的国际影响力。近200个国家和地区在华盛顿特区都设立使馆和办事处。它也是世界银行、国际货币基金组织、美洲国家组织等国际组织总部的所在地。"XM卫星广播"和"国家公共广播"以及"美国之音"的总部设于华盛顿。NBC、ABC、CBS、Fox及CNN等美国主要广播公司以及来自海外的BBC、CBC和半岛电视台都有重要分支机构。

3. 城市功能疏解

随着城市化、都市区经济和大都市区集群的迅速发展，华盛顿城市规划思路非常强调要靠卫星城建设分散中心城市功能。❶ 特区本身主要承担政治、文化职能，城市的商业、生活、娱乐等功能主要由周边卫星城提供。现在人们说到"华盛顿"，可能指代三个不同的地理概念：华盛顿市、华盛顿哥伦比亚特区、华盛顿大都市区。它们的区划含义分别相当于北京城六区、北京市和京津冀地区。华盛顿大都市区的人口已经接近600万，经济总量接近5000亿美元，在经济规模上名列全美第五，仅次于纽约都会区、洛杉矶都会区、芝加哥都会区、休斯敦都会区。❷ 为了处理大都市圈内的横向府际关系，1957年华盛顿"大都市政府委员会"（MWCOG）应运而生。它是一个具有特殊协调功能的半官方、松散型非营利组织。其资金主要来源是联邦和州政府拨款（占60%）、地方政府会费（占20%）、契约费（占10%）、各类基金和私人部门捐赠（占10%）。华盛顿大都市政府委员会在区域经济合作上发挥的作用主要有两点：一是分配联邦和州的拨款。MWCOG每年可直接分配大约25亿美元用于道路等基础设施建设的资金，以减少交通拥堵。二是委员会能够为地方政府提供跨地区的合作，如为政府的交通决策提供专家分析和相关信息，在公共卫生危机等问题上协调区域合作。

---

❶ 国务院发展研究中心课题组. 华盛顿城市治理经验：委托授权的协作治理 [EB/OL].[2019-01-18].http://www.fx361.com/page/2016/0920/244839.shtml.

❷ 北京市人民政府外事办公室网站.http://www.bjfao.gov.cn/yhjw/city/mzdq/4493.htm.

（二）华盛顿教育发展概况

1.教育管理机构及其主要职能

"国家教育总监办公室"（OSSE）是华盛顿哥伦比亚特区的州立教育机构，负责提高所有华盛顿市居民的教育质量。作为华盛顿市与美国教育部的联络处，OSSE 与该地区的传统和公立特许学校紧密合作，实现以下主要职能：第一，监督在华盛顿哥伦比亚特区管理的所有联邦教育项目和相关拨款；第二，制定与学校、高等院校、劳动力市场培养期望一致的州立标准；第三，确保符合条件的特区家庭获得高质量的儿童保育和学前教育；第四，为特区最困难的学生群体提供资源和支持；第五，管理每年的"大学和职业准备联合评估"（PARCC）及华盛顿市学生学业成绩考试；第六，为特区残疾儿童提供从家到学校的门到门交通；第七，向在特区和全国各地公立和私立高等院校就读的、符合条件的特区学生发放高等教育财政援助；第八，发布全州公立和公立特许学校学生成绩数据等。

2.公立学校系统概况

"哥伦比亚特区公立学校"（District of Columbia Public Schools，DCPS）是美国首都华盛顿市当地的传统公立学校系统，DCPS 的教育愿景是让每名学生都感受到被爱，受到挑战、准备好积极影响社会并在生活中茁壮成长。确定的根本任务是确保每所学校通过提供严格、快乐的学习体验保证每名学生充分实现潜力。❶2013—2018 年，华盛顿哥伦比亚特区连续 8 年增加学校拨款，2018 学年教育经费分配情况如下：1750 万美元促进小学的音乐、世界语言、体育和其他课程教学；1270 万美元促进中学选修课程及更多核心课程提供，以及增加远足、增益课程机会以及对中学生的社会情感服务；1450 万扩大 AP 课程、课外课程、体育运动以及高收入、高增长领域（如工程学、酒店和技术领域）的职业课程。从 2000 年开始，华盛顿规定幼儿园入学年龄为 5 岁。义务教育涵盖 5—18 岁学生。学校概况见表 2-1、

---

❶ 哥伦比亚特区公立学校网站 .https://dcps.dc.gov/node/966722.

表 2-2、表 2-3。❶

表 2-1　2017—2018 学年学校概况

学校类型	学校数量（个）
小学（Primary Schools）	1
小学（Elementary Schools）	63
中学（Middle Schools）	13
高中（High Schools，包括职业高中）	14
教育机构（Education Campuses）*	16
机会学院（Opportunity Academies）**	4
特殊教育学校（Special Education Schools）	1
年轻人契约学校（Youth Engagement Schools）***	3
总　数	115

注：*Education Campuses 分类包括服务于从幼儿园至 8 年级学生的学校和服务于 6—12 年级学生的卡多佐教育校园及哥伦比亚高级教育校园。** 包含以下四所高中：Luke C. Moore HS, Washington Metropolitan HS, Ballou STAY HS, and Roosevelt STAY HS。*** 包含以下年轻人教育项目：CHOICE Academy @ Wash Met, Youth Services Center, Inspiring Youth Program.

表 2-2　不同学年各年级注册学生数

单位：人

年级	2011—2012 学年	2012—2013 学年	2013—2014 学年	2014—2015 学年	2015—2016 学年	2016—2017 学年
PK 3	2105	2161	2197	2276	2310	2362
PK 4	3294	3409	3368	3339	3522	3468
K	3790	4123	4182	4108	4208	4225
1	3687	3741	4113	4143	4163	4181
2	3205	3546	3688	4101	4109	3996
3	3233	3182	3460	3626	4085	4044
4	3162	3082	3059	3349	3596	3961
5	3016	2799	2846	2789	3106	3267

❶ DCPS at a Glance：Enrollment［EB/OL］.［2019-01-15］.https：//dcps.dc.gov/node/966292.

续表

年 级	2011—2012学年	2012—2013学年	2013—2014学年	2014—2015学年	2015—2016学年	2016—2017学年
6	2348	2279	2242	2237	2077	2321
7	2203	2338	2364	2312	2279	2155
8	2357	2194	2412	2519	2318	2332
9	3706	3972	3959	4175	4123	3614
10	2682	2558	2558	2569	2717	2790
11	2424	2355	2363	2421	2512	2660
12	2114	2028	1935	2181	2326	2363
AO*	1394	1378	1381	1137	769	623
UN/CE**	474	412	266	266	219	193
总 数	45191	45557	46393	47548	48439	48555

注：*AO=成人；包括夜校学生；**UN=Ungraded；CE=证书学生，是指选择证书非文凭路径的特殊教育学生。

表2-3 不同学年学生的种族构成

单位：%

学生类别	2011—2012学年	2012—2013学年	2013—2014学年	2014—2015学年	2015—2016学年	2016—2017学年	2017—2018学年
黑人学生占比	71	69	68	67	64	62	60
西班牙裔学生占比	15	16	16	17	18	20	20
他种族学生占比	4	4	4	4	4	4	4
白人学生占比	10	11	12	12	13	14	15
特殊教育学生占比	18	17	15	16	15	14	14
英语为第二语言学生占比	10	10	10	10	11	12	14

续表

学生类别	2011—2012学年	2012—2013学年	2013—2014学年	2014—2015学年	2015—2016学年	2016—2017学年	2017—2018学年
经济处境不利学生*占比	—	—	—	—	78	77	77

注：*指经州教育总监办公室（Office of the State Superintendent of Education，OSSE）认可，符合以下任一特征的学生：接受免费或低价午餐（Free or Reduced-Price Lunch，FRL）；通过 CEP 获得免费或低价午餐 CEP（就读正规学生群体都获得 FRL 学校的学生）；有资格获得 TANF or SNAP benefits 的学生；甄别为无家可归的学生；接受 CFSA 的学生。

3.DCPS 学生在"国家成绩单"上的表现：持续进步的城市学区

自 20 世纪 90 年代开始实施的"国家教育进步评估"（National Assessment of Education Progress，NAEP），通常被称为"国家成绩单"（nation's report card），被誉为美国学生成绩的重要晴雨表，评估全美各城市、郊区和乡村地区各种族与不同社会经济背景儿童的成绩。过去 10 年华盛顿哥伦比亚学区学生在测试中取得显著进步，已逐渐接近国家平均水平。

"国家教育进步评估"（NAEP）、"城市学区评估试点"（Trial Urban District Assessment，TUDA，大城市学区学生成绩比较）的数据显示❶，整体而言，DCPS 学生 2015—2017 年阅读和数学成绩保持平稳，与 2015 年测试相比，2017 年 DCPS 八年级学生阅读成绩提高 1%，数学成绩提高 4%，虽不具显著统计意义，但达到自 2009 年以来的最高水平。四年级学生数学和阅读成绩下降了 1%，也不具显著统计意义。黑人学生和获得免费及降价午餐学生所有年级及所有学科领域成绩都稳步提升。DCPS 学生 2015—2017 学年"大学与就业准备度联合评估"（PARCC）整体成绩达到水平四和水平五（达到大学和职业准备度目标）的学生比例也持续增加（从 2015 年的 24.9% 提高到 2017 年的 31.9%）。总之，自 2009 年以来，特区公立学校取得了巨大进步，但是要实现服务于每位学生，尤其是达到那些离机会最远的学生的目标仍然任重而道远。

---

❶ DCPS at a Glance：Performance [EB/OL].[2019-01-15].https：//dcps.dc.gov/node/966292.

4. 面向未来的一项资本承诺:《2017—2022 五年战略计划》的优先任务与目标

2017 年华盛顿市市长发布新的五年战略计划——《资本承诺:2017—2022 战略计划》(*A Capital Commitment: Strategic plan 2017-2022*),形成了"努力成为卓越和公平的学区,确保每个家庭都感觉受到欢迎,每名儿童都有机会并获得成功所需的支持"的新愿景,制定了将 DCPS 转变为卓越而公平的学区的系列优先任务与目标(见表 2-4)。承诺继续加大课堂内外的投资,确保所有学生都获得多样化的、严格的、亲身实践的学习机会,创造一个所有学生都感觉被爱、受到挑战并准备好的积极的学校环境。新的战略计划的核心原则让学区内的所有学生都有发言权,并获得成功所需工具,让每名儿童都拥有一个受欢迎、安全和支持的学校环境。战略计划坚持学生优先、公平、卓越等原则。

表 2-4 2017—2022 年战略优先任务与评估目标

战略优先任务	促进公平	
	界定、理解和促进公平,以便能够消除机会差距,系统消除制度偏见	• 关注所有 DCPS 的公平 • 提供相应课程支持有色人种学生 • 优先为最需要的学生提供经费与资源
	为人才赋权	
	招募、培养并留住一支有才能、有爱心、多样化的人才队伍	• 将价值观融入所做的每一件事中 • 改进教师输送渠道,尤其是双语教师和男性有色人种教育者 • 增强学校领导培养
	确保学校卓越	
	增加全市卓越学校数量	• 基于需求发展学校,促进多样化和创新,包括多语言学校或磁石计划学校 • 提高出勤率及注册率
	教育所有儿童	
	提供严格、有趣、包容性的学术及社会情感学习体验,确保所有学生都为上大学和就业做好准备	• 将社会情感学习嵌入课堂 • 提供新的中学课程和课外活动课程 • 扩大上大学和职业准备机会 • 增强对特殊教育学生和英语学习者的教学和指导 • 关注早期读写能力培养
	赋能家庭	
	确保与家庭和社区的沟通并加深合作	• 让家庭和社区参与儿童学习,包括通过家访 • 改善沟通,倾听家庭意见

评估目标	目标一：将为上大学和求职做好准备的学生比例翻一番；将为上大学和求职做好准备的面临危险学生和有色人种学生比例增加三倍
	目标二：100%K-2年级学生阅读素养达到或高于同年级水平
	目标三：85%学生在四年内大学毕业，90%学生在四年或者五年内大学毕业
	目标四：100%学生感觉被爱，受到挑战并准备好
	目标五：100%学校评估为"高效率"或"正在进步"
	目标六：90%学生重新登记入学

5. "教师及校长培养计划"：获得、培养并留住杰出教师与校长

华盛顿哥伦比亚特区将在国家教育进步评估（国家成绩单）中，学生进步速度超过其他州的主要原因归于华盛顿市拥有卓越的教师与校长。2009—2010学年，在"教师与校长培养计划"实施之初，华盛顿公立学校系统设定了确保每一间教室都有杰出的教师，每一所学校都有杰出的校长的宏伟目标，2017年，华盛顿哥伦比亚特区公立学校系统发布了教师及校长培养计划实施8年来的总结报告❶，对华盛顿公立学校系统教师及校长政策与实践进行了梳理，总结了以下5条教师及校长培养经验。

（1）招聘、筛选和聘用：专业的招聘团队与更加严格的筛选标准

为吸引最优秀的教师，DCPS组建了12人组成的专职招募与筛选团队，每年投入200万美元招募与筛选教师。招募与筛选团队通过单独或者视频方式观察每名候选者的实际教学情况，候选者还必须提交教学计划并参加各种面试。此外，DCPS还开发了专业的招聘网站，在当地和全国进行宣传，并将招聘时间从8月提前到5月，以抢占人才争夺先机。经过这些改革，DCPS现在能够吸引全国最有才能的教师候选者。

校长的聘用方面，DCPS非常强调通过内部培养校长。2013年启动了"玛丽·珍·帕特森奖学金"（Mary Jane Patterson Fellowship），这是一项为期18个月的计划，旨在培养该学区一流教育者成为未来的校长。除了将更多资源和精力转向内部领导力培养，DCPS也加大努力在全国招募杰出的有经

---

❶ HOW THE DC PUBLIC SCHOOLS CHANGED EVERYTHING TO GET, GROW, AND KEEP GREAT TEACHERS AND PRINCIPALS.http://DCPS.DC.GOV.

验的校长。DCPS 校长招募团队——现在 5 名全职人员——在全国大量搜寻成功的学校领导，每年增加到人才储备库超过 2000 名准候选人。

（2）评价：设定与学生学习挂钩的更加明确的绩效预期

2009 年，DCPS 致力于改革教师评价过程，从以前无益于教师提高的"检查清单"转变为为教师提供明确目标，并伴随可行动的反馈，帮助教师达到目标的新的严格的评估机制——IMPACT，在整个公立学校系统营造一种很强的绩效文化，带来了学生学习的极大提升。IMPACT 评价机制的核心是"教学与学习框架"（Teaching and Learning Framework），该框架对"好的教学"进行了明确界定。学校根据这一框架对教师全年的绩效进行反馈。IMPACT 评价机制不仅明确了对教师发展的预期，而且也将教师注意力转向更多关注教学的最终目标——学生学习。现在对教师的评估 50% 基于学生学业进步的目标，35% 基于学生标准化测试的增值分数（value-added），其余 15% 基于教师和校长共同决定的其他学生学习评估结果。为评价校长，2010 年，DCPS 引入了新的校长评价体系——"学校领导 IMPACT"（School Leader IMPAC）——将该学区的注意力放在最重要的事务——促进学生成功上。评价体系非常强调校长的"教学领导力"（instructional leadership）及可评估的学生成绩目标，该评价 50% 基于可量化的学生进步指标。其余 50% 基于 6 个领导力框架标准：教学、才干、学校文化、运营、家庭与社区、个人领导力为校长打分。其中"教学"的权重几乎是其他 5 个指标的两倍。

（3）支持：帮助教师和校长达到明确的专业目标

以前 DCPS 的教师支持主要是一刀切的专业发展模式，只给予教师维持执照所需的最低学习时间，并主要通过大规模讲座实现，没有针对教师的独特需求设计，讲座后也没有后续支持，没有帮助教师达成个体学习目标。改革后，教师可以获得旨在帮助他们甄别并达到特定教学目标的个性化辅导，而且还可以获得配套的课程支持和大量的在线资源。为加大对校长的支持力度，DCPS 在过去几年显著减少了"教学总监"（instructional superintendents）管理校长的数量——从最多 30 名校长减少到最多 14 名，确保教学总监有时间为每位校长提供个性化支持，此外，DCPS 增加了对校长经营学校方面的支持。因此，校长现在 1/4 时间用于非教学事务，以前是一半时间。

（4）报酬：实施绩效（而不是教龄或者高学历）驱动的奖励机制

DCPS 现在为一流教师提供与全国任何学区相比的最高起薪：有硕士学位的新教师起薪达到 5 万美元，除此之外还有得到 2 万美元奖金，第一年收入达到 7 万美元。此外，最高工资也从 87000 美元到超过 126000 美元，使 DCPS 成为全美教师终身收入最高的学区。根据"全国教师质量委员会报告"（National Council on Teacher Quality），DCPS 教师整个职业生涯收入可以达 370 万美元，比排名第二的学区可能总收入多 100 万美元。DCPS 现在的教师薪酬体系——IMPACTplus——更加强调绩效。教师会因为在最复杂的学校环境中成功而得到认可和奖励。为激励校长，DCPS 在校长职业生涯的每个阶段保证其收入至少与其他地方同辈相同或更高的工资。校长薪级有 6 个不同的类，每类针对不同的学校类型。

（5）保留：确保教师和校长有最高的公众认可度

为留住优秀教师，DCPS 有一支专职的教师保留团队，主要任务是留住最优秀的教师。此外，DCPS 还建立了一个五级职业生涯阶梯，称为 LIFT——从"教师""成熟教师""高级教师""卓越教师""专家教师"几个阶段逐级上升。为留住校长，DCPS 为评价为"有效"和"高效率"的校长各种激励，确保他们整个职业生涯都留在 DCPS，如工资增长和奖励，签署多年协议，在学区担任领导的机会，参加每年肯尼迪表演艺术中心公共庆典等。

6. 改革高中毕业要求——提高高中生大学与就业准备度

数据表明华盛顿哥伦比亚特区学生在高中毕业时并没有为上大学或者就业做好准备。尤其是预测大学准备度的"大学与职业准备度联合评估分数"（Partnership for Assessment of Readiness for College and Careers，PARCC）显示，华盛顿市只有 27% 高中生在阅读方面为大学做好准备，25% 高中毕业生在数学方面为大学做好准备；贫困与少数族裔学生与资源丰富的白人学生之间的机会缺口仍非常巨大，两个学生群体之间的差距介于 44%—58%；大学生在六年内毕业的比例 2012 年仅为 23%；SAT 平均分为 1285（总分为 2400，全美平均分为 1484 分），至少参加一门 AP 考试的高中生中，仅仅只有34%学生达到合格分数。

目前华盛顿哥伦比亚特区高中生毕业要求于2007年制定，要求学生获得24个规定的学分（见表2-5）并完成100小时的社区服务。要求的课时数量与国家其他州的要求一致或略多，为所有毕业生提供相同的文凭获得路径。

表2-5 华盛顿哥伦比亚特区24个学分的高中文凭要求

学科	学分
英语	4
数学（包括几何Ⅰ、地理和几何Ⅱ）	4
科学（必须包括三门实验室科学）	4
社会科学（必须包括世界史1和2，美国史，美国政府，哥伦比亚特区历史）	4
世界语	2
艺术	0.5
音乐	0.5
健康与体育	1.5
选修	3.5
总学分	24

为确保学生高中毕业后获得成功。2017年，DCPS成立了"高中毕业要求工作小组"（high school graduation requirements task force），确立了改革的愿景——所有华盛顿市高中毕业生必须证明自己具备在全球化经济与民主社会中作为积极公民成功所需的知识、能动性与技能。工作小组将围绕三个主要问题展开研究[1]：作为一个城市希望高中文凭的内涵？应该如何评估一名学生是否达到文凭标准？高中生毕业要求有什么变化，如果有，应该如何确保文凭反映这些变化？基于对以上问题的研究发现，工作小组将提出高中毕业要求改革建议。为学生提供多条路径获取高中文凭所需的学分应

---

[1] OSSE.High School Graduation Requirements Task Force Overview, 2017.https://sboe.dc.gov/sites/default/files/dc/sites/sboe/page_content/attachments/High%20School%20Graduation%20Requirements%20Task%20Force%20Overview%20-%2007-11-2017.pdf.

该是未来改革的核心。

7. 高等教育概况

华盛顿特区有20所学院与大学列入"卡内基高等教育机构分类"（Carnegie Classification of Institutions of Higher Education）体系中。其中包括5所研究型大学、4所授予硕士学位大学和10所专业学院（special-focus institutions），还有16所私立大专院校，其中3所为营利性。

高等教育监管与质量保障机构为"高等教育许可委员会"（Higher Education Licensure Commission，HELC），这是一个由5名成员构成的、由市长任命负责监管高等教育和实施消费者保护的机构。负责制定高等教育运营标准，授权机构运营，批准课程开设、颁发或者拒绝许可并监督哥伦比亚特区所有的私立高等教育机构。负责向市长和城市委员会提供有关学区高等教育需求的建议。确保辖区高校达到并符合法律规定的标准及要求。确保辖区高校提供的课程和授予的学位满足标准。

二、巴黎城市发展与教育特点

（一）巴黎城市发展定位与大巴黎都市圈建设

巴黎是法国的政治、经济和文化中心，也是享誉世界的国际大都市。根据全球化与世界级城市研究小组（GaWC）2018年发布的全球城市分级排名，巴黎紧随纽约、伦敦、新加坡和中国香港，列第五位。❶

1. 巴黎城市发展定位

政治方面，巴黎作为法国的首都，是法国国家权力机关所在地和各国政要集会地以及各种重要政治运动的发源地；经济方面，巴黎以7350.6

---

❶ 目前GaWC的世界级城市分级排名是全球关于世界一、二、三、四线城市最权威的排名。GaWC根据一系列标准将全球361个主要城市分为四大等级：Alpha（一线）、Beta（二线）、Gamma（三线）和Sufficiency（自给型城市，也可理解为四线），每个等级内部又会用加减号来标记该等级内的次级别。2018年全球城市分级排名中特级城市Alpah++只有纽约和伦敦两座，一线强城市Alpah+有新加坡、中国香港、巴黎、北京、东京、迪拜和上海。

亿美元的国内生产总值排在全球城市第4位（2016年数据），❶巴黎大区的GDP为欧盟最高（6600亿欧元），占法国GDP的30.3%，占欧盟GDP的4.5%，人均GDP54600欧元（法国统计局、欧洲统计局2017年发布，2014—2015年数据）。❷世界500强跨国企业中有27家企业总部落户巴黎，仅次于北京和东京。❸此外，巴黎大区当选FDI杂志2018/2019年度最具投资吸引力地区（FDI intelligence，2018年2月），并在2017年全球化城市报告（Global Cities Index）经济绩效分析、2017年全球城市前景报告（Global Cities Outlook）、城市吸引力及持有全球化资金、人才和创意的潜力分析和2017年全球城市投资检测（Global Cities Investment monitor）等排名中位列前三。❹

与出色的经济表现相比，巴黎在全球的文化影响力更加显著。在知识生产和信息流通方面，巴黎拥有17所国际知名大学，350所高等教育机构和全国59%的研究人员，每年出版书籍74700余册。在阅读文化、表演艺术、影视作品的生产和推广以及艺术院校数量等方面巴黎也遥遥领先。根据2017年《世界城市文化报告》(Global Power City)，在衡量城市文化影响力的两个核心指标——"艺术家评价"和"文化交流指数"方面，巴黎更是分别位列全球城市第一和第三。丰富的文化资源也带来了高度发达的国际会展与旅游业，国际会议协会（ICCA：International Congress & Convention Association）的统计显示，巴黎以每年196场大型国际会议列全球第1位，❺年接待4490万游客，其中外国游客1840万（占41%），是全球最具吸引力的旅游目的地。

从指标来看，巴黎在金融储备、地区GDP产值、股票市场、市场资本

---

❶ 全世界GDP最高的十座城市［EB/OL］.［2017-11-20］.https：//www.sohu.com/a/205547205_99963962.

❷❸❹ Paris Region Key Figures 2018［R］.Paris：Paris Region Enterprises，the Paris Ile-de-France Regional Chamber of Commerce and Industry and the Paris Region Urban Planning and Development Agency（IAU Île-de-France）［2018-03-08］. https：//www.iau-idf.fr/en/know-how/scope-of-activities/edition/paris-region-key-figures-2018.html.

❺ 数据来源：国家会议协会（ICCA）根据2016年承办会议的数量作出的国家和城市排名（2017年5月31日公布）。

化、跨国公司总部等方面较伦敦、纽约、东京稍逊一筹，但在国际组织、科研与文化设施、历史遗产与宗教、创意产业和文化旅游方面在全球城市网络中优势明显。

2."大巴黎计划"与大巴黎都市圈建设

法国"大巴黎计划"始于2007年，由时任总统萨科齐提出，目标是到2030年，将巴黎打造为"世界之都"。

由于历史的原因，巴黎城市空间分隔严重，外环公路如同城墙一样把巴黎中心城区与周围郊区分隔开来。城区内是巴黎主流社会的空间区域，文化教育等公共服务设施齐全，市民受教育程度高，就业机会多，生活富裕；而巴黎郊区属于外省管理，环境及基础设施普遍落后，是法国外来移民（尤其是非洲裔移民）的主要聚居区，居民文化素质不高，就业率低，生活贫困。长期以来，大巴黎地区在行政管理上的分隔以及空间发展上的分离加大了城区与郊区的贫富差距，严重阻碍了巴黎作为法国经济与文化中心作用的发挥，在与纽约、伦敦等世界级大都市竞争时，因缺乏区域协调，劣势尽显。在此背景下，"重塑巴黎，重组交通，把首都建设成为21世纪可持续发展，具有国际竞争力，创造财富与就业岗位，不再有郊区概念的绿色环保大都市"便成为萨科奇"大巴黎计划"的主要目标。

为推动这项计划，法国成立了"大巴黎"协调指导委员会和科学委员会。同时，萨科齐任命克里斯蒂安·布朗担任巴黎地区拓展事务国务秘书，专门负责该计划的实施。2010年，法国成立大巴黎公司，并通过税收、捐赠、地方投入和借款等方式募资325亿欧元，建设全自动高速火车线和文化设施。

2016年1月1日，由巴黎市、近郊三省的123个市镇及远郊7个市镇组成的大巴黎都市圈正式成立，总面积达770平方公里，是巴黎市面积的7倍，总人口逾700万，共分为12个辖区（territoire）。[1]

巴黎市长伊达尔戈表示，大巴黎都市圈有很多优势：密集且现代化的

---

[1] Le Grand Paris Citoyen [R]. Paris：Mairie de Paris, 2015.

交通网络，优质的学校，大型企业和新企业，模范的生活艺术等。与此同时，它也面临如房价高、污染、区域发展不平衡等诸多挑战。打造大巴黎都市圈的目的是整合区域资源，以提高城市生活水平、减少地区发展不平衡，使大巴黎都市圈成为城市社会经济发展的典范。为此，大巴黎都市圈的建设有以下四项主要目标：提高居民生活水平；减少各辖区间的不平等；树立社会经济可持续发展的城市典范；扩大大巴黎都市圈在国际范围内的影响力。

此外，大巴黎都市圈委员会提出了大巴黎都市圈的五大功能：一是大巴黎地区的空间治理。包括审核并通过各辖区委员会的城市规划方案；确定并实施区域治理项目；建设通信网络等。二是社会经济与文化的发展与布局。包括创建并合理布局大巴黎的工业活动区、商业区、第三产业区、旅游区、海港和空港区等；社会、教育及文体设施的建设、布局和维护，如对大巴黎都市圈内的学校进行重新规划布局，保障学校布局与人口分布相适应。三是住房政策的制定。包括起草大巴黎都市圈的居民住房计划（PMHH），制定住房政策；扩建社会保障房，并为其提供财政补贴；安置未解决住房的贫困人口。四是城市政策的制定。包括制定城市发展、地方发展及社会经济融入的法律政策。制定预防犯罪的法律规定。五是环境保护及生活水平的提高。包括应对空气污染；应对噪音污染；能源有效利用；起草并通过气候—能源地方计划；管理水资源，预防洪涝灾害。[1]

大巴黎的建设采取的是分阶段逐步推进的方式。2016 年，大巴黎只行使环境和经济发展两个职能；2017 年，增加住房和区域治理两个职能；到 2018 年，大巴黎开始行使更具地方性质的职能，如垃圾处理、污水处理和水资源管理、文化和体育设施、市镇政策、社会保障、地方城市规划计划、气候计划等；2020 年，通过直接普选确定大巴黎委员会议员。

---

[1] Le Grand Paris Citoyen [R]. Paris：Mairie de Paris, 2015.

（二）巴黎教育特点

1. 教育国际化程度高

巴黎的国际化程度非常高，13.5%的人口（约160万人）为来自100多个国家的外籍人口，其中46.3%的人口来自非洲，31.8%的人口来自欧洲，17.3%的人口来自亚洲，4.5%的人口来自美洲，还有0.1%的人口来自大洋洲。❶ 巴黎大区犹如一座新巴别塔，吸引世界各地的人们前来生活、学习、工作或游览。这座"世界城市"也吸引来自世界各地的投资。巴黎大区的跨国企业和国际组织数量高居世界第二，欧洲第一。

在高度国际化的大环境下，教育国际化一直是巴黎教育改革的核心领域，巴黎市政府认为，教育国际化有利于增强巴黎教育的吸引力和竞争力，提高教育质量和国家创新能力，应作为巴黎的重要发展战略之一。为此，巴黎学区在2017—2020年学区计划中也将"促进学校对外开放"作为巴黎学区发展的三大目标之一。❷ 巴黎既希望借助巴黎高度国际化的大环境推进教育国际化，同时也致力于通过教育国际化发展反哺巴黎的国际化发展。具体来说，巴黎的教育国际化主要体现在以下几个方面。

（1）提供大量国际教育选择

法国政府认为，教育供给情况是影响法国吸引力的重要因素。2017年7月，法国总理提出增强巴黎作为金融中心吸引力的计划，而加强巴黎大区国际教育供给则是该计划的重要组成部分，为此巴黎大区委员会副主席以及凡尔赛地方教育局的首席教育官被委托对巴黎大区国际教育供给进行规划。2018年1月22日，法国总理和巴黎大区主席提交了旨在加强巴黎大区国际教育供给的报告，报告中的一项重要内容是扩大并优化语言教学供给，以满足有意移居法国的家庭的期望。报告指出，2018学年伊始，巴黎大区中小学将提供1000个国际教育学位。2021学年还将新设立三所国际中学。巴黎大区将拨放专款用于教师培训和母语教师的招录。报告还提出，加强

---

❶ 数据来源：国家统计局2017年12月发布，2014年数据。

❷ Projet académique 2017–2020: trois grandes ambitions pour la réussite de tous [R]. Paris: Académie de Paris, 2017.

国际教育的供给也将建立在改进教学的基础上。从幼儿园到中六学院（sixth-form college），都将尝试双语教学模式，平衡每种语言的教学时间并将招录母语教师。此外，相关的国际学校认证政策也将出台，以提高巴黎大区国际学校的能见度和对外开放水平。

（2）重视外语教学，扫清教育国际化发展的语言障碍

根据国际学生评估项目（PISA）测评，巴黎大区50%的年轻人因为外语不过关而无法去国外实习或交流，外语能力不足成为巴黎进一步推进教育国际化的障碍。为此，巴黎大区议会主席瓦莱丽·佩克莱斯在2018年2月提出，要在2022年前建成多语种的巴黎大区，并以此为目标推出了免费为大区居民提供外语培训的计划。该计划主要包括两部分：一是在智能手机上推出在线学习客户端，向大区全体居民免费开放。首先是英语、法语（非母语）、德语、西班牙语，之后还会推出汉语、俄语及葡萄牙语。二是在高中逐渐普及全面智能化外语教学。

2. 重视教育资源配置的公平性与合理性

巴黎市政府在大力推进大巴黎都市圈建设过程中，也积极调整基础教育资源配置，通过建立"教育优先区"，促进区域间教师流动以及重新规划学校布局，缓解大巴黎地区内教育发展不均衡状况，保障教育资源配置的公平性与合理性。

（1）建立"教育优先区"，对教育薄弱的近郊和远郊给予政策倾斜

为了改进薄弱幼儿园、小学和初中，缓解教育地区发展不均衡的状况，法国政府于1981年制定了"教育优先区"（Zone d'éducation prioritaire）的政策。这一政策以"给最匮乏者更多，特别是更好"的思想为宗旨，对划定为"教育优先区"的学校给予额外的教育资源以及更多的自主权，使学校有能力帮助学生克服在学业和社会上面临的处境不利的地位。

在全国推行教育优先区的背景下，巴黎教育基础薄弱的近郊和远郊地区也陆续设立了若干教育优先区。通常，教育优先区以一个初中为核心，与本招生区的若干小学结合成一个整体。根据最新版大巴黎地区教育优先区分布图（2015年版），大巴黎地区设置了4个重点教育优先区（REP+）和25个教育优先区（REP）。此外，还有26个小学和5个初中被纳入"教

育优先四年公约"。到目前为止，巴黎共有 33 所初中和 215 所小学被划分为教育优先区。

巴黎政府对被确定为"教育优先区"的学校给予诸多政策支持，主要包括：增拨教育经费，改善学校的教育环境与教学设备；增派教师，加强对原有教职人员的培训；提高该地区的教师待遇；缩小班级规模，减少班级人数；鼓励教育优先区的 2 岁幼儿尽早进入免费幼儿园，接受正规学前教育，以弥补由于经济落后而造成的早期教育不足。

（2）促进区域间教师流动，保证师资均衡配置

法国的中小学教师属于国家公务员，由国民教育部实行严格统一的管理，所以每一位教师都必须服从工作岗位分配。目前，按照法国教师编制政策规定，国民教育部每年必须根据全国适龄儿童的人数变化和基础教育的发展情况，对全国中小学教师的需求作出预测，由此确定教师的编制数和各学区教师的分配指标，从而实现师生比例的合理化，以及不同地区、不同省份之间师资数量配备的均衡化。

在推进大巴黎都市圈建设中，巴黎市政府将积极促进各区域间的教师流动，鼓励或强制分配中心城区的中小学教师流动到近郊及远郊城镇，保证师资质量的均衡。政府对流动到郊区，尤其是"教育优先区"内任职的教师提供特别津贴。2015 年之前，巴黎各教育优先区的教师每年可以获得 1156 欧元的补贴。自 2015 年起，巴黎普通教育优先区津贴增加 50%，重点教育优先区津贴增加一倍，同时在教育优先区的工作经验也将有助于教师未来职业晋升。此外，巴黎市政要求郊区，尤其是"教育优先区"必须配置高质量的教师队伍，并增加教师数量，以便加强对处境不利儿童的个别辅导。这些政策使大巴黎都市圈内薄弱地区的基础教育师资得到明显改善，为教师资源的动态均衡配置创造了便利条件。

（3）重新规划学校布局，保障学校布局与人口分布相适应

随着大巴黎都市圈建设的深入，巴黎近郊和远郊接纳大量中心城区外迁人口及周边城镇的迁入人口，从而实现人口快速增长，学龄儿童出现激增。与此同时，巴黎中心城区人口规模萎缩，学龄人口减少，这就造成原有的学校布局及教育资源配置不适应现有的学龄人口就学需求，因此巴黎

政府对整个巴黎大区的中小学布局进行调整和规划，推动各区域教育均衡发展。

巴黎市政府在控制中心城区人口数量、推动大巴黎都市圈建设的过程中，综合考虑各区域的人口、资源、交通等诸多方面因素，对学校布局重新进行科学规划。目前，在巴黎市区内，中心城区小学和中学数量明显少于外围城区，这符合巴黎市内人口分布特点。

3. 致力于高层次精英人才培养

（1）高等教育人才辈出的大区

巴黎大区34.9%的成人拥有学士及以上的文凭。目前，巴黎大区有67.8万名大学生，占全法学生总数的26.4%，其中38.1万名大学生就读于巴黎大区的公立大学，2.8万名博士在读学生，占全法博士在读生的38%，45%的博士在读生为数学专业。此外，巴黎大区共有16所公立大学，70所高等专业院校（俗称"精英大学校"）、商学院及工程师学院。

根据法国教育部最新统计数据，2017年巴黎大区共有29.4万人攻读本硕博学位，3.98万人就读工程师院校，3.88万人就读商学院，1.7万人就读大学技术学院，4.4万人就读高级技师班项目，3.1万人就读高等专业院校（俗称"精英大学校"）预科班，2.79万人就读辅助医科与公众服务学校。❶《泰晤士高等教育》2018全球大学排行榜上，巴黎大区5家高等教育机构跻身世界200强（巴黎科学艺术人文大学、巴黎综合理工学院、巴黎六大、巴黎十一大和巴黎四大）。此外，在2017世界大学学术排行榜上，3家高等教育机构跻身世界100强（巴黎六大、巴黎十一大、巴黎高等师范学院）。巴黎六大和巴黎十一大还位列世界大学自然科学与数学学科的前10名。

（2）规模小、高目标的"精英大学校"培养模式

巴黎作为法国政治文化传统的中心，长久以来一直将培养高等次精英人才作为重要的教育发展战略。

在法国，说到精英教育体制，主要指高等专业院校（Grande école，俗称"精英大学校"）。这是法国高等教育的主要特色和独特优势。高等专业

---

❶ 数据来源：高等教育与科研部，RERS2017，2016—2017数据。

院校，法文直译为"大学校"。需要说明的是，在法国，高等专业院校特指"精英大学校"，与我国高等专科学校（大专）的含义完全不同，也区别于德国、荷兰等其他西方国家的高等专科学院。法国的高等专业学校是通过严格的入学考试筛选法国最优秀的人才来确保高水平教育质量的高等教育机构，是培养中央政府官员、高校教师、企业高管、技术工程师、商业和法律等高级人才的摇篮，因此是法国高等教育最著名、最富有特色的教育模式，也是法国学生众所追求的成功之路。高等专业院校属于"限制性教育"，从学业优秀的高中毕业生中严格选拔，择优录取，可以说是法国高等教育优质生源最集中的地方，而法国最顶尖几所精英大学校基本都集中在巴黎。每年全法国最优秀的高中生基本都进入巴黎综合理工学院（简称"综合理工"）、巴黎中央理工学校（简称"中央理工"）、巴黎高等师范学校（简称"巴黎高师"）、巴黎高科国家高等桥梁道路学校（简称"巴黎高科桥路学校"）、巴黎国立高等矿业学院、巴黎高等电信学院等几所顶尖级精英大学校（公立特殊型院校）。

由于"大学校"一般规模较小、学科专业具有特定领域和方向，许多法国"大学校"在世界知名大学排行榜上名次不行，但在法国乃至国际上依然有着极大的知名度和影响力，是社会上普遍认可的优质教育资源，如巴黎高等商业学校（HEC，简称"巴黎高商"）、巴黎政治学院、国家东方语言文化学院、国家行政学院以及诸如巴黎高科桥路学校等工程师学校。

三、伦敦城市定位与教育发展

2013年6月，伦敦市长约翰逊公布了2020城市发展愿景，要让伦敦成为地球上"最伟大的城市"（The Greatest City on Earth）。2020年的伦敦，应继续保持其作为世界金融、商业、文化、艺术、传媒、教育、科技和创新之都的领先地位。伦敦2020城市发展愿景进一步指出，教育与技能在保持伦敦领先地位方面发挥着关键且重要的作用。

（一）城市定位

1. 建设友好型城市满足各种社会需求

伦敦市政厅于2015年5月发布题为《友好的伦敦——一个适合生活、工作和旅游的好地方》(Friendly London: A great place to live, work and visit)的报告，指出：便捷的交通、优美的环境、丰富多彩的文化结合在一起有助于提高伦敦的国际声誉。报告的主旨聚焦于在体制、机制方面采取一些必要措施，让伦敦成为适合生活、工作、旅游的友好型城市。随后，伦敦市长约翰逊发布《社会基础设施补充规划指南》(Social Infrastructure Supplementary Planning Guidance)，为伦敦基础设施规划提供方向性指导，以满足伦敦人的各种社会需求。

《社会基础设施补充规划指南》主要是为了解决城市在卫生、教育、体育、宗教发展方面遇到的挑战。这份指南的颁布旨在提高伦敦人的健康和幸福指数，目前伦敦人口已经超过860万，预计到2050年，人口将增至1100万。2001—2011年，伦敦的学位需求出现明显增长，学龄人口增加107000人，增长率是全国平均水平的两倍。《社会基础设施补充规划指南》号召现有学校扩大招生规模，同时兴办新学校满足伦敦人的就学需求。

2. 文化与创新处于伦敦城市发展最前沿

伦敦未来的发展规划将文化与创新置于城市发展最前沿。这种城市发展定位源于对现状越来越多的一种担心——艺术家、设计师和创新人才遭到排挤，他们发现在伦敦买不起工作室或工作坊，生活成本越来越高。

由于伦敦经济的持续增长与繁荣，为伦敦人提供更多的住房成为关键性需求，但是这些不应以文化和创意产业的损失为代价，它们对伦敦的经济产出非常重要。文化是吸引全世界的人来到伦敦的主要原因之一，伦敦充满生机的创意产业早已闻名世界。据估计，创意产业每年创造的价值约为350亿英镑，2013年伦敦文化旅游消费约为75亿英镑。新兴的文化和创意产业能为城市发展带来巨大经济价值，文化活动、文化设施或文化产业集群能够为城市的某些区域带来前所未有的改变和成长。然而，现在伦敦的艺术工作室、音乐场馆、小酒馆（pubs）、剧场和其他文化场所正在流失。预计未来5年，伦敦大约有3500个艺术工作室、1/3的创意岗位将会消失。伦敦市长已经采取一系列行动来支持文化和创意产业的发展，并与全球其他城市一起探讨文化与创意产业面临的挑战，确保文化处于城市发展的核心。

3. 保持世界教育之都的声誉和地位

伦敦前任市长约翰逊曾表示："伦敦比世界上任何其他城市拥有的全球顶尖高校的数量都要多，是无可争议的世界教育之都。"伦敦每年大约吸引10万名国际学生，比世界上任何其他城市都要多。这些国际学生对伦敦经济的贡献可达30亿英镑，创造并支持37000个就业机会。2013年7月，英国联合政府公布国际教育战略，目标是到2018年，国际学生数量增长15%—20%。

但是由于一些留学生政策的限制，妨碍了最优秀的国际学生来伦敦求学。全球顶尖人才和未来全球领袖的争夺战，美国和澳大利亚是伦敦强有力的竞争者。伦敦政府必须与高校紧密合作，确保伦敦保持世界教育之都的声誉和地位。如印度是继中国、美国之后的伦敦第三大国际学生市场。但是据2015年统计数据表明，过去5年，伦敦高等教育机构的印度学生数量减少一半以上。2009—2010学年，印度学生有9925人，然而到了2013—2014学年，印度学生只剩4790人。

伦敦希望吸引并留住来自全世界的人才。2015年11月，伦敦市长和一些高校资深学者在市政厅共同提出两项关于国际学生毕业后工作机会的提议，以此吸引来自印度和其他国家的国际学生。第一个提议是长达两年的英联邦工作签证（Commonwealth work visa）。这首先是针对印度学生的，如果操作成功的话，将会扩大到其他英联邦国家。伦敦市长认为英国需要与其他英联邦伙伴保持更紧密的关系。第二个提议是STEM毕业生长达两年的工作签证。为科学、技术、工程和数学专业的毕业生提供至多两年的工作签证。这类签证没有国籍限制，对热衷于STEM学位的印度学生同样有吸引力。而且此举还有助于缓解英国在生命科学、工程和技术领域严重的人才短缺。

(二) 伦敦教育发展成就与挑战

1. 成就一：中小学教育保持全国领先水平

2016年12月1日，英国教育标准局发布2015—2016年度学校教育督察报告。该报告分析了英格兰各地学校教育的进展，伦敦中小学的整体表现优于全国平均水平。数据表明，在教育标准局评定为"良好"或"优秀"学校就读的伦敦学生比例为92%，而2012年8月，该比例只有77%。伦敦在这个指标上继续保持全国领先的水平，也就是说伦敦16岁以下的学生在优质学校就读的可能性最大。此外，伦敦需要改进的学校进步神速。2012年9月，英国教育标准局引入了"需要改进"（requires improvement，RI）这个评定等级。截至目前，伦敦78%的RI学校在复查中都成功晋级"良好"或"优秀"等级，远高于英格兰69%的平均水平。

从小学来看，伦敦和英格兰西北部地区比其他地区拥有更多"良好"或"优秀"等级的好学校。自2012年8月以来，伦敦在好小学就读的学生比例一直是英格兰最高的。2016年8月31日，该比例从上一年的88%提高到了93%。2016年，伦敦小学生在阅读、写作和数学方面达到预期标准的比例分别为77%、70%和77%，都是全英格兰最高水平。符合免费午餐资格的学生一直是学校教育关注的重点，这部分学生也是弱势群体的集中代表。2016年，伦敦这部分学生在第一关键学段（key stage 1，1年级和2年级）阅读达到预期标准的比例高于全国平均水平8个百分点，使得伦敦再次成为表现最佳地区。

从中学来看，90%的伦敦中学生在"良好"或"优秀"学校就读，高出全国平均水平9个百分点，所以说，伦敦的中学也是全国最强的。2016年的普通中等教育证书考试（GCSE）成绩表明，伦敦65.9%的学生拿到了包括英语和数学在内的5个C以上的成绩，英格兰的平均水平是62.8%。2014年，第四关键学段（相当于高一、高二）的四个学业测试指标的排名，伦敦均名列榜首。第一个最基本的指标是包括英语和数学在内拿到5个C以上成绩的学生比例。伦敦以62%稳居英格兰第一。第二个指标和第三个指标都与英国文凭（English Baccalaureate，EBacc）有关。EBacc作为一种学业表现的测量方式，是在2010年被当时的联合政府引入的，主要考察学生核心学术科目的学习情况。EBacc的核心学术科目包括英语、数学、历史或地理、科学、语言。只要这些核心学术科目的成绩达到C以上，就能获得EBacc资格。在英格兰公立中学的排行榜中，EBacc资格是排名的参考依据之一。第二个指标考察的是EBacc的参与率，2014年伦敦学生EBacc参与率为46%，比英格兰平均水平高出7个百分点，整个英格兰排名第一。第三个指标考察的是EBacc的达成率，30%的伦敦学生获得了EBacc资格，比英格兰平均水平高出6个百分点，同样在英格兰排名第一。第四个指标主要衡量学生在整个中学阶段取得的进步，即从7年级开始到11年级结束，学生的英语和数学水平至少能够提高3个等级。2014年的数据显示，从英语学科来看，78%的伦敦学生取得了这样的进步，比英格兰的平均水平高出6个百分点；从数学学科来看，72%的伦敦学生也取得了这样的进步，同样高出英格兰平均水平6个百分点。毫无疑问的是，伦敦在第四个指标的两项分指标中，均名列英格兰第一。

不仅高中学生的整体表现亮眼，处境不利学生也比英格兰其他地区同样背景的学生表现更好。伦敦49%的处境不利学生拿到了包括英语和数学在内的5个C以上的成绩，比英格兰平均水平高出12个百分点。

2. 成就二：伦敦是欧洲文化程度最高的城市

在伦敦的某些地区，超过2/3的劳动人口都具有高等教育学历或同等学力，高于欧盟其他任何地区。2015年，欧盟统计局针对区域和城市的比较数据表明，欧盟范围内6个大学毕业生最多的地区中，伦敦有4个地区上榜。伦敦大学毕业生最集中的地区位于内伦敦的西部，包括卡姆登、伦敦金融城、肯辛顿切尔西、哈默史密斯、旺兹沃思和威斯敏斯特，这些地区的大学毕业生占到69.7%。伦敦第二个大学毕业生集中的地区位于内伦敦的东部，包括哈林盖、伊斯灵顿、哈克尼、纽汉姆、朗伯斯、刘易舍姆、萨瑟克和陶尔哈姆莱茨，这些地区的大学毕业生占到58.3%。另外两个上榜的地区分别位于伦敦的南部和西部，分别处于第三和第六的位置。

欧盟统计局的数据表明，伦敦成为欧洲文化程度最高的城市，吸引了来自全球的人才，形成了与众不同的经济形态，伦敦成为数字时代的超级城市，思想火花的碰撞之地。

伦敦的主要竞争对手是比利时的一个地区和挪威首都奥斯陆，大学毕业生的比例大约为54%。芬兰通常是欧洲教育表现最好的国家，但是芬兰首都赫尔辛基大学毕业生的比例仅占51%，排在第九位。瑞士苏黎世大学毕业生的比例占50%，排在第十一位。法国表现最好的是包括巴黎在内的法兰西岛地区，大学毕业生比例为46%。

从英国国内来看，如果跨出伦敦到东南部的肯特，那么劳动人口中大学毕业生的比例急剧下降到36%。劳动人口中大学毕业生比例最低的地区位于罗马尼亚和意大利南部，大概只有15%或者更低。

对于伦敦的亮眼表现，欧盟统计局分析认为，平均来看，英格兰劳动人口的文化程度相对比较高，而伦敦又是英格兰教育成就最高的地区，且越来越多弱势家庭的孩子也可以读大学。此外，来自英国其他地区乃至世界上其他国家的高质量毕业生也对伦敦的大学毕业生数量作出了贡献。

3. 挑战一：早期教育与保育费用居高不下

早期基础阶段概况（Early Years Foundation Stage Profile）是反映5岁儿童身心发展状况的一个主要指标。这个指标包含了儿童认知、身体发育、社交与情感发展的一系列评测结果，主要通过从业者对儿童的日常观察来完成评测，达到"良好"水平是一个基本标准。近年来，伦敦5岁儿童达到"良好"水平的比例出现快速增长之势，现在71.2%的5岁儿童都能达标，不仅超过了英格兰的平均水平（69.3%），而且排名第二，仅次于英格兰东南部地区。

伦敦不同地区之间儿童达标比例的差异很大。2016年，伦敦卡姆登5岁儿童达标比例只有65.1%，而格林威治的比例则达到78.7%。此外，伦敦有9个地区儿童达标比例低于全国平均水平。目前，伦敦早期教育与保育发展面临三个主要挑战。

其一，2岁儿童的保育参与率差异很大，确保处境不利儿童最大限度接受保育服务非常关键，这有助于提高儿童的入学准备度，对日后的小学教育非常有利。

其二，在增加保育学位的同时必须确保质量不能下滑。经营场所成本过高是保育机构面临的主要挑战。保育机构需要与更多新的合作伙伴一起尝试新的保育服务方式。

其三，为了继续提高早期教育与保育质量并获得更好的成果，需要进一步巩固和加强从业人员的专业发展。伦敦中小学教育取得的成就和经验应该与早教部门分享。

2017年2月底，伦敦在市政厅召开市长教育大会，并发布《2017伦敦年度教育报告》。该报告指出，确保孩子拥有最好的人生起点是伦敦早期教育与保育的努力方向和终极目标。

该报告认为，人生早期对于儿童的身心发展以及奠定未来成功的基础至关重要。高质量的早期教育与保育将对孩子的一生产生深远的影响。不过，即便在这个阶段，不平等或不均衡的问题也是显而易见的。《2017伦敦年度教育报告》主要从费用、质量和儿童发展指标这三个方面对伦敦的早期教育与保育状况进行了总结。

伦敦的儿童保育费用远远高于英国其他地区，而且一直呈快速增长趋势，主要原因是保育成本太高，而成本的大头则集中在工资和租金。伦敦儿童保育费用与英格兰平均水平的差异在日渐扩大。就拿为2岁以下儿童提供保育服务的非全时段托儿所来说，2011年的时候，伦敦的费用比英格兰平均水平高出近23%；到2016年，这个差距已经扩大到近36%。

尽管伦敦的儿童保育费用居高不下，但是学位的质量并未随之水涨船高。伦敦被英国教育标准局评定为"良好"或"优秀"的保育机构只占86%，略低于全国平均水平。此外，由于保育服务的类型和所在地区的差别，保育质量的差异也比较大，在纽汉，"良好"或"优秀"的比例只占78%，而在里士满，比例则高达92%。

4. 挑战二：教师岗位空缺

伦敦各级各类学校在教师招募方面都存在明显困难。一个提供各种竞争性岗位、充满生机的劳动力市场以及相比其他地区来说更高的生活成本，是伦敦所面对的特殊挑战。

《伦敦2017年度教育报告》显示，伦敦56%的学校领导表示教师岗位存在空缺，而英格兰平均水平只有 37%。也就是说，相比英格兰其他地区来说，伦敦的学校领导面临师资短缺困境的可能性更大。从整个英格兰来看，49% 的中学校领导面临师资短缺带来的挑战，35% 的小学校领导也面临同样挑战。

2010 年 11 月至 2015 年 11 月，内伦敦地区存在教师岗位空缺的小学比例从 11.0% 上升到 14.1%，外伦敦地区存在教师岗位空缺的小学比例从 8.8% 上升到 16.0%。

伦敦中学存在教师岗位空缺的比例同样也是上升趋势。自 2010 年以来，外伦敦地区存在教师岗位空缺的中学比例是最高的，从 2010 年的 20.8% 上升到 2015 年的 30.4%，全国平均水平只有 23.0%。2015 年，内伦敦地区存在教师岗位空缺的中学比例与全国平均水平一致，该地区 2014 年达到峰值后出现大幅下跌。

此外，较高的人员流动率不仅会给学校师资队伍建设带来持续损害，而且对学生学业成就也会产生负面影响。不过，有证据表明，学校领导的人员管理措施在稳定队伍、留住教师方面会产生不同影响。

岗位空置率在一定程度上反映出学校在应对人事变动方面的措施出现延迟。伦敦的学校存在较高的教师岗位空置率，小学尤甚，可能与伦敦较高的人员流动率有关。2015 年，内伦敦和外伦敦地区的小学分别有 9.1% 和 9.6% 的教师流动到其他小学，包括伦敦内部流动或者流动到伦敦以外的地区，而全国平均水平只有 8.1%。从中学来看，内伦敦和外伦敦分别有 9.8% 和 8.5% 的教师流动到其他中学，全国平均水平是 7.9%。

近年来，伦敦小学教师的离职率出现最大幅度增长，自 2010 年以来，内伦敦和外伦敦地区小学教师的离职率分别增加了 2.7 个百分点和 2.4 个百分点。中学教师的离职率增长得更缓慢一些，内伦敦和外伦敦地区分别增加了 0.9 个百分点和 0.7 个百分点，低于全国平均水平（1.1 个百分点）。

四、纽约城市发展定位与教育发展概况

纽约市（City of New York，NYC），位于美国纽约州东南部大西洋沿岸。

1946年，联合国总部设立在纽约市，从此纽约市一跃成为资本主义世界的政治、经济中心。

（一）纽约市的城市发展定位

1. 纽约市的国际地位

目前，纽约市是世界级国际性大都市、世界金融中心、世界贸易中心、世界文化和信息中心之一、全球最大的海港之一和国际政治中心之一。❶2017年，纽约的地区生产总值已达到9007亿美元，直接影响着全球的金融、政治、媒体、娱乐以及时尚界。❷

2. 纽约市的行政区划和人口概况

纽约市由五个行政区组成，分别为：布朗克斯、布鲁克林、曼哈顿、皇后和斯塔滕岛。在五个区中，曼哈顿具有最重要的地位，被称为"纽约市的心脏"。纽约市总面积达1214平方公里。2010年，美国人口普查局的统计数据显示，纽约市区总面积为785平方公里，总人口为8175133人。❸

纽约是美国人口最多的城市，也是个多族裔聚居的多元化城市，拥有来自97个国家和地区的移民，使用的语言达到800种。作为全球化的典范，纽约与伦敦、中国香港并称为"纽伦港"。截至2014年，纽约大都市圈有2000万人左右，仅次于东京、墨西哥城、孟买，位居世界第四位。❹

3. 纽约市的城市发展目标

近年来，纽约市编制了多个全市层面综合规划，包括在前任市长布隆伯格（Michael Bloomberg）领导下的《更绿色、更美好的纽约》(A Greener, Greater New York)（2007），《更强壮、更韧性的纽约》(A Stronger, More Resilient New York)（2013），以及现任市长德布拉西奥（Bill de Blasio）的最新规划《共同的纽约：为强大和公正城市的规划》(One New York: The Plan for a Strong and Just City)（2015）。《更绿色、更美好的纽约》设立的发展目

---

❶❸ 孔令帅. 纽约教育发展研究［M］. 北京：北京大学出版社，2017：1.
❷❹ 纽约［EB/OL］.［2018-05-26］. https://baike.baidu.com/item/纽约/6230?fr=aladdin.

标是将纽约建设成为"21世纪第一个可持续发展的城市"。《共同的纽约：为强大和公正城市的规划》提出了四个方面的发展目标：繁荣发展的城市、公正的城市、可持续发展的城市、韧性的城市。❶

4. 纽约市的创新发展战略

2008年金融危机爆发后，以金融资本为核心驱动力的全球城市发展模式出现了难以为继的困境，主要全球城市不约而同地开始重视创新中心功能的塑造，创新逐渐被视为推动全球城市转型发展的新动力。昔日作为"世界资本之都"的纽约，在经过金融危机的洗礼之后，借着新产业革命的契机，重新回归依靠技术进步的实业经济，取得了令人瞩目的成就。现在的纽约已是美国成长最快的高科技枢纽和仅次于硅谷的第二大科技重镇。❷在繁荣发展的城市目标下，《共同的纽约：为强大和公正城市的规划》提出了保障"纽约全球创新之都"地位的具体策略。❸

（二）纽约市的教育发展概况

1. 纽约市教育局的行政架构

纽约市教育局负责管理32个学区，1800多所学校，约有110万学生，8万名教师，14万名雇员，是美国最大的学校系统。教育局由教育总监负责领导，总监一职由市长委任，其责任是确立并指导纽约市教育政策。教育总监的所有主要教育提议，如重要的教育政策、契约、规定以及学校使用办法的重大更改，必须事先呈交教育政策委员会，由其审核批准方可执行。教育政策委员会由13名指定成员和总监组成。❹

2. 纽约市K-12教育的核心发展战略：公平而卓越

首先，为培养所有学生的能力并提升其学业成就，纽约市教育局制定

---

❶❸ 王兰，等.纽约的全球城市发展战略与规划[J].国际城市规划，2015（4）：21.
❷ 盛垒，洪娜，黄亮，张虹.从资本驱动到创新驱动——纽约全球科创中心的崛起及对上海的启示[J].城市发展研究，2015（10）：92.
❹ NYC Department of Education.Panel for Educational Policy [EB/OL].[2018-05-28].https://www.schools.nyc.gov/about-us/leadership/panel-for-education-policy.

了优秀学校框架。❶ 该框架包括六大要素：严谨的教学、支持性的环境、相互合作的教师、富有成效的领导、与家庭和社区的合作及信任，如图2-1所示。

图2-1 优秀学校框架

该框架的核心是学生成就。教育的核心目标是帮助学生走上一个台阶，取得成功。围绕这一核心的是支持学生的三个要素：教学指导、教师赋权和以学生为中心的学习。优秀学校框架将让学区需要制定一个全面的、基于研究的方法来对学校进行支持和问责，从而让纽约市公立学校的每一位毕业生都为21世纪激烈的职场竞争做好准备。

其次，实施"公平与卓越"计划，设定该标准。在2015年秋季，纽约市长比尔·德布拉西奥（Bill de Blasio）和时任教育局教育总监卡门·法瑞纳（Carmen Farin）确立了一套纽约市公立学校学生需要达到的高标准目标：到2026年，4/5的纽约市学生能够按时从高中毕业，2/3的纽约市学生能够为严谨的大学学业做好准备。具体目标包括：到2022年，纽约市至少2/3

---

❶ NYC Department of Education. The Framework for Great Schools [EB/OL]. [2018-05-28]. http://schools.nyc.gov/AboutUs/schools/framework/default.htm.

的二年级学生要达到或者超过其年级阅读水平。在2026年，二年级100%的学生都能够达到读写标准；至2022年，所有学生在八年级就可以接触到代数课，同时，小学和初中都会安排学科支持，帮助学生更进一步为读代数课做好准备；至2018年，纽约市教育局将为75%的高中学生提供至少5门学科的AP课程，至2021年秋季，所有高中学生至少能接触到5门学科的AP课程；截至2025年，纽约市所有年级的公立学生都会获得有意义的、高质量的计算机教育；至2018—2019学年，全体学生在初中将至少有一次机会到大学校园参观；到2018年，纽约市公立学校的每位学生在从高中毕业时都会有一份根据个人情况制订的上大学计划和就业计划，并且能够获得各种支持他们达成计划的资源和辅导。

3. 纽约市K-12教育的特点

第一，注重政策完善以提升管理和测评的有效性。包括修订学区督导遴选条例，进一步提高学区督导的任职资格，对学区督导提出更高的资格标准和任职期望；优化3—8年级学生升级策略。不再以考试成绩为唯一标准，而将采取多样化措施完善升级策略。将弱化仅仅依靠单一测试而导致的并不十分客观的结果，使考试热降温但依旧保持严格的标准，同时，新的方式将保持原有的问责。新政策实施后，教师和校长将能够通过成绩以外的更加全面的、真实的课堂表现来判断哪些学生已经取得充足的进步而能够升级。这种转向多维度评价的改变也是调整教学严格符合"共同核心州立标准"的重要步骤。

第二，注重构建多样包容的学校和课堂。包括鼓励举办特许学校，为学生提供更多选择。构建多元学习环境。2017年，纽约市教育局特别将多样性定义为教育局的重点和"公平而卓越"计划的一部分。明确各个学校和社区为取得更有意义和可持续的进步而共同协作的目标：在未来五年内在种族代表性学校增加50000名学生人数；在未来5年内减少10%的经济分层学校（150所学校）；增加接收英语学习生和残疾学生的包容性学校的数量。

第三，注重满足不同群体学生的需求。包括为优秀学生提供资优课程；为残障学生制订个别教育计划，确保有残障情形的学生可以充分获得教学、服务和支持学习的课程、支持他们过渡至高中以后，并提供机会让他们实现个人的成长。纽约市制定的特殊教育目标是：消除残障学生与非残障同学之间的学业差距；让残障学生有更多机会接触普通教育课程；让所有学校有灵活性，可以达到残障学生的多样化的需求；为英语学习者提供全方位支持。发布"英语学习者成功蓝图"，为学校提供合适的平台，帮助教师能够给学生指导，使学生能够达到严格的标准。此外，还签署帮助英语学习者谅解备忘录，确保切实提高英语学习者的学习成效；注重学校与社区以及校际合作。实施"社区学校计划""更新学校计划""学习伙伴计划"，向家庭和社区提供支持；注重家长深入参与学校教学。为学生家长提供相关信息并帮助其参与学校教育。同时制定和推出关于学校和家庭合作伙伴关系的标准，用于评估每一所学校在向家长提供信息和让其参与学教育以及营造一个欢迎家长的环境方面做得如何。

4. 纽约市高等教育的特点

（1）高等教育机构类型多样化错位发展

纽约市高等学校类型齐全，层次不等，形成了多样化错位发展的格局。第一类是研究型大学，纽约拥有哥伦比亚大学、纽约大学和洛克菲勒大学等名校。第二类是以四年制为主的综合性本科大学及学院，多为市立大学，培养目标为中等科技、学术和专业人才。纽约市立大学是美国最早的市立大学，也是美国最大的私立大学。第三类为社区学院，包括二年制的普及学院和技术专科学院，招收高中毕业生中成绩较低的学生，毕业时授予副学士学位。第四类为开放大学，包括函授大学、暑期大学等，面向社会各阶层、各年龄段人群，考试合格可获得学位。

（2）财务支援助所有学生圆大学梦

为帮助所有学生不因家庭经济境遇而阻碍接受高等教育的路径，纽约市的大学实行财务支援，以助力所有学生实现大学梦想。财务支援的类型包括由联邦和州政府及大学提供的拨款。拨款根据学生和家庭的需要而提供，不需要偿还；根据学生的学习成绩、体育特长、做义工情况、兴趣、族裔或者信仰而提供的奖学金；工读机会，学生可以在学校或小区工作兼职，赚钱支付大学费用；联邦政府向申请财务支援的学生提供低利息贷款；

居住在纽约市的学生还有可能符合纽约州学费支援计划的资格。

五、东京城市定位与教育发展

东京都，简称东京，是日本首都，也是日本的政治、经济、文化中心。东京都是日本一级行政区，都、道、府、县中唯一的都❶，由23个特别区❷、26个市、5个町和8个村构成。根据东京都总务局发布的最新数据，截至2018年3月，东京都总面积为2193.96平方公里，总人口数为13754043人，人口密度为每平方公里6269人。

（一）东京都的城市发展定位

1. 不惧排名的东京

《财富》杂志2017年发布的"世界500强企业"结果显示，位于东京都的上榜企业达到51家，在东京都排名第一的丰田汽车公司位列全球第五，实力雄厚。汤森路透集团发布的2016年"全球百强创新机构"（Top 100 Global Innovators）显示，日本共有34家企业被纳入榜单，仅次于美国的39席，遥遥领先于世界其他国家，其中更有18家企业总部位于东京都。2018年5月，英国教育组织Quacquarelli Symonds公布了2018年最佳学生城市排名（QS Best Student Cities 2018），共有100个城市进入榜单。其中，东京都仅次于伦敦排名世界第二，因其安全与舒适的生活环境、相对便宜的留学费用、多样化的就业机会、拥有多所世界知名大学等成为世界留学生所青睐的魅力城市。

---

❶ 日本的都、道、府、县是平行的一级行政区，直属中央政府。各都、道、府、县都拥有自治权。全国分为1都（东京都：Tokyo）、1道（北海道：Hokkaido）、2府（大阪府：Osaka、京都府：Kyoto）和43个县（省），下设市、町、村。

❷ 23个特别区俗称东京23区，也是历史上东京市的概念，目前通常被认为是东京市区。23区处于东京都最核心的地理位置，包含了千代田区、中央区、港区、新宿区、文京区、台东区，等等。"东京23区"的面积是627.57平方公里，人口是9482125人，人口密度高达每平方公里15109人。

2. 打造世界第一城市

2014年12月，东京都出台《东京都长期规划》(『東京都長期ビジョン』)，强调将以2020年东京奥运会为历史性机遇，提高日本的国际影响力、拉动日本经济发展、增强民族自豪感，并进一步描绘未来十年东京发展的宏伟蓝图，即发展成为世界第一城市。在此基础上，2016年12月，东京都进一步发布《打造市民优先的"新东京"——面向2020年的实施计划》(『都民ファーストで作る「新しい東京」―2020年に向けた実行プラン』)，为将东京稳步发展成为市民幸福感颇高的世界第一城市，东京都政府提出了城市发展的三大核心理念，即"安全之城（safe city）""多样之城（diverse city）""智慧之城（smart city）"。具体来说，东京都政府在城市GDP、都民生活满意度等四个方面提出2020年之时所需达到的数值目标，也是东京城市发展的"主攻方向"，如表2-6所示。

表2-6 面向2020年东京都的发展目标

到2020年的 关键指标	具体内容
城市GDP比 2014年增长24%	根据日本政府出台的《日本复兴战略2016版》，日本GDP至2020年要达到600万亿日元（约合36.5万亿元人民币）。作为日本经济的核心，同时结合2020年奥运会的举办，东京都提出至2020年将城市GDP提升至120万亿日元，占整个日本的1/5，相比2014年实现24%的大幅增长
都民生活满意度 提高至70%	根据东京都每年进行的《都民生活舆论调查》，东京都民的生活满意度由1977—1980年的平均71.6%，下降至2011—2016年间的平均53.0%。为使东京都的经济发展惠及民众，提高民众生活质量，在以"都民优先"为理念的发展模式下，至2020年将都民生活满意度提高至70%
外国游客人数比 2015年成倍增长	东京都将观光产业定义为城市经济发展的支撑产业。2015年，前往东京的外国游客人数为1189万人，考虑到奥运会的因素，东京都期望2020年该数据能达到2500万人的规模，相比2015年实现成倍增长
国际大都市排名 成为全球第一	根据世界城市综合实力排名（GPCI），东京2016年排名第三位。东京力争于2020年在此排行榜上占据第一的位置

为实现上述城市发展目标，东京都政府提出，从教育领域入手，培养能够支撑起东京乃至日本发展向前的未来人才尤为关键。未来十年，东京都所需培养的是能够在2020年奥运会上与外国人畅通交流、具备丰富国际化素养的人才；是学力水平国内领先并能与世界其他国家相匹敌的人才；是具备健壮体魄的人才；是能够发挥个性、不断创新的人才；也是具备社

会与职业自立能力的人才。

（二）东京都教育发展概况

1. 完备而清晰的教育行政体系

东京都各级各类教育均由国家（文部科学省）负责指导并提供建议。其中，都立大学以及都立高等专门学校由东京都知事直接掌管负责；都立学校，包括都立初中、都立高中、都立中等教育学校（初高一贯制）以及都立特别支援学校则由东京都教委直接掌管；区市立幼儿园、区市町村立中小学、区市町村立特别支援学校等则由区市町村直接掌管，同时听从东京都教委的领导。此外，位于东京都的国立大学以及私立大学等则由国家掌管。

2. 公立教育人口呈现稳步增长态势

截至2018年4月1日，东京都内的公立学校及其数量为：区市立幼儿园171所、区市町村立小学1273所、区市町村立初中606所（含1所分校）、区立小初一贯制学校7所、区立初高中一贯制学校1所、区立特别支援学校5所、都立初中5所、都立高中186所、都立初高中一贯制学校5所、都立特别支援学校57所。根据东京都教委发布的"公立学校调查"结果，在日本少子化的大背景下，东京都的教育人口近年来呈现相对稳步增长的态势，这或许也是人口资源等大量集聚首都圈带来的效应。

3. 相对充足而稳定的教育财政

根据东京部教委发布的2017年教育预算报告，属于东京都教委掌管负责的都内公立学校教育的2017年度教育预算为8092亿日元，占整个东京都财政预算总额69540亿日元的11.6%（2017年度指2017年4月至2018年3月）。从教育经费的来源来看，东京都教育预算中的绝大部分来自东京都税收，占总体财源的77.1%；其次来自国家的国库支出款，占16.3%。从教育预算的用途来看，用于小学、初中、高中以及特别支援学校的学校教育相关费用最多，为6654.29亿日元，占总体的82.3%。从教育预算的性质划分来看，东京都教育预算绝大多数用于支付教师的薪资，6900.76亿日元，占总体的85.3%。

从2012年起至今，无论东京都整体预算有何变化，教育预算呈现逐年上升的趋势，从2012年的7497亿日元上升至2017年的8092亿日元。教育财政的稳步提升是东京都教育发展向前的重要基石。

4. 生均教育经费投入可观，家长投入的教育费用多返还给学生

东京都教委发布的最新数据显示，2016年，东京都及区市町村政府（含部分国库补助金）所投入的学校教育费用总额为116807557.7万日元，根据2016年5月1日《学校基本调查》中东京都各级各类教育阶段公立校学生人数，计算出的年生均教育费用投入如表2-7所示。

表2-7 东京都各级各类教育阶段的年度生均教育经费投入

教育阶段	2016年生均教育费用投入金额（折合人民币）
幼儿园	102.9689万日元（约6.2万元）
认定儿童园（幼保一体化）	130.917万日元（约7.8万元）
小学	99.3910万日元（约5.9万元）
初中	127.6263万日元（约8万元）
义务教育校（小初一贯制）	87.5249万万日元（约5.2万元）
特别支援学校	778.1342万日元（约47万元）
高中（全日制）	131.2371万日元（约7.9万元）
中等教育校（初高一贯制）	102.851万日元（约6万元）

此外，东京都教委于2017年12月发布的都内公立学校2016年度"家长所需负担的教育费"显示，东京都家长每年所需负担的学校教育费用为平均每名学生60295日元（约合人民币3600元）。其中，小学生的教育费用负担为55264日元、初中生为76120日元、小初一贯制学校学生为64367日元、全日制高中生为59121日元、初高一贯制学校学生为133841日元。将家长交纳的费用返还给学生并让学生受益的包括教材费、课外文体活动费、修学旅行费、营养午餐费等，"受益者负担额度"为平均每名学生58155日元。"受益者负担额度"占据家长交纳总费用的比例分别为，幼儿园81%、小学96.5%、初中97.2%、初高中一贯制学校95.6%、全日制高中95.2%。小学阶段的平均每名学生"受益者负担额度"多被用于学校营养午

餐费（39241日元），接下来则为学科活动费7696日元、户外远足活动费3768日元。

(三)东京都各级各类教育发展中的重点和热点

1. 早期教育阶段：竭力消除"入托难"顽疾，提升都内育儿家庭的幸福指数

根据东京都相关调查结果，2015年东京都新设了158所公立保育所❶，可入所并享受看管服务的儿童名额为261705人、相比2014年增加了14192人。但另一方面，作为日本第一大都市的东京，因为人口密度过于庞大，新生儿数量多，再加上地价昂贵导致的保育所建设滞缓，使东京都成为日本"入托难"问题的重灾之地。截至2016年4月1日，东京都内"待机儿童"数量为8466人（比上一年增加652人），约占全国总数的1/3。这里所说的"待机儿童"，是指申请进入国家认定的公立保育所（相当于我国的托儿所）并也符合入所条件，但因为满员而排队等待的0岁至入小学前的儿童，这些儿童中约70%为0—2岁，并且多集中在都市地带。2016年8月，新任东京都知事小池百合子刚一上任，第一件事就是增补预算、拨款数百亿日元来解决保育所不足导致的"入托难"问题，并且主导发布了《消除"待机儿童"紧急对策》，该对策的主要内容有如下方面。

（1）推进构建公立保育所

首先，创设保育所建设费用的高额补助制度。今后4年内，在国家规定的公立保育所建设费补助金额的基础上，东京都将另外增加25%的补助金额。其次，完善租地补助制度。基于当前东京地价的不断高涨，扩大用于保育所建设的租地费用补助范围，从租地契约缔结开始到施工启动阶段均有补助，年补助金额从1500万日元（约97.1万元人民币）增至2000万日元（约129.5万元人民币）；然后，延长"定期利用保育所"的保育服务

---

❶ 在日本，早期教育机构主要有三种类型，分别为面向3—6岁儿童的幼儿园、面向0—6岁儿童的保育园，以及面向0—6岁儿童的兼具幼儿园和保育园职能的"认定儿童园"。三种机构的职能各有聚焦，但近年来伴随少子高龄化的进展以及女性参与社会的育儿援助需求等，使得以往更聚焦教育的幼儿园也开始帮助看管0—2岁儿童，可以说目前三种机构均兼有教育和保育的职能。

时间，东京都将面向家长提供国家补助基准每日 4300 日元（约 278.4 元人民币）基础上的另 700 日元（约 45.3 元人民币）补助；同时，延长利用时间，最多每天 3 小时，每小时的补助金额为 625 日元（约 40.5 元人民币）。

（2）确保并援助保育人才

延长面向保育员的住宿支援期限，现行的保育员住宿支援制度主要惠及工作 5 年内的人员，今后将把住宿支援惠及工作满 6 年以后的全体保育人员。并且，将旨在提升保育员看管水平的"地区保育课堂"的研修规模增至 300 人。

（3）援助需要保育服务的儿童及其家长

为了面向具备保育需求的家长们提供更为细致周到的服务，将增加配备保育协调人员，负责疑难解答等咨询服务，东京都也将增加相关的人员配备补助。针对当前区市町村开展的小规模保育所、保育教室等国家补助范围外的保育服务，东京都将进行补助支援，提升保育质量。此外，为提升区市町村的保育服务质量，东京都将组建 5 个由专家团队构成的巡回指导小组，每年巡回一次。

2. 基础教育阶段：面向 2020 年，提升学力，全面普及奥林匹克教育，强化培养学生社会自立与职业自立能力

（1）培养学生的扎实学力

根据 2017 年"全国学力学习状况调查"结果，东京都儿童学力在日本 47 个都道府县中排名位居前 30%，但与排名更为靠前的地方相比，东京都成绩靠后的学生比例居多，学生学力的掌握程度依然存在很大的个体间差异。为提升学生们整体的基础学力，近年来，东京都教委持续开展都内学生学力相关调查，调查内容分为三部分：一是学科相关调查，即国语、社会、数学、理科、英语的学力测试；二是面向学生的问卷调查，即对学生学习和生活习惯的调查；三是面向学校的问卷调查，即调查学校在教学方法、学习环境的创设以及生活指导方面采取的措施。根据历年调查结果确定今后都内学校教育教学改革的方向。

（2）全力普及奥林匹克教育，提升学生国际化素养

2017 年 1 月，东京都发布《东京都教育对策大纲——实现托起东京美

好未来的教育》，明确提出了"普及奥林匹克教育"相关的具体措施，提出在全体学校开展围绕"奥林匹克精神""体育""文化""环境"四大主题的"学习、观察、实践、支援"组合项目。

（3）推进能够实现社会自立，自我生存的职业生涯教育

围绕未来就业，东京都致力于培养基础教育阶段学生基础知识与技能的活用能力以及积极工作的意愿和态度，通过在学校生活与学习中有意识地采取相应措施，让学生了解到"劳动的喜悦"，"体会真实社会中的酸甜苦辣"，在此基础上，让学生自然而然地怀揣未来生活的梦想和希望。

专栏1 东京都南多摩中等教育学校开展的职业生涯教育特色课程"field work"

2017年10月26日，笔者随北京教育科学研究院赴日团组走进东京都立南多摩中等教育学校（初高中一贯制学校），观摩该校的教学课堂并对该校极具特色的六年一贯制职业生涯规划教育课程"field work"进行深入了解。

field work课程的核心是开展逐年提升式的探究活动，初一阶段的主题是当地调查，学生们主要在当地区域围绕自然界、人物等进行现场调查或深入访谈；初二阶段的主题聚焦事物探索，学生可通过前往东京市区或关西地区的研学旅行，针对某一项具体的事物、技术等挖掘其历史内涵；初三阶段聚焦科学验证，验证已有事物、探索未知领域，注重方法的验证与探究；高一、高二阶段开始形成论文，论文需根据客观理论与数据分析、提出对于当今社会抑或是未来时代的一种可操作性建议；高三阶段，学生们进一步完善自己的论文并投入升学考试、海外留学中。

整个过程是一个学生们明确问题、探究问题、验证问题进而研究问题的螺旋上升式学习过程，每一过程均需通过制作小册子、PPT发表等展现成果。8年来，南多摩学校一直在贯彻落实field work，学校专门成立了7人左右的field work教学小组，负责研究该课程的推进与完善，也会面向其他教师提供教学引领方面的指导和支持。

---

3. 高等教育阶段：努力提升教学质量并疏解"东京单极化"问题

东京的大学数量排名全国第一，约占全国大学总数的1/5，就读学生占全国大学生总数的40%以上。东京拥有数量众多的高校，其中国立大学11所、公立大学1所、私立大学121所，还有30所短期大学（以快速培训学生具备进入社会后可直接运用的技能为教学重点）。《泰晤士报高等教育专刊》发布的"2018年亚洲大学排名"（Asia University Rankings 2018）中，东京大学、东京工业大学、东京医科齿科大学、筑波大学、名古屋大学等11所大学跻身前100名，并且在排名收录的25个国家或地区的350多所大学中，日本实力最强，有89所大学入榜。虽然在高等教育的世界排名方面，

东京堪称亚洲城市中的佼佼者,但日本十分严峻的少子高龄化问题正在导致高等教育适龄人口的逐年降低。日本曾经作为东亚唯一的发达国家和经济大国的辉煌已然成为历史,它在国际舞台上的地位正在逐渐减弱。危机之下的日本政府深谙,只有不断提升高等教育水平、扩大日本高等教育影响力,才能帮助日本应对全球化大潮,同时吸引国际优秀人才、增强国家竞争力。

(1)东京大学、东京工业大学作为"特定国立大学"抗衡世界一流大学

2017年4月起,日本开始落实《国立大学法人法修正案》,其核心内容就是推进"特定国立大学制度"。所谓的"特定国立大学"是指目标能与哈佛大学等世界级一流大学相匹敌的高校。为了在全球化时代日益激烈的国际竞争中立于不败之地,日本政府深谙强化并提升日本大学的国际竞争力尤为关键,需要通过重点扶持能与世界知名大学相抗衡的日本顶尖国立大学,构建具备世界一流水平的实力型大学。经过层层审核筛选,截至2018年3月,日本共有5所大学被先后确定为"特定国立大学"(东京大学、京都大学、东北大学、东京工业大学和名古屋大学),其中,就有2所大学位于东京都。

(2)私立院校致力于提升研究能力

2016年年末,日本启动"私立大学研究品牌力提升计划",用以帮助私立大学提升在世界大学排行榜上的地位。截至2017年11月,共有60所私立大学冲出重围,在推进形成自我研究能力方面获得来自国家的经费支持。入围学校分为贡献于地方经济以及特定研究领域的"A型大学"以及目标成为全国乃至全世界研究基地的"B型大学"。2017年,日本专门划拨79亿日元的预算来推进这一计划。入围的私立大学中有不少就位于东京都。

(3)冻结东京23区大学招生名额,疏解"东京单极化"问题

日本政府正在致力于实现"2020年以前东京圈❶人口输入与输出的均衡化"目标。然而,2016年,日本地方涌入东京圈人口数与东京圈输出到地方人口数之差高达117868人,输入超量的人口中约60%是大学入学者。这

---

❶ 东京圈,指包含东京都、千叶县、神奈川县以及埼玉县的1都3县。

种人口输入超量的情况已持续了 20 多年，并且从 2012 年开始输入超量的幅度也在逐步扩大。如今，东京圈人口占据全国人口的 28%，而东京圈的大学生人口则占据了全国大学生人口的 41%。与此相对，在日本长野县、三重县等 13 个地方县市，高中毕业生升入本地大学的比例却低于 20%。大量地方年轻人涌入东京圈正在使多数地方面临存亡危机，这一现实有可能把日本引向衰退。2018 年 2 月，日本内阁会议通过了对人口资源过分涌入东京的"东京单极化"问题进行调控的相关法案，法案的核心内容是未来 10 年内禁止东京 23 区大学增加招生名额，同时面向积极制订振兴计划来发展地方大学和核心产业的地方政府给予充分的财政支持。

另外，日本提出创设新型财政补助制度，用以振兴地方大学、扩充地方就业机会。各地政府负责制订产业振兴与培养专业人才相关计划，一旦计划获得政府批准就可获得一定的财政补助，2018 年日本政府预算案为此拨出 100 亿日元。此外，2018 年日本政府税制改革的重要一环就是减少东京都的地方消费税税收，同时将国家税收更多分配给地方，种种措施都在有意疏解东京圈的人口和资源，推进地方创生。❶

---

❶ 地方创生，指 2014 年以来日本政府所提出的旨在激发地方经济活力和解决人口减少问题的综合战略计划，推进建设能够吸引年轻人的魅力城镇、提升人口、创造就业机会。在人口不断向东京圈集中的形势下，力图重振地方经济，抑制地方人口的减少。

第三章　世界城市与教育的融合发展

城市的发展离不开教育的支撑,教育与一个城市的政治、经济和文化之间存在着千丝万缕的联系,更与一个城市的前途命运和发展潜能息息相关。华盛顿、纽约市、伦敦、巴黎、东京都这些世界城市都极其重视教育与城市之间的关系,互为依托地促进二者之间的融合发展。经验表明,二者之间融合得越密切,彼此间相互受益的程度就越高。从世界上目前较为著名的一些世界城市,例如纽约市、伦敦、巴黎、东京都、华盛顿首都圈等可以看出,这些城市或者地区都极其重视教育与城市之间的关系,互为依托地促进二者之间的融合发展。经验表明,二者之间融合得越密切,彼此间相互受益的程度就越高。

一、教育是推动城市发展的重要组成部分

从城市社会的演变中我们可知,教育的发展已经成为城市发展中的一个重要组成部分,这种局面的形成最根本的原因是教育,尤其是高等教育的发展与城市的发展及城市的功能形成有着密切的依存关系。世界城市发展进程表明,以三次产业革命为主要内容的社会分工(经济结构)的梯度转换是城市发展的历史轨迹。以农业为主要产业的一次产业的居民点在农村。[1]手工业、商业与农牧业的第一次社会分工孕育了城市的诞生;而以制造业、矿业、建筑业为主的二次产业(工业)的发展促进了城市的近代化;以包括商业、金融、交通、邮电、服务业及教科文卫等非物质生产力为主的三次产业的繁荣推动了城市功能的完善和城市的现代化。第三产业愈发达,城市就愈有活力,经济水平就愈高。而城市现代化水平愈高、城市发

---

[1] 谢仁业.国际大都市高等教育共同特征比较[J].教育研究,1995(1):53.

展愈快，其第三产业必然很发达，占据的比重也会很高。因此，国际性大都市的教育机构与城市的功能、城市的经济结构彼此之间都具有紧密的联系，且融合度较高。在大都市快速发展的过程中，其产业结构比重也趋向于"三、二、一"排序，依次为第三产业、第二产业和第一产业。进而说明了教育，尤其是高等教育作为国际性大都市发展中的一项重要产业，其在城市中占据的地位随着城市规模与内涵的发展，重要性也愈发凸显。

对于一座城市而言，教育特别是高等教育，是推动其经济增长的最重要的动力元素之一，是城市硬实力的重要表现形式。大学本身所承载的知识和人才优势对于城市的经济和社会发展而言，更是一笔显而易见的宝贵财富。据估算，大学的科研投资所能获得的回报是其他投资的7倍左右，大学带来的价值是其他社会机构所不能比拟的。大学代表着城市的精神高度，是创造城市的生态力、文化力和经济增长力的重要组织，是城市软实力的基本象征。在某种程度上，软实力的增值带给城市的收益远比城市硬实力的增值更加长效、更加让人期待。❶

反之，对于大学而言，城市成为大学赖以生存和发展的基础，大学尤其是名牌大学则是城市的名片，二者相互依存、共融共生。大学所处的地理环境往往是成就一所卓越大学的基础性条件，从古至今，校园的选址都是大学缔造者们精心而审慎的工作之一；反过来，卓越的大学同样能够为城市带来资源和声誉，卓越大学往往成为资金、知识和人才的聚集地，那些国际性的大都市和令人向往的大城市往往与某所或者若干所声誉卓著的大学联系在一起，不仅是经济和金融中心，而且是科技和文化重镇。有没有卓越的大学已经成为判断一座城市的品位、吸附力、发展潜力、未来前景的重要标志。基于城市和大学之间的高度依赖关系，城市大学化和大学城市化正成为21世纪城市和大学发展的新趋势。

对于现今活跃于世界城市的不同大学而言，大学为城市市民开放了各类文化窗口，如图书馆、科技馆、体育馆、科普讲座、文化展览等，它们

---

❶ [美]德里克·博克.走出象牙塔：现代大学的社会责任[M].徐小洲，等译.杭州：浙江教育出版社，2001：246.

日益成为城市市民文化休闲与科普教育活动的重要场所；大学通过函授、网络以及多种课程培训班等方式，正在成为学习型社会建设中市民接受"终身教育"或"终身学习"的中心。越来越多的大学教师参与到城市规划、城市交通、城市人口等领域的研究，并及时为城市相关部门提供政策咨询和帮助，一批又一批的大学毕业生的工作首选便是为大学所在的城市奉献他们的青春与智慧。❶

从当前教育改革的脉络中，我们也可以看到，终身学习在世纪之交也获得了亚洲一些国际城市的广泛认同。如中国台湾地区、新加坡等地区的教育改革都以"学习型社会"作为教育迈向未来的目标。中国香港也提出了"终身学习、全人发展"的理念，力求塑造民主化的、以学生学习为中心的教育制度。通过提升"学习型公民"的素质，使他们在新的社会、政治和经济变革时代成长为有益于自己和社会的人。❷

二、教育与城市融合的基本经验

（一）"大学与城市深度融合"的伦敦模式

伦敦目前人口已经超过 860 万，预计到 2050 年，人口将增至 1100 万。伦敦不可思议的人口增长证明了一个事实——伦敦是全球最好的大城市之一，为了继续保持这份荣耀，伦敦必须确保拥有足够多的学校、医院、社区场馆、绿地和宗教场所，满足更多人的需求。

伦敦前任市长约翰逊曾表示："伦敦比世界上其他任何城市拥有的全球顶尖高校的数量都要多，是无可争议的'世界教育之都'。"伦敦每年大约吸引 10 万名国际学生，比世界上其他任何城市都要多。这些国际学生对伦敦经济的贡献可达 30 亿英镑，创造并支持了 37000 个就业机会。2013年 7 月，英国政府公布国际教育战略，目标是到 2018 年，国际学生数量增

---

❶ 郑晓芹. 大学与城市文化互动关系探究［J］. 现代教育科学，2015（7）：20.
❷ 施雨丹，马东影. 回归廿年：香港教育改革与发展之路探析［J］. 华南师范大学学报·社会科学版，2018（5）：26.

长 15%—20%。有关研究表明，英国在高等教育上每投入 1 英镑，就会获得 1.56 英镑增值回报，而伦敦的高等教育拉动国内生产总值（GDP）的比重在 5% 以上。高等教育促进了伦敦及整个英国的经济和社会发展，为伦敦成为国际化大都市奠定了坚实的人文基础。❶

国家的竞争力取决于知识的生产、分配和转化，城市的竞争力也体现在以人才为表征的知识资本与社会资本里。在实现"教育之都"定位的过程中，伦敦高等教育系统为城市发展提供了知识与智力资本，提高了人力资本对经济增长的贡献，推进了技术创新体系建设和产业结构升级，创造了大学与城市深度融合的"伦敦模式"。

其一，大学学科结构与城市产业结构的演进相适应。"二战"后伦敦制造业滑落，经济陷入困境，伦敦市政府致力于环境改善、旧城改造和新城建设，促进伦敦产业结构向服务业转型。而战后伦敦的大学则通过传统大学革新和多科技术学院发展来适应产业升级，在学科专业上重点向金融、法律、经贸等扩展，支持伦敦在英国整体经济依然落后于美国、日本等国家的情况下，其金融业仍具世界之首。如今伦敦管理着全球资产的 44%，287 家外国银行在此营业，全球外汇收入的 1/3 在这里交易，而纽约仅为 16%，东京为 9%。❷

其二，大学文化与城市文化水乳交融、相得益彰。伦敦的城市文化中绅士精神是其特质，勇于担当的"约翰牛"精神引领伦敦千百年来走在世界前列，英格兰传统文化中的保守因素也使稳健成为伦敦的文化性格，城市文化的包容性促使伦敦成为国际化的世界城市；而伦敦的大学文化则以服务于社会、务实、创新、包容和国际化的特征，与伦敦的城市文化相融相通。正如伦敦帝国理工学院院长基思·奥尼恩斯坦言，"教育、科研和成果转化是帝国理工的三大支柱"，其 50% 的国际学生比例和 30% 的国际教职工比例则与伦敦的国际化遥相呼应。❸

---

❶ 刘娟.国际大都市构建学术之都的典范［J］.北京教育·高教版，2005（2）：55.
❷ ［英］李俊辰.日不落帝国金融战：伦敦金融城的前世今生［M］.北京：清华大学出版社，2012：122.
❸ 参见：张鹤.大学是人类的光环和守护者［J］.世界教育信息，2012（10A）：3-26.

其三，大学与城市在人才培养上相辅相成、无缝对接。大学的生源、生活、教学、研究及就业都与城市密切关联，大学的布局呈现社区化特征，大学不可分割地融入城市，城市的各个区域都有大学，大学深深植根于城市。例如伦敦城市大学的城市校区就坐落于金融城，伦敦城市大学、城市大学卡斯商学院等皆以金融城的企业为研究对象和毕业生就业标的；泰晤士河谷大学在伦敦西部有三个校区，其课程设置中音乐技术、酒店管理、护理和助产学等与城市密切关联，伦敦旅游观光专业则为城市量身定制，工作实习是其必修环节。❶

与此同时，从英国的高等教育和城市发展史上我们也可以清晰地看出，大学与城市在不同的历史阶段，围绕政治、经济、文化和社会等领域展开互动，渐进稳健而不失灵活，其因地制宜的多样化互动方式，呈现出大学对城市的引领和服务，以及城市对大学的支持和托举，大学与城市相互促进、共同发展。

（二）"你中有我、我中有你"的纽约模式

目前，纽约市是世界级的大都市、世界金融中心、世界贸易中心、世界文化和信息中心之一、全球最大的海港之一和国际政治中心之一。纽约市教育局负责管理32个学区，1800多所学校，有110万学生，8万名教师，14万名雇员，是美国最大的城市学校系统。

随着城市化进程的加快，纽约也开始进入郊区化和大都市化的新时代。在此期间，为了应对新科技革命以及产业结构调整等所带来的一系列问题与挑战，纽约市进一步密切了高等教育与城市之间的联系，不仅在空间上加强与城市的联系，而且在社会、经济、科技、文化等领域与城市展开了全面互动，并在此基础上逐步形成了一种"你中有我，我中有你"的共生共进关系，高等教育在纽约城市建设与发展中的支撑、引领作用进一步得以彰显。❷

---

❶ 张臻汉，赵世奎，张彦通. 英国大学与城市的互动关系研究 [J]. 江苏高教，2014（3）：148.
❷ 金保华，刘晓洁. 世界城市纽约高等教育的演讲、特征及启示 [J]. 现代教育科学，2017（6）：150-151.

近年来，随着纽约从传统的金融城市向高科技创新型城市转变，高等教育在城市发展中的支撑、引领作用更加突出，这种作用尤其表现在其为城市发展提供更多高技术含量的智力成果方面。例如，纽约大学目前累计获授权的专利就达 767 项，其中接近 60% 已经在城市的生产实践中得到应用，超过 70 家新成立的创业公司依赖于纽约大学提供的科技成果。❶

此外，纽约还和大学在确保入学机会、增强高等教育透明度、增加高等教育供给、提高学生学习成绩、缩小学习差距、为残疾学生提供高等教育机会、大学预备教育、增加高等教育投资等方面开展广泛的深度合作。有些合作很早就已经开始，并处于持续发展过程中，有些合作项目正在实施，有的还处在规划之中。无论哪方面的合作与互动，均体现了纽约城市经济发展与高等教育之间难以割舍的关系。一方面，纽约城市和地区经济的发展，离不开高等教育的人才和智力支持；另一方面，纽约社会经济的发展也为高等教育的发展创造了良好的外部环境。以目前美国最具活力的公立高校之一纽约州立大学石溪分校（Stony Brook University，1957）为例，这所坐落在纽约市的公立高校在短短 50 年间就发展成为拥有 24000 多名在校生、14500 多名教职员工的研究型大学，为城市建设和区域发展作出了重要的贡献。❷

从纽约和大学之间的合作和互动经验来看，合作和互动不是与单个大学进行的，而是与纽约州、纽约市四大高等教育系统即纽约州立大学系统、纽约城市大学系统、非营利性私立学院和大学系统、营利性私立学院系统的合作和互动，是分层次、有选择、可衔接的合作和互动。各个系统之间又是相互延伸、衔接和贯通的，只是侧重点有所不同，从而确保整个大学系统能够为城市社会经济的发展提供全面的服务。

---

❶ 金保华，刘晓洁. 世界城市纽约高等教育的演讲、特征及启示［J］. 现代教育科学，2017（6）：153.
❷ 参见：郄海霞，陈超. 城市与大学互动关系探讨——以纽约市与其高等教育的互动为例［J］. 清华大学教育研究，2013（1）：73-79.

(三)"最佳留学城市"的巴黎模式

在全球化与世界级城市研究小组与网络（GaWC）2018年发布的全球城市分级排名中，巴黎紧随纽约、伦敦、新加坡和中国香港，位列第五位。法国前总统萨科齐曾提出，到2030年，将巴黎打造为"世界之都"。

对于巴黎而言，教育国际化程度较高。巴黎的人口构成中，有13.5%的人口（约160万人）来自100多个国家和地区，其中46.3%的人口来自非洲，31.8%的人口来自欧洲，17.3%的人口来自亚洲，4.5%的人口来自美洲，还有0.1%的人口来自大洋洲。

巴黎学区在2017—2020年学区计划中也将"促进学校对外开放"作为巴黎学区发展的三大目标之一。巴黎既希望借助巴黎高度国际化的大环境推进教育国际化，同时也致力于通过教育国际化发展来反哺巴黎的国际化与城市发展。具体来说，巴黎的教育国际化主要体现在以下几个方面。

第一，对外国留学生的吸引力大。

巴黎连续多年蝉联QS全球"最佳留学城市排名"（QS Best Student Cities）榜首，被誉为"最适合求学城市之一"。巴黎大区有11.1万名外国留学生，其中35%在高校就读。巴黎大区公立大学中有7.5万名外国留学生，占大区公立大学总人数的20%。其中，外国博士生有8968人，占全法高校外国博士生总数的36%。巴黎大区高校留学生中，41.5%来自非洲，24.5%来自欧洲，10.3%来自美洲，21.7%来自亚洲。❶

第二，制定多元的国际教育政策。

巴黎大区有众多国际学校和国际项目向外籍和法国学生开放，涵盖从幼儿园到高中的各个教学阶段。截至目前，巴黎共有38所国际学校，143项国际课程，17种授课语言，其中以英语为授课语言的有49所，德语有16所，汉语有15所，葡萄牙语有13所。

巴黎政府对被确定为"教育优先区"的学校给予诸多政策支持，主要包括：增拨教育经费，改善学校的教育环境与教学设备；增派教师，加强

---

❶ 数据来源：法国高等教育与研究部，2016—2017年数据。

对原有教职人员的培训；提高该地区的教师待遇；缩小班级规模，减少班级人数；鼓励教育优先区的 2 岁幼儿尽早进入免费幼儿园，接受正规学前教育，以弥补由于经济落后而造成的早期教育不足。

2016—2017 年巴黎大区 34.9% 的成人拥有学士及以上的文凭。目前，巴黎大区有 67.8 万名大学生，占全法学生总数的 26.4%，其中 38.1 万名学生就读于巴黎大区的公立大学，2.8 万名博士在读学生，占全法博士在读生的 38%。此外，巴黎大区共有 16 所公立大学，70 所高等专业院校（俗称"精英大学校"）、商学院及工程师学院。

（四）"引领与融合"的东京模式

在日本的城市化过程中，大学与城市之间一直都保持着极其密切的互动关系，教育在引领城市崛起的过程中发挥着重要作用。在日本的城市化初期，大学与城市以"匹配相生"而呼应，促进日本经济腾飞；在城市化成熟期，大学发挥自身特质形成对城市的"引领融合"。大学为城市培养人才，并通过科研、文化等服务于城市。大学与城市在规模结构上的匹配，使得城市经济快速发展，日本国力这一时期迅速提升，日本 1970 年的国民生产总值比 1955 年增长 3.6 倍，同期德国、美国、英国则仅为 1.3 倍、0.7 倍和 0.5 倍，日本借此短时间跃居世界经济大国前列。❶

1973 年以后，日本大学与城市的互动关系进入大学对城市的"引领融合"阶段。这一时期日本进入了城市化水平的成熟期，城市的社会问题复杂化，从单纯追求经济转向多元化，精神诉求开始超越物质欲望；日本的大学则转入了"自由化"时期，大学从社会舞台的边缘走向中央，从以往对城市的匹配支持，转向以知识和智慧去引领城市发展，大学与城市在发展上的共同利益日益叠加，二者互动关系趋于引领与融合的特征。大学承担更多社会责任而日益走向城市社会的中心，一方面大学与城市社会深度互动，趋于社区化，人才培养更具针对性，科研成果转化突出适用性，更

---

❶ 张臻汉，等.从历史视角探析日本大学与城市的互动关系[J].现代大学教育，2015（4）：30.

直接地服务于城市产业升级；另一方面大学作为文化传播中心，引领城市文化。城市已不局限于经济富足，更需社会和谐，大学显现其特质，有能力担当经济之外的社会责任，从精神文化等领域引领城市社会的和谐建设。大学对城市的引领体现在精神和物质两个层面，就精神层面而言，大学始终注重城市的精神生活质量，重视终身教育。1987年"大学审议会"要求大学围绕现代城市加强社会责任，大学改革围绕高度化、个性化与活性化展开。2006年《教育基本法》强调"终身学习理念"，大学致力于"终身学习"体系，建设"放送大学"，为在职人员提供学习机会，创设长期在学制度，并向社会开放资源。

而对于日本的首都东京而言，东京是日本的政治、经济、文化中心，是目前公认的与伦敦、纽约、巴黎并肩的四大顶级世界城市之一，也是全球化经济中第一个非西方的重要节点。为将东京稳步发展成为市民幸福感颇高的世界第一城市，东京都政府提出了城市发展的三大核心理念，即"安全之城（safe city）""多样之城（diverse city）""智慧之城（smart city）"。

东京的大学与城市之间的关系是引领与融合的范例，大学与城市定位契合而相生相长。在东京，大学与城市相辅相成，大学遍布于城市各角落，其生源、教学、研究、生活、就业等各层面与城市深度互动。近年来，这种融合互动氛围变得更加浓厚。1998—2006年，35所首都圈大学向东京市中心方向迁址。目前，东京大学产生5位诺贝尔奖得主和1/3的日本学士院成员，其毕业生在政治经济产业界亦成就斐然；东京大学极其重视知识成果的转化和产学联合制度，其"国际产学共同研究中心"与东芝、索尼、日立等企业建立了合作关系。早稻田大学的校园有四处，遍布东京，至今培养了约50万名学子，活跃在文体、传媒、政治、经济、科技诸领域。在大学的支持下，如今东京占全国支票交易额的80%，股票交易额的70%，汇集80%的上市公司，成为国际金融中心。[1]

---

[1] 张臻汉，等.从历史视角探析日本大学与城市的互动关系［J］.现代大学教育，2015（4）：31.

日本大学与城市的互动关系对我国的启示在于，大学应充分发挥社会责任，从定位到布局、层次及学科结构与城市需求相契合，促进城市社会的全面和谐发展。政府和社会应引导资源的优化配置，促使大学与城市良性互动、共赢共进。

（五）"普职融合"的华盛顿首都教育圈模式

美国首都华盛顿哥伦比亚特区（Washington District of Columbia）是近代首个专门作为国家政治中心而建立的首都城市，华盛顿特区自建立伊始，其功能定位就非常清晰明确，只作为美国的政治中心，因此经济色彩不浓。华盛顿哥伦比亚特区规划（Planning an Inclusive City）第一章中对于华盛顿的描述是：华盛顿特区是世界伟大的城市之一，它是美国的首都，是知识和权力的全球中心，也是美国最大、最繁华的大都市地区之一的中心城市。❶

华盛顿哥伦比亚特区作为单城单功能的首都类型，为了满足发展的实际需要，华盛顿哥伦比亚特区也如同其他大城市一样，向城郊地区扩展，目前华盛顿大都市圈（Washington Metropolitan Area）已发展成为美国七大都市区之一，其范围包括：华盛顿特区以及周边两个州部分地区（马里兰州和弗吉尼亚州的部分地区、西弗吉尼亚州的一小部分），2016年，华盛顿哥伦比亚特区人口总量为68万，而华盛顿首都圈人口则超过600万，与美国纽约、芝加哥、洛杉矶等城市群齐名。华盛顿哥伦比亚特区作为美国首都，是由联邦政府直接管辖的特别行政区，不属于美国任何一州，拥有8所大学和众多研究机构，以及以哥伦比亚特区社区学院（District of Columbia Community College）为代表的一批职业教育和培训机构。居民受教育程度较高，有半数人员接受过至少4年以上学位教育。同样，华盛顿首都圈也是美国受教育程度最高、最富裕的大都市区之一，汇集众多著名国际组织，如世界银行、国际货币基金组织；顶尖的科研机构，如国家卫生健康研究

---

❶ 肖留阳.国内外首都功能及空间结构的比较研究[D].北京：首都经济贸易大学，2016：22.

院、国家技术标准研究院、美国航空航天技术研究院；提供两年制以上学位教育服务的大学和培训机构有近百所，还有众多行业协会和律师事务所，信息、生化等新兴产业的跨国公司均有落户于此。❶

华盛顿哥伦比亚特区服务产业比例高达90%，其中政府服务比例占到1/3，是世界上少有的仅以政府行政职能为主的现代化大城市，其经济来源主要依靠联邦政府拨款及其机构开支。在服务类产业中，专业与商业服务从业人数比例最高，达到24.65%，政府（23.67%）、教育和健康（13.93%）、贸易运输和公用事业（12.85%）、休闲娱乐住宿餐饮（10.32%）等行业的就业人数依次排列。可以说，华盛顿首都圈产业结构单一，主要聚集在发达的现代服务行业方面。❷

区域产业结构是影响其教育结构、学科专业和课程设置以及教育程度的一个决定性因素。以服务业为主体的产业结构决定了华盛顿首都圈服务于首都发展的主要方式就是提供种类丰富的职业教育和职业课程。华盛顿首都圈提供大量的中等职业教育和高等职业教育。中等职业教育的主体是综合高中，起到职业启蒙作用。高等职业教育主要由社区学院、州立大学或技术学院等机构来共同实施。其中，两年制社区学院是主体（大学和技术学院也会设有两年制职业教育项目），以公办居多，纵向衔接基础教育和本科以上教育，社区学院专业和课程设置注重结合市场需求和行业变化，立足于区域资源优势，与区域发达的服务产业之间契合紧密；横向沟通社会（企业）培训。其大致提供三类教育服务：一是生计（就业）教育，以获取职业资格证书与就业为目的，约占50%；二是升学教育，学生毕业（副学士学位）后进入大学三年级继续攻读学士学位，约占20%；三是社区培训服务，学习者以更新知识和技能，谋取更好职业为目标，约占30%。职业教育招生对象为学校所在地区的全体公民，学习者来自社会各阶层，如高中

---

❶ 王江涛.美国华盛顿首都圈产业结构与职业教育关系研究［J］.职业技术教育，2018（5）：67-68.

❷ 王江涛.美国华盛顿首都圈产业结构与职业教育关系研究［J］.职业技术教育，2018（5）：68.

毕业生、社会青年、在职工作者、老年人等，年龄不设上限。❶

在自由市场经济环境下，产业结构变化直接影响着市场行业和职业结构，引起劳动力结构和社会资源调整，体现在不同行业和职业岗位的需求变化，这种改变又传导到教育领域，影响着教育体系和结构的调整，教育系统不得不通过自身调节，主动适应和推动这种变化，继而带动职业院校专业结构的调整与设置，这是教育实施机构应对产业结构变化最直观的体现。

近年来，华盛顿哥伦比亚特区的科技行业逐步受到重视，目前已有200余家创业公司，其中有近50%为科技公司，包括信息科技、电信和生物科技三类，其中信息科技的员工数量占全部科技行业的70%，且呈上升趋势，大多数信息技术类工作均与联邦政府相关。无论是华盛顿哥伦比亚特区，还是华盛顿首都圈居民的受教育程度总体均偏高，在教育、研究、医疗、信息技术、媒体、设计等领域拥有全国密度最大、增长速度最快的"知识工作者"。产业结构升级的一个显著特征是产业中产品的知识含量与技术含量不断提高，产业间呈现知识、技术密集型行业，由此引起资本、劳动力之间的变化，提升劳动力的教育程度与技术能力则成为教育服务于首都发展、教育与城市进行深度融合的主要着力点。

（六）"国际教育枢纽"的新加坡和中国香港模式

新加坡与中国香港作为小型经济体、中西文化交汇之地，其产业机构以第三产业为主，两地的发展战略选择的是高度外向型、知识密集型经济发展道路，全面实施各领域的国际化战略。在教育的国际化上，新加坡与中国香港都注重引进海外优质教育资源，提升高校国际化能力，培养国际化人才和国际化科研水平。其生源市场和师资都来自海外，吸纳亚洲或全球生源和师资，利用自身制度和地域优势建立国际化高等教育服务港。一定程度上，其高等教育被视为服务型产业，主要提升其高等教育产业优势

---

❶ 王江涛.美国华盛顿首都圈产业结构与职业教育关系研究[J].职业技术教育，2018（5）：69.

和教育服务贸易能力。

自2008年全球金融危机后,将中国香港发展为地区教育枢纽的计划显得日益迫切。中国香港特区政府已经意识到教育产业是香港取得长期稳定发展的必要条件,并明确提出,积极推动中国香港成为亚洲的国际都会,比肩北美洲的纽约和欧洲的伦敦,而发展教育产业是达到这一目标的重要途径。因此,在2009—2010年的《施政报告》中,特区政府再次明确地阐述了将香港定位为教育枢纽的决心。并指出:"长远来看,教育产业亦将成为香港的重要经济支柱之一,发展教育产业的目标是巩固香港的区域教育枢纽地位,是提升香港的竞争力、配合香港未来发展的重要举措。"[1]

在教育与城市之间的关系方面,中国香港和新加坡的高等教育国际化已经处于较为成熟的发展阶段,其可以引领教育产业和教育出口,与城市国际化发展需要相协同,乃至引领城市国际化发展。在中国香港和新加坡的城市国际化和高等教育国际化之间已经形成高度融合、协同发展、良性互动、内在推动的发展态势。其城市国际化和高等教育国际化是双向引领、协同发展创新。

在具体的实施策略上,新加坡和中国香港都以经济理念为先导,旨在建立教育服务贸易区,通过打造国际化校园和世界一流学府,建设亚洲乃至世界学术中心和教育枢纽。作为资源匮乏、内部市场狭小的经济体,中国香港和新加坡的人力资源和市场在境外,它们利用制度优势引进和盘活资源,占领外部市场。由于亚洲有着广阔的市场需求,两地都特别重视与中国内地以及韩国、印度尼西亚、印度等建立友好合作关系,开拓外部市场和资源。例如香港大学已有200多个合作伙伴,香港科技大学有380个合作院校和科研机构,新加坡国立大学与30多个国家和地区建立合作伙伴关系,南洋理工大学与300多个院校建立合作关系。两地均注重将教育作为一种主要的产业部门,积极发展教育服务贸易,通过"引进来"然后再"走出去"实现教育服务出口加工的快速发展。[2]

---

[1] 莫家豪.打造亚洲教育枢纽:香港的经验[J].北京大学教育评论,2016(4):91.

[2] 李梅.亚洲国际大都市高等教育国际化发展比较[J].上海师范大学学报·哲学社会科学版,2017(6):75.

第二部分 审视："四个中心"建设与首都教育的关系

　　北京作为伟大祖国的首都，其发展一直都与党和国家的历史使命紧密联系在一起。2014年，习近平总书记在北京视察时指示要"努力把北京建设成为国际一流的和谐宜居之都"，提出了"建设一个什么样的首都"的重大议题。随后，伴随着京津冀协同发展战略的实施，北京作为"全国政治中心、文化中心、国际交往中心、科技创新中心"的城市战略定位得以确立，为新时期北京各项工作的有序开展提供支点和方向。尽管教育并未列入首都核心功能，但其对于落实首都城市发展战略的基础性、先导性和全局性作用，无不彰显着首都教育事业全面助力于"四个中心"建设的重要意义与价值：首都教育是政治中心功能建设的重要阵地，是文化中心功能建设的重要载体，是国际交往中心功能建设的重要窗口，是科技创新中心功能建设的重要支撑。2017年9月《北京城市总体规划（2016—2035年）》正式发布，立足"四个中心"回答了"怎样建设首都"的核心问题，全面描绘了北京未来20年的发展蓝图，教育亦是其中不可或缺的重彩一笔。毋庸置疑，无论是北京城市战略定位的落实，还是国际一流和谐宜居之都的建设，都离不开首都教育的贡献与支持。

第四章　首都教育发展站在新的历史起点上

2018年北京市教育大会作出一个重大判断，给首都教育作了定位：与世界主要发达国家、国内其他城市进行横向对比，首都教育总体发展水平达到发达国家平均水平，各级各类教育普及水平达到发达国家先进水平，在全国率先基本实现教育现代化，保持着中国教育现代化建设"排头兵"的地位。首都教育的飞跃发展，为服务北京"四个中心"功能建设作出重要贡献，为全国教育改革发展探索了重要经验，为提升中国教育世界影响力提供重要支撑。

一、北京始终保持着中国教育现代化"排头兵"的地位

北京市作为我国教育现代化建设的先行区域之一，党的十八大之前就已在全国率先实现以教育机会全面普及、办学条件达标为主导性任务的基本教育现代化。党的十八大以来，北京市在瞄准世界一流的同时，仍致力于保持在全国的领先优势，以更好地发挥首都教育的示范引领作用。从长期的数据监测情况看，北京和上海两个直辖市代表着中国教育现代化建设的最高水平，通常领先于上海市就意味着在全国占据着龙头地位。虽然常规的统计指标只能管窥京沪两地教育发展的部分现状和走势，但仍有助于反映北京市教育发展水平在全国的坐标定位。比较结果表明，北京市教育总体发展水平领先于上海市，继续保持着中国教育现代化建设"排头兵"的地位。在参与比较的10项指标中，北京市在6项指标上的领先优势有所扩大，表明北京市教育发展势头良好，动能强劲。

（一）人口受教育水平比较

1.北京市6岁及以上人口中大专及以上学历人口所占比例：比上海市

高 13.6 个百分点，领先幅度扩大

党的十八大以来，北京市 6 岁及以上人口受教育程度始终保持领先水平，大专及以上学历人口的比例 2011 年已达到 33.94%，比上海市（21.18%）高 12.8 个百分点；2015 年达到 42.34%，比上海市（28.70%）高 13.6 个百分点。从自身提升情况来看，北京市也超越了上海市，2015 年与 2011 年相比，北京市提高了 8.4 个百分点，上海市则提高了 7.5 个百分点（见表 4-1）。常住人口受教育程度的不断提升为北京市推进城市发展战略奠定了良好的基础。

表 4-1　京、沪 6 岁及以上人口受教育程度构成情况 ❶

单位：%

地区	年份	未上过学	小学	初中	高中	大专及以上
北京市	2011	1.86	10.56	31.54	22.10	33.94
	2012	1.65	9.89	28.86	22.25	37.35
	2013	1.67	10.17	27.01	19.95	41.21
	2014	1.75	10.53	27.68	21.89	38.15
	2015	1.95	10.31	25.34	20.07	42.34
上海市	2011	2.65	13.73	40.71	21.73	21.18
	2012	2.45	12.62	40.60	21.26	23.07
	2013	3.98	13.93	37.08	20.31	24.69
	2014	3.44	13.25	35.40	20.79	27.13
	2015	3.31	13.08	33.82	21.09	28.70

注：各年数据均根据全国人口变动情况抽样调查样本数据计算所得。

2. 北京市 15 岁及以上人口文盲率：比上海市低 1.4 个百分点，领先幅度扩大

"十一五"以来，北京市常住人口的文盲和半文盲率不断下降，2011 年以来已低于 2%，2015 年为 1.72%，明显低于上海的 3.12%；同时领先幅度有所扩大，2011 年比上海市低 0.7 个百分点，2015 年比上海市低 1.4 个百

---

❶ 数据来源：《中国统计年鉴》。

分点（见表 4-2）。

表 4-2　京、沪 15 岁及以上人口文盲半文盲率 ❶

单位：%

年　份	北京市	上海市
2011	1.73	2.40
2012	1.46	2.23
2013	1.52	3.64
2014	1.48	3.15
2015	1.72	3.12

注：各年数据均根据全国人口变动情况抽样调查样本数据计算所得。

3. 北京市平均每十万人口在校大学生数：比上海市高 56.7%

2011 年以来，北京市平均每十万人口在校大学生数始终比上海市多 2000 人左右（见表 4-3）。2011 年北京市比上海市高 57.8%，2015 年比上海市高 56.7%，尽管领先幅度略有回落，但仍保持在 56% 以上，进一步说明北京市的人力资源储备水平在全国首屈一指。但同时也可发现，北京市和上海市平均每十万人口在校大学生数都呈下降趋势，主要原因在于城市常住人口的增速高于在校大学生的增速。

表 4-3　京、沪平均每十万人口在校大学生数 ❷

单位：人

年　份	北京市	上海市
2011	5613	3556
2012	5534	3481
2013	5469	3421
2014	5429	3348
2015	5218	3330

注：高等教育包括普通高等学校和成人高等学校。

❶❷　数据来源：《中国统计年鉴》。

（二）教育普及水平比较

党的十八大以来，北京市的教育普及水平有了进一步提高，除学前教育和义务教育阶段残疾儿童少年入学率外，其他各级教育入学率领先上海市。

学前教育毛入学率2013年为93%，2015年为95%；小学净入学率始终保持在99.9%以上；普通初中毛入学率始终保持在110%以上；高中毛入学率"十一五"以来保持在98%以上，2015年达到99%；高等教育毛入学率"十一五"末达到59%，2015年已达60%；义务教育阶段残疾儿童少年入学率2015年已达99.1%，2016年融合教育比例超过60%。

2015年，上海市学前教育毛入园率达99%以上；义务教育毛入学率达99.9%；高中阶段教育毛入学率达98%；残疾儿童义务教育阶段入学率达99.3%。上海市近五年未公布高等教育毛入学率，而是以每十万人口中在校大学生数作为常规监测指标，按此指标，北京市发展水平高于上海市。

（三）师资队伍发展水平比较

1. 北京市生师比：各级各类教育均领先上海市

党的十八大以来，北京市小学、初中、普通高中、普通高校生师比始终低于上海市（见表4-4）。

表4-4 京、沪各级教育生师比[1]

单位：%

地区	年份	小学	普通初中	普通高中	普通高校
北京市	2011	13.38	9.90	9.60	16.18
	2012	13.70	9.83	9.38	16.70
	2013	14.36	9.75	9.00	15.58
	2014	14.44	9.44	8.41	15.95
	2015	14.35	8.62	7.95	16.09

---

[1] 数据来源：《中国统计年鉴》。

续表

地 区	年 份	小 学	普通初中	普通高中	普通高校
上海市	2011	15.81	12.48	9.70	16.92
	2012	15.82	12.29	9.51	16.93
	2013	15.92	12.11	9.45	17.14
	2014	15.60	11.49	9.27	17.02
	2015	15.27	10.98	9.09	16.74

注：普通高校生师比中专任教师数包括聘请校外教师。

2. 义务教育专任教师学历水平：高于上海市，小学教师本科及以上学历比例领先优势明显

"十一五"时期，北京市小学专任教师学历合格率一直保持在99.6%以上，党的十八大以来，逐步达到99.9%以上，2015年达到99.97%。其中专任教师大学本科及以上学历比例从2011年的80.34%提高到2015年的89.34%，比上海市（2015年为76.28%）高13.1个百分点，2016年北京市进一步达到90.51%。

"十一五"时期，北京市初中专任教师学历合格率始终维持在99%以上，党的十八大以来，逐步达到99.9%以上，2015年达到99.94%。其中专任教师大学本科及以上学历比例从2011年的95.95%提高到2015年的98.68%，比上海市（2015年为98.33%）高0.3个百分点，2016年北京市进一步达到98.94%（见表4-5）。

（四）教育经费投入水平比较

1. 北京市地方财政性教育经费占GDP比例：比上海市高1.2个百分点，领先幅度扩大

党的十八大以来，北京市地方财政性教育经费占GDP的比例呈上升势头，2012年超过了4%，2014年达到4.54%，比2011年提高了0.7个百分点；与上海市的差距进一步拉大，2011年比上海市高0.8个百分点，2014年已扩大到1.2个百分点（见表4-6）。上海市地方财政性教育经费占GDP

表 4-5 京、沪义务教育专任教师学历情况[1]

单位：%

地 区	年 份	小 学 专任教师学历合格率	小 学 专任教师大学本科及以上学历比例	初 中 专任教师学历合格率	初 中 专任教师大学本科及以上学历比例
北京市	2011	99.89	80.34	99.76	95.95
	2012	99.95	83.24	99.89	97.06
	2013	99.94	85.21	99.89	97.30
	2014	99.96	87.49	99.92	98.20
	2015	99.97	89.34	99.94	98.68
上海市	2011	99.84	62.88	99.92	95.56
	2012	99.94	67.06	99.95	96.44
	2013	99.97	70.37	99.97	97.32
	2014	99.99	73.42	99.97	97.89
	2015	100.00	76.28	99.99	98.33

注：按照《教师法》规定，取得小学教师资格，应当具备中等师范学校毕业及以上学历；取得初级中学教师资格，应当具备高等师范专科学校或者其他大学专科毕业及以上学历。

的比例一直在 4% 以下，2014 年达到 3.38%，比 2011 年提高了 0.3 个百分点。

表 4-6 京、沪地方财政性教育经费占 GDP 比例[2]

地 区		2011 年	2012 年	2013 年	2014 年
北京市	地方财政性教育经费（亿元）	627.73	—	894.19	968.36
	占 GDP 比重（%）	3.86	4.23	4.59	4.54
上海市	地方财政性教育经费（亿元）	584.43	—	764.04	796.53
	占 GDP 比重（%）	3.04		3.50	3.38

---

[1] 数据来源：根据《中国教育统计年鉴》中数据计算所得。2015 年原始数据来源于教育部网站 http://www.moe.gov.cn/s78/A03/moe_560/jytjsj_2015/.

[2] 数据来源：《中国教育经费统计年鉴》《北京统计年鉴》《上海统计年鉴》。

2. 北京市预算内教育经费占公共财政支出比例：比上海市高 2.79 个百分点，领先幅度扩大

党的十八大以来，北京市预算内教育经费呈上升趋势，2015 年比 2011 年增长了 60.4%，增幅远高于上海市的 35%。预算内教育经费占公共财政支出比例一直保持在 16% 以上，2015 年有所下探（14.73%），但仍比上海市高 2.79 个百分点；而 2011 年北京市比上海市高 2.29 个百分点，相比之下，北京市的领先优势略有扩大（见表 4-7）。

表 4-7　京、沪预算内教育经费占公共财政支出比例[1]

地 区	年 份	预算内教育经费（亿元）	预算内教育经费占公共财政支出比例（%）
北京市	2011	528.20	16.28
	2012	611.92	16.60
	2013	699.14	16.75
	2014	758.49	16.76
	2015	847.43	14.73
上海市	2011	547.63	13.99
	2012	610.75	14.60
	2013	667.73	14.74
	2014	674.36	13.70
	2015	739.52	11.94

注：表中预算内教育经费含教育费附加。2013 年的数据不含教育费附加。

3. 北京市各级教育生均预算内事业费：均高于上海市，其中高等教育比上海市高 103.9%；除普通高中外，其他各级教育领先幅度均有所扩大，普通高等教育最大

党的十八大以来，北京市各级各类教育的生均预算内事业费均增势强劲（见表 4-8）。

---

[1] 数据来源：《教育部、国家统计局、财政部全国教育经费执行情况统计公告》《中国教育经费统计年鉴》。

表4-8 京、沪各级教育生均预算内事业经费情况

单位：元

地区	年份	小学	普通初中	普通高中	中等职业学校	普通高等学校
北京市	2011	18494.11	25828.16	28533.85	18673.53	44073.80
	2012	20407.62	28822.01	31883.79	21700.90	47623.53
	2013	21727.88	32544.37	36763.03	23635.72	47629.14
	2014	23441.78	36507.21	40748.25	28765.51	58548.41
	2015	23757.49	40443.73	42192.74	34433.36	61343.96
上海市	2011	17397.94	22076.15	23676.36	14653.93	29560.09
	2012	18543.78	23771.86	27271.01	17879.89	30116.56
	2013	19518.03	25445.47	30593.83	20702.80	30186.34
	2014	19519.88	25456.58	30819.14	20710.22	27111.70
	2015	20688.35	27636.22	35632.31	25295.30	30081.89

北京市小学生均预算内事业费2012年突破2万元大关，2015年达23757.49元，比上海市高3069元；领先幅度由2011年的6.3%持续扩大到2015年的14.8%。

北京市普通初中生均预算内事业费2013年突破3万元大关，2015年突破4万元大关，达到40443.73元，比上海市高12807元；领先幅度由2011年的17%扩大到2015年的46.3%。

北京市普通高中生均预算内事业费2012年和2014年陆续突破了3万元和4万元大关，2015年达到42192.74元，比上海市高6560元；2011年领先上海市20.5%，2015年领先上海市18.4%。

北京市中等职业学校生均预算内事业费2012年和2015年陆续突破2万元和3万元大关，2015年达到34433.36元，比上海市高9138元；领先幅

❶ 数据来源：《教育部、国家统计局、财政部全国教育经费执行情况统计公告》。

度由 2011 年的 27.4% 扩大到 2015 年的 36.1%。

北京市普通高等学校生均预算内事业费 2014 年和 2015 年连续突破 5 万元和 6 万元大关，2015 年为 61343.96 元，比上海市高 31262 元；领先幅度由 2011 年的 49.1% 扩大到 2015 年的 103.9%。

4. 北京市各级教育生均预算内公用经费：均高于上海市，其中普通初中比上海市高 84.5%；普通初中和普通高等教育的领先幅度有所扩大，普通高等教育最大

北京市小学生均预算内公用经费 2015 年达到 9753.38 元，比上海市高 2769 元；从 2011 年的 8719.44 元增长到 2015 年的 9753.38 元，增幅为 11.9%；2011 年领先上海市 62.4%，2015 年领先上海市 39.7%。

北京市普通初中生均预算内公用经费 2015 年达到 15945.08 元，比上海市高 7302 元；从 2011 年的 11241.78 元增长到 2015 年的 15945.08 元，增幅为 41.8%；2011 年领先上海市 64.4%，2015 年领先上海市 84.5%，领先幅度有所扩大。

北京市普通高中生均预算内公用经费 2015 年为 14807.38 元，比上海市高 4624 元；从 2011 年的 13612.11 元增长到 2015 年的 14807.38 元，增幅为 8.8%；2011 年领先上海市 103.3%，2015 年领先上海市 45.4%。

北京市中等职业学校生均预算内公用经费 2015 年达到 14945.67 元，比上海市高 5983 元；从 2011 年的 9096.94 元增长到 2015 年的 14945.67 元，增幅为 64.3%；2011 年领先上海市 68.6%，2015 年领先上海市 66.8%。

北京市普通高等学校生均预算内公用经费 2015 年达到 32147.32 元，比上海市高 13880 元；从 2011 年的 26465.43 元增长到 2015 年 32147.32 元，增幅为 21.5%；2011 年领先上海市 12.7%，2015 年领先上海市 76%，领先幅度有所扩大（见表 4-9）。

表4-9 京、沪各级教育生均预算内公用经费情况 ❶

单位：元

地 区	年 份	小 学	普通初中	普通高中	中等职业学校	普通高等学校
北京市	2011	8719.44	11241.78	13612.11	9096.94	26465.43
	2012	8731.79	11268.46	13660.11	9149.75	26618.30
	2013	9938.97	13747.01	16644.28	11108.66	27058.65
	2014	9950.95	14127.64	16716.08	13473.07	34710.96
	2015	9753.38	15945.08	14807.38	14945.67	32147.32
上海市	2011	5369.22	6837.76	6695.11	5394.17	23492.42
	2012	6021.19	7795.08	8958.97	7051.29	23539.75
	2013	6417.43	8333.24	9154.50	7912.46	23857.38
	2014	7383.61	9278.78	9380.18	8110.24	17831.19
	2015	6983.97	8642.69	10183.46	8962.48	18267.01

二、首都教育总体发展水平达到发达国家平均水平

北京市经过"十五"和"十一五"时期的发展，教育发展总体水平已超越中等发达国家领先水平，部分指标接近或达到OECD国家平均水平。党的十八大以来，北京市教育系统按照党中央"四个全面"战略布局，围绕"四个中心"的首都城市战略定位，以立德树人为根本任务，以"公平、优质、开放、创新"为主线，全面深化教育领域综合改革，进一步谋求教育现代化建设迈向更高水平。通过选取若干重要的国际通用指标，将北京市教育发展现状与OECD中的美国、英国、法国、德国、芬兰、加拿大、日本、澳大利亚、韩国这9个颇具典型性的发达国家 ❷ 的数据进行比较，以

---

❶ 数据来源：《教育部、国家统计局、财政部全国教育经费执行情况统计公告》。

❷ OECD共35个国家，其经济社会发展水平存在较大差异，其均值水平不一定能代表世界发达国家的平均水平，有可能偏低。因本文想用更高标准来衡量北京市的教育发展水平，故没有选用OECD均值进行比较，而是综合考虑经济社会发展水平、教育事业发展水平，选取了其中9个具有典型性的发达国家作为比较样本。

管窥首都教育发展水平是否实现了新跨越。比较结果表明，首都教育总体发展水平已达到世界主要发达国家水平，跟跑的项目在减少，并跑、领跑的项目在增多。面向 2035 年，首都教育将瞄准世界一流水平，在选取自身教育现代化的参照系时，应由以往的中等发达国家及 OECD 国家平均水平全面转向主要发达国家发展水平，特别是重点参照世界城市的发展水平。

（一）教育普及水平

1.北京市学前教育毛入学率：高于平均水平

从发达 9 国的情况来看，由于各国的育儿文化和社会条件不尽相同，学前教育体系也差异较大。因此，不论是各国的同时段横向比较还是历史纵向比较，学前教育毛入学率都是数据曲线起伏较大的一个指标，其中既有美国这种入学率一直在 70% 左右徘徊的国家，也有如德国这种入学率保持在 110% 左右高位的国家。北京市为了满足人民群众的需求以及更好地实现优质育人的目标，近年来一直持续加大对学前教育的扶持力度，毛入学率逐年提高。2013 年北京市学前教育毛入学率为 93%，2015 年达到 95%，仅经过两年就提升了两个百分点。与 2014 年发达 9 国数据相比（见表 4-10），北京市学前教育毛入学率高于其平均水平，超过了其中 6 个国家。

2.北京市小学净入学率：处于领先水平

北京市小学净入学率多年来始终维持在 99.9% 以上，2015 年义务教育阶段残疾儿童少年入学率已达 99.1%，❶2016 年融合教育比例超过 60%。❷ 与 2014 年发达 9 国数据相比（见表 4-10），北京市小学净入学率处于领先水平，已达统计数值的"天花板"。

3.北京市中学教育毛入学率：已达入门水平 ❸

北京市普通初中毛入学率长期保持在 110% 左右；高中阶段毛入学率

---

❶ 中国残疾人联合会.2015 年北京市残疾人事业发展统计公报［EB/OL］.［2019-01-18］. http://www.bdpf.org.cn/zwpd/zwgk/sytj/c28054/content.html.

❷ 中国残疾人联合会.2016 年北京市残疾人事业发展统计公报［EB/OL］.［2019-01-18］. http://www.bdpf.org.cn/zwpd/zwgk/sytj/c34175/content.html.

❸ 本文中的入门水平是指北京市在某项指标比较时，虽超过发达 9 国的部分国家，但还没有达到 9 国的平均值。

"十一五"以来保持在98%以上，2015年达到99%。根据上述两个分项指标估计，中学教育毛入学率超过100%。与2014年发达9国数据相比（见表4-10），北京市中学教育毛入学率已达入门水平。

4.北京市高等教育毛入学率：已达入门水平

2015年北京市高等教育毛入学率已达60%。与2014年发达9国数据相比（见表4-10），北京市高等教育毛入学率已达入门水平，高于英国，与德国、法国、日本的水平接近。值得注意的是，与其他毛入学率指标相比，高等教育毛入学率是一个限定更为粗泛的概念，对于具有大量留学生和超过特定年龄段成人学生较多的国家或地区，数据往往会出现过大的现象。有鉴于此，应降低对发达9国高等教育毛入学率的估值，提高对北京市高等教育毛入学率相对水准的估计。

表4-10　2014年9国及北京市教育普及水平 [1]

单位：%

国家/地区	学前教育毛入学率（%）	小学净入学率（%）	中学毛入学率（%）	高等教育毛入学率（%）
韩　国	92*	96*	98*	95*
德　国	111	99	102	65
日　本	90*	100*	102*	62*
法　国	109	99	111	64
澳大利亚	109*	97*	138*	87*
美　国	71	93	98	87
英　国	88	100	128	56
加拿大	74*	99*	110*	—
芬　兰	80	99	145	89
9国平均值	91.6	98	114.7	75.6
北京市**	95	99.9	>100	60

注：* 为2013年数据；** 为2015年数据。

---

[1] 数据来源：世界银行网站 http://data.worldbank.org.cn；*Education at a Glance 2016: OECD Indicators*；《北京市"十三五"时期教育改革和发展规划（2016—2020年）》。

（二）人力资源开发水平

北京市就业人员受教育程度为大专及以上的比例：处于领先水平。

我国衡量人力资源开发水平最常见的指标为6岁及以上人口受教育程度。北京市6岁及以上人口受教育程度始终在全国保持领先水平，大专及以上学历人口的比例2015年达到35.7%，大学本科及以上学历人口的比例为22.6%。鉴于OECD采用的是25—64岁人口受高等教育的比例，本文选取了"全市就业人员受教育程度为大专及以上比例"这一统计口径更为相似的替代性指标进行比较。2015年北京市就业人员受教育程度为大专及以上的比例为54.6%，与发达9国数据相比（见表4-11），处于领先水平。

表4-11 2015年9国及北京市25—64岁人口受高等教育的比例 ❶

单位：%

国家/地区	韩国	德国	日本	法国	澳大利亚	美国	英国	加拿大	芬兰	9国平均值	北京市
25—64岁人口受高等教育的比例	45	28	50	34*	42	46	44	55	42	42.9	54.6

注：* 为2014年数据。

（三）教育经费保障水平

1. 北京市公共教育经费占GDP比例：接近平均水平

北京市一直坚持教育优先发展，政府对教育事业发展的经费保障力度较大。2014年北京市财政性教育经费占GDP的比例已超过4.5%，与2013年发达9国数据相比（见表4-12），高于韩国、德国、日本，接近其平均水平。

2. 北京市公共教育经费占政府总支出比例：处于领先水平

北京市2014年财政预算内教育经费占财政支出比例为16.4%，与2013

---

❶ 数据来源：世界银行网站 http://data.worldbank.org.cn；*Education at a Glance 2016: OECD Indicators*；《中国劳动统计年鉴2016》。

年发达9国数据相比（见表4-12），处于领先水平。

表4-12　2013年9国及北京市的教育经费投入水平[1]

单位：%

国家/地区	公共教育经费占GDP比例	公共教育经费占政府总支出比例
韩　国	4.1	12.8
德　国	4.2	9.5
日　本	3.5	8.1
法　国	4.8	8.4
澳大利亚	4.7	13.8
美　国	4.8	12.2
英　国	5.5	12.1
加拿大	4.6*	12.4**
芬　兰	6.0	10.5
9国均值	4.7	11.1
北京市	4.5	16.4

注：*为2012年数据。**为2014年数据。北京市数据中"公共教育经费占GDP比例"用的是"财政性教育经费占GDP比例"；"公共教育经费占政府总支出比例"用的是"财政预算内教育经费占财政支出比例"。

（四）教师规模与质量水平

1.北京市生师比：基础教育处于领先水平，高等教育处于平均水平

北京市高度重视教师队伍建设，将其作为提升教育质量的主要抓手。2015年北京市小学、初中、高中、高等教育的生师比分别为14.35、8.62、7.95、16.09，与2014年发达9国数据相比（见表4-13），基础教育处于领先水平，高等教育处于平均水平。需要说明的是：生师比主要从宏观层面反映教师资源的总体配置情况，尚不能反映师资配置结构上的状况、教师

---

[1] 数据来源：世界银行网站http://data.worldbank.org.cn；Education at a Glance 2016: OECD Indicators；北京市数据根据《北京统计年鉴2015》《中国教育经费统计年鉴》（2015）相关数据计算所得。

工作负荷情况；此外，各国（地区）教育体制和文化因素对这一指标的解释力也具有较大影响。

表 4-13　2014 年 9 国及北京市各级教育生师比水平 ❶

单位：%

国家/地区	小　学	初　中	高　中	高等教育
澳大利亚	16	12	12	15
加拿大*	16	16	14	—
芬　兰	13	9	16	14
法　国	19	15	10	18
德　国	15	13	13	12
日　本	17	14	12	—
韩　国	17	17	15	21
英　国	20	15	16	17
美　国	15	15	15	15
9 国均值	16	14	14	16
北京市**	14	9	8	16

注：* 为 2013 年数据。** 为 2015 年数据。

2.北京市中小学教师学历：义务教育接近入门水平，普通高中达到平均水平

20 世纪后半期以来，世界主要发达国家普遍开始提高对中小学教师的专业能力要求，其中主要表现为两个趋势：一是上移教师入职学历要求，二是提升教师职业资格认证难度。就上移教师入职学历要求而言，从 9 国 2013 年对基础教育教师所要求的师范教育学历水平看，有数据的 8 个

---

❶ 数据来源：国际数据来自 Education at a Glance 2016: OECD Indicators；北京市数据来自《中国统计年鉴 2016》。

国家中，学士是入门基准，其中4个国家要求硕士。近年来，北京市中小学教师学历水平不断提升，2016年小学专任教师中本科及以上学历比例为90.51%；初中专任教师中本科及以上学历比例为98.94%，研究生学历比例为16.02%；普通高中专任教师中本科及以上学历比例为99.75%，研究生学历比例为25.98%。与发达9国相比（见表4-14），义务教育阶段接近入门水平，普通高中阶段达到平均水平。

表4-14　2013年9国对基础教育教师所要求的师范教育学历水平[1]

国家	小学	初中	高中
澳大利亚	学士	学士	学士
加拿大	—	—	—
芬兰	硕士	硕士	硕士
法国	硕士	硕士	硕士
德国	硕士	硕士	硕士
日本	学士	学士	学士
韩国	学士	学士	学士
英国	硕士	硕士	硕士
美国	学士	学士	学士

三、首都人力资源主要指标已达发达国家前列

李克强总理在2018年政府工作报告中强调："我国拥有世界上规模最大的人力人才资源，这是创新发展的最大'富矿'。"从国际常用的衡量人力资源发展水平的主要指标来看，首都人力资源的年龄结构、贡献能力进入世界主要发达国家行列，绝大部分指标位居前列，表明首都人力资源总体处于充满活力的阶段，竞争力正从总量优势向人均优势转变。面向新时代

---

[1] 数据来源：《教育概览2014：OECD指标》。

育人的更新更高要求，首都教育当有更大的作为，将首都人力资源开发推向新高度。

（一）人力资源规模结构分析

1. 北京市 15—64 岁人口占总人口的百分比：高于发达国家水平

"15—64 岁人口占总人口的百分比"指标用来衡量人力资源载荷力，反映一个国家或地区的经济发展活力和是否存在"人口红利"。2005—2015 年，与世界主要发达国家❶相比，北京市劳动年龄人口比例始终保持第一，表明相对于其他国家，北京的人口抚养负担轻。世界各国除韩国劳动力占比持续上升外，其他国家的劳动力占比持续下降（见表 4-15）。

表 4-15 主要发达国家与北京市劳动力占比情况

国家/地区	2005 年 15—64 岁人口占总人口比例（%）	排名	2015 年 15—64 岁人口占总人口比例（%）	排名
北 京	79.00	1	79.60	1
韩 国	71.60	2	72.90	2
俄罗斯	71.02	3	69.88	3
美 国	67.14	5	66.26	4
澳大利亚	67.32	4	66.26	4
德 国	66.73	6	65.87	6
英 国	66.10	9	64.47	7
芬 兰	66.70	7	63.18	8
法 国	65.06	10	62.40	9
日 本	66.35	8	60.80	10

---

❶ 本部分选取 8 个世界银行列出的高收入发达国家和以俄罗斯为代表的金砖国家。

2. 北京市人口年龄中位数：位居前列，与俄罗斯相近

人口年龄中位数的大小可以反映人口的活力。从世界各国人口年龄中位数来看，全球老龄化趋势严重，发达国家尤甚。南非、印度两个金砖国家的人口年轻程度高，人口中位数分别为 26.09 岁和 26.68 岁，分别位居全球第二、第三。北京市人口年龄中位数在 10 年间没有发生太大变化，2005 年为 38.32 岁，2015 年为 38.64 岁，在全球排名靠后且呈现下滑趋势。然而，与世界主要发达国家相比，近 10 年来北京市人口中位数排名提升了两个位次，2015 年位居第三（见表 4-16）。

表 4-16　主要发达国家与北京市人口年龄中位数情况

国家/地区	2005 年 年龄中位数（岁）	排　名	2015 年 年龄中位数（岁）	排　名
北　京	38.32	5	38.64	3
澳大利亚	36.51	3	37.4	1
美　国	36.21	2	37.62	2
俄罗斯	37.31	4	38.73	4
英　国	38.74	6	40.23	5
韩　国	35.01	1	40.78	6
法　国	38.84	7	41.2	7
芬　兰	40.9	8	42.46	8
德　国	41.99	9	45.89	9
日　本	43.04	10	46.35	10

（二）人力资源开发质量分析

1. 北京市人均受教育年限：提升幅度较大，但仍落后于发达国家

人均受教育年限（25 岁及以上）反映一个国家或地区的劳动力受教育水平。与世界主要发达国家相比，北京市人均受教育年限 10 年间增长幅度最大，从 2004 年的 9.99 年提升到 2014 年的 11.99 年。然而，北京市人均受教育年限整体水平不高，在世界各国中处于中等水平。与主要发达国家相

比，北京市排名垫底，英国、美国、澳大利亚等国位居前列（见表4-17）。这说明，本市人员学历水平整体有待提高，北京需要高素质、高技能人才迭代，才能为构建"高精尖"产业结构奠定人才基础。

表4-17 主要发达国家与北京市人均受教育年限 ❶

国家/地区	2005年 人均受教育年限（年）	排名	2015年 人均受教育年限（年）	排名
北 京	9.99*	10	11.99**	8
英 国	12.2	3	13.3	1
澳大利亚	12.1	4	13.2	2
美 国	12.8	1	13.2	2
德 国	12.4	2	13.2	2
日 本	11.1	7	12.5	5
韩 国	11.4	6	12.2	6
俄罗斯	11.6	5	12	7
法 国	10.4	8	11.6	9
芬 兰	10.1	9	11.2	10

注：* 为2004年数据，** 为2014年数据。

2. 北京市百万人口中科学家与工程师数量：遥遥领先于世界各国

"每百万人口中科学家与工程师数"代表了一个国家和地区的核心人力资源情况。与世界主要发达国家相比，北京市该指标多年来持续排名第一，是世界排名第二的芬兰的两倍多（见表4-18）。核心人力资源集聚北京，为打造科技创新中心的城市定位奠定了坚实基础。

---

❶ 数据来源：（1）北京人均受教育年限9.99年.北京晚报，http://news.sohu.com/2004/06/07/00/news220420009.shtml；（2）恢复高考40年：北京人均受教育年限近12年.北京晚报，http://www.takefoto.cn/viewnews-1169792.html。

表 4-18　主要发达国家与北京市百万人口中科学家与工程师数量情况

国家/地区	2005 年 百万人口中科学家与工程师（人）	排名	2014 年 百万人口中科学家与工程师（人）	排名
北　京	19751	1	15949	1
芬　兰	7545	2	6986	2
韩　国	3823	6	6899	3
日　本	5360	3	5386	4
澳大利亚	4016	5	4550	5
德　国	3246	9	4381	6
英　国	4123	4	4252	7
法　国	3296	8	4201	8
美　国	3693	7	4025	9
俄罗斯	3228	10	3102	10

（三）人力资源开发能力分析

1. 北京市每十万人口在校大学生数：与发达国家相比居首位

"每十万人口在校大学生数"反映一个国家或地区当前对高层次人才的培养能力。与世界主要发达国家相比，北京市高层次人才培养能力显著。2005 年北京市每十万人口在校大学生数为 6580 人，2015 年增长至 8730 人，与主要发达国家相比居首位（见表 4-19）。鉴于未来北京市人口结构变化和京津冀战略背景下的资源疏解，至 2020 年乃至更长远，北京市的高层次人才培养能力将维持稳定甚至有可能出现排序下滑。

表 4-19　主要发达国家与北京市每十万人口在校大学生数情况

国家/地区	2005 年 每十万人口在校大学生数（人）	排名	2015 年 每十万人口在校大学生数（人）	排名
北　京	6580	2	8730	1
韩　国	6825	1	6406	2

续表

国家/地区	2005年		2015年	
	每十万人口在校大学生数（人）	排名	每十万人口在校大学生数（人）	排名
澳大利亚	4993	6	6110	3
美 国	5793	5	6087	4
芬 兰	5833	4	5520	5
俄罗斯	6255	3	4575	6
德 国	2600	10	3645	7
英 国	3794	7	3613	8
法 国	3560	8	3586	9
日 本	3180	9	3038	10

注：北京市为"五普""六普"人口普查数据。

2.北京市人均公共教育经费投入水平：在世界排名中等偏下

在终身学习视角下，人均公共教育经费与教育经费总量以及人口总量、人口结构都有关系，比传统的生均公共教育经费更具有现实意义。从世界各国排名来看，北京人均公共经费和公共经费占GDP的比例两项指标在世界总体排名中均居于中等偏下水平，人均公共经费在世界53个国家中排名第31位。北京在主要发达国家中相关指标排名垫底（见表4-20）。

表4-20　2015年世界主要发达国家与北京市人均公共教育经费对比情况

国家/地区	人均公共教育经费（美元）	排名
北 京	669	9
芬 兰	3040	1
英 国	2497	4
法 国	2006	6
美 国	3024	2
澳大利亚	2955	3

续表

国家/地区	人均公共教育经费（美元）	排名
韩国	1369	7
德国	2039	5
俄罗斯	360	10
日本	1238	8

注：因 2015 年以后不再统计公共教育经费数，故此表北京数据为 2014 年。

（四）人力资源贡献能力分析

1. 北京市专利申请总量：与主要发达国家相比居前列

专利申请总量从某种程度上反映一个国家或地区的知识创新水平和知识贡献力，是国际上通行的衡量一个国家或地区科技竞争力的主要指标。从专利申请总量的国际比较来看，世界主要发达国家基本占据前十位。2005—2015 年，北京市的专利申请总量迅猛增长，10 年增加了近 6 倍。虽然北京仅为一个地区，但是专利申请总量 10 年间在 53 个国家中始终排名前十。2015 年北京市专利申请总量在世界主要发达国家中排名提升到第四位（见表 4-21），是中国专利申请总量的聚集地。

表 4-21　主要发达国家与北京市专利申请总量情况

国家/地区	2005 年 专利申请总量（件）	排名	2015 年 专利申请总量（件）	排名
北京	22572	6	156312	4
美国	207867	2	288335	1
日本	367960	1	258839	2
韩国	122188	3	167275	3
德国	48367	4	47384	5
俄罗斯	23644	5	29269	6
英国	17833	7	14867	7
法国	14327	8	14306	8

续表

国家/地区	2005年		2015年	
	专利申请总量（件）	排　名	专利申请总量（件）	排　名
澳大利亚	2555	9	2291	9
芬　兰	1830	10	1289	10

2. 北京市每百万人口专利申请量：与世界各国相比居首位

与世界各国相比，2015年北京市每百万人口专利申请量位居第一（见表4-22）。在过去十几年间，北京市科技创新研发的产出成果丰富，科技竞争力不容小觑，为国家经济、社会和文化的发展注入了强大的动力。但是要警惕专利申请量大而质量低的现象。从专利授权数和有效发明专利数来看，作为科技创新有力支撑的首都高校的科研过分依靠政府，不能充分利用市场资源，造成高校科研成果转化的配套机制落后，人均科技成果产出指标并不占显著优势。

表4-22　主要发达国家与北京市每百万人口专利申请量情况

国家/地区	2005年		2014年	
	百万人口专利申请量（件）	排　名	百万人口专利申请量（件）	排　名
北　京	1470.62	3	7201.66	1
韩　国	2597.92	2	3278.94	2
日　本	2897.81	1	2035.84	3
美　国	697.15	4	898.53	4
德　国	576.92	5	580.07	5
芬　兰	348.81	6	235.24	6
英　国	295.78	7	228.27	7
法　国	233.17	8	214.73	8
俄罗斯	164.27	9	203.12	9
澳大利亚	124.51	10	96.3	10

四、小结

党的十八大以来，首都教育事业取得了历史性成就、发生了历史性变革。公平、优质、创新、开放的现代教育体系和先进的学习型城市初步建成，教育总体发展水平处于全国前列，达到世界发达国家水平。党的十八大以来，北京市准确把握大势，市委市政府将教育作为最重要的民生工程、民心工程，坚持优先发展，积极回应人民群众的期待，适时将教育现代化建设的战略重心转到提高质量、全面促进内涵发展的轨道上来，改革持续深入，惠民举措不断推出，人民群众的教育获得感和满意度明显增强，首都教育现代化建设取得了显著成就。

党的十九大报告作出了中国特色社会主义进入新时代的重大政治论断，明确提出我国社会主要矛盾已经转化为"人民日益增长的美好生活需要和不平衡不充分的发展之间的矛盾"。站在新的历史方位，我们必须清醒地认识到北京市仍有一些指标（例如，人均受教育年限、人均公共教育经费）始终落后于发达国家；多数指标优势的持续性不强，人力资源开发质量还不够高，人力资源开发能力建设仍有短板。与世界人力资源开发综合实力最强的国家或地区相比，尚存在诸多差距。首都教育发展不平衡的问题还比较突出，进一步缩小城乡、区域、校际间差距还需要付出很大努力；教育发展不充分的压力依然较大，学前教育学位短缺，市属高校办学特色还不够鲜明、活力还不够强，教师队伍规模、结构和素质与新时代首都教育发展的需要还不完全适应。

中央赋予北京"四个中心"的城市战略定位，未来是北京落实京津冀协同发展战略、雄安新区建设、全面实现教育现代化的关键时期，北京教育的改革发展面临着前所未有的新需求、新机遇、新挑战。北京必须在教育发展和提升人力资源竞争力上超前布局、抢抓先机，构建具有北京特色的标准乃至引领世界水平的标准，从而带动首都教育现代化水平实现又一轮跃升。

第五章　首都教育是政治中心功能建设的重要阵地

一、政治中心定位及其对首都教育的需求

由古溯今，北京建城的历史已超过 3000 余年，并先后成为辽陪都、金中都、元大都及明清国都，直至中华人民共和国建立后成为我们伟大社会主义祖国的首都，其作为大国之都的历史已跨越千年。在漫长的建都史中，北京始终保持了明确的政治中心角色，并在统一中国、领导国家发展等方面发挥了强大的中央权威力量，为现阶段政治中心职能的发挥积累了深厚的历史基础和政治文化底蕴。

作为新中国的政治中心，首都北京不仅是中共中央委员会、中国中央人民政府、全国人民代表大会、中国人民政治协商会议全国委员会、中国中央军事委员会等中央党政军领导机关所在地，是最高人民法院、最高人民检察院等国家最高审判监察机关所在地，同时也是外国驻华使馆的集中驻地，集中掌握着带领全国人民全面建成小康社会、全面建设社会主义现代化国家、实现中华民族伟大复兴"中国梦"的核心领导权与战略规划使命，常年承担着诸多高规格、高密度、高水平的重大党政外交活动。这种突出的政治属性，对首都北京维护社会政治稳定、确保良好政治环境等都提出了超越国内其他城市的独特需求和更高标准。

一般而言，"城市功能"是指一座城市赖以发展的主要源动力，应当与该城市所具备的比较优势和现有的主导产业紧密结合。❶ 如北京作为全国"文化中心""科技创新中心"的功能定位，上海作为"国际经济中心""国际金融中心""国际航运中心""国际贸易中心""全球科技创新中心"的功

---

❶　参见：张可云，沈洁. 北京核心功能内涵、本质及其疏解可行性分析 [J]. 城市规划，2017（6）：42–49.

能定位，天津作为"全国先进制造研发基地""北方国际航运核心区""金融创新运营示范区"的功能定位等，都突出体现了各城市发展的比较优势与产业特色。"首都功能"则与城市作为国家首都的属性紧密相连，突出的是首都与非首都城市之间的区别，包含国家形象属性和中央政府所赋予的高级别政治地位属性等，❶其突出特点便是城市作为国家"政治中心"的专有属性及其独特功能定位。❷依据"经济基础决定上层建筑"的著名论断，城市的发展需要以一定的经济发展水平为基础和保障，首都城市的发展同样如此，只是经济发展的功能属性在首都核心功能中的定位不一而足。由此出发，对世界各国首都的功能定位进行比较不难发现，首都城市的发展模式大体可以分为两种类型：一种是单功能首都城市发展模式，即国家的政治中心与经济中心分离，首都仅作为政治中心，而不承担经济中心的功能，如华盛顿、渥太华、堪培拉、巴西利亚等，国家的经济中心功能由首都以外的其他城市承担；另一种是多功能首都城市发展模式，即国家的政治中心与经济中心合一，首都既是国家的政治中心，又是国家的经济中心，如伦敦、柏林、巴黎、东京等（见表5-1）。北京作为我国的首都城市，在中华人民共和国成立后的很长一段时间里都呈现出"多功能模式"的发展特点，直至21世纪初才真正实现向"单功能模式"的逐步转化。❸尽管受城市布局、历史、人口规模、产业转型等因素的制约，这种发展模式的彻底转变仍需要一个相对长期的过程，但"四个中心"核心功能的明确定位无疑为新时期首都北京的发展指明了方向。这一新的首都城市功能定位强调"政治中心"，不再提"经济中心"，并不是放弃北京的经济发展，而是要在经济发展新常态下，放弃发展大而全的经济体系，❹重点发展知识经济、服

---

❶ 参见：张可云，蔡之兵. 北京非首都功能的内涵、影响机理及其疏解思路［J］. 河北学刊，2015（5）：116-123.

❷ 在当代社会，一般一个国家只有一个首都，彰显出国家"政治中心"存在的唯一性，但也有极少数例外，如南非有三个首都：行政首都茨瓦内（Tshwane），为中央政府所在地；立法首都开普敦（Cape Town），是国会所在地；司法首都布隆方丹（Bloemfontein），是全国司法机构所在地。

❸ 参见：戴宏伟，宋晓东. 首都城市发展模式的比较分析及启示［J］. 城市发展研究，2013（6）：87-93.

❹ 王亦君. 京津双城欲破茧化蝶［N］. 人民日报，2014-08-16.

务经济、绿色经济，加快构建高精尖产业结构。这种首都功能定位，为北京人才培养提出了全面服务和保障政治中心建设的要求与议题。

表5-1 首都城市发展模式分类

类型	国别	政治中心（首都）	经济中心
单功能模式	美国	华盛顿	纽约
	加拿大	渥太华	多伦多、温哥华
	澳大利亚	堪培拉	悉尼、墨尔本
	巴西	巴西利亚	圣保罗、里约热内卢
	中国	北京	上海、深圳
多功能模式	英国	伦敦	
	德国	柏林	
	法国	巴黎	
	日本	东京	

客观而言，政治中心建设对良好政治环境的要求为首都教育的发展带来了诸多制约因素，这突出表现在首都教育的改革发展不仅要更多考虑改革带来的政治影响，而且要兼顾改革发展与社会稳定间的关系问题，因而在诸多方面的教育改革中都显得较为慎重。[1]例如民办教育、中外合作办学等项目在北京的发展就明显落后于广州、浙江等南方省市，政治中心对首都教育在一定意义上的制约作用由此可见一斑。但不能否认的是，首都作为全国政治中心的功能属性，在一定程度上产生了优质教育资源的巨大虹吸效应，这也为首都教育的改革发展创造了优于其他省市的外部条件。因此，首都教育在享有相关"红利"的基础上，也应该全面发挥自身正能量，积极促进全国政治中心的建设发展。

在2018年9月召开的全国教育大会上，习近平总书记指出，"教育是国之大计、党之大计"，强调"我国是中国共产党领导的社会主义国家，这

---

[1] 参见：李汉邦，李少华，黄侃. 论京津冀高等教育区域合作［J］. 北京教育（高教版），2012（6）：13-15.

就决定了我们的教育必须把培养社会主义建设者和接班人作为根本任务，培养一代又一代拥护中国共产党领导和我国社会主义制度、立志为中国特色社会主义奋斗终身的有用人才。"这也为首都教育如何发挥政治中心功能建设的主阵地作用，以更高的标准处理好"培养什么人、怎样培养人、为谁培养人"这一根本问题提出了要求。北京市委书记蔡奇强调，北京作为首都，教育具有特殊重要性、高度敏感性、极端复杂性，教育领域是意识形态的前沿阵地、安全稳定的风向标，政治属性强，肩负担子重，工作要求高，我们在建设教育强国中负有重要职责和使命。在新的时代背景下，面对国内外政治经济外交环境复杂多变的机遇与挑战，北京作为全国政治中心的建设亟须巩固和加强以下四个方面的工作：第一，保障政治统治的权威有效；第二，保障思想意识的稳定统一；第三，保障社会秩序的和谐有序；第四，保障政务活动的安全畅通。从历史经验来看，任何国家、任何社会为维护其社会统治和政治局势的稳定性，无一不需要借助教育的直接或间接作用。这既可以体现在学校课堂教学的直接教化功能上，也可以体现在多种形式的耳濡目染的浸润式教导影响中。由此可见，政治中心功能的有效落实，必须以首都教育作为基础保障。

二、首都教育保障政治中心功能建设的着力点

从整体来看，首都教育对于满足政治中心建设需求的重要阵地作用主要体现在以下三个方面。

（一）人才保障：培养和储备具有较高政治素养的专门人才

伴随着现代社会专业分工的细化，任何一项事业的发展都离不开专门人才的贡献。我国政治中心的建设同样必须牢固树立人才是第一资源的观念，而教育无疑是专门人才培养的主要渠道和重要基础。依据人才在政治生活中的不同角色，首都教育对政治中心建设所提供的人才保障作用体现在以下两个方面。

一方面，为党和国家培养和储备各级各类政治人才。这里的政治人才

主要指向中央党政军领导机关、外交使馆及各领域核心部门的领导者和管理者。在现代社会，由于科学技术和专业化取向向管理部门的全面渗透，国家和各类企事业单位对于政治管理人才的素质要求日益提高，通过教育选拔、培养和储备这类人才随之彰显出越来越重要的时代和社会价值。优秀的政治人才是一个国家、地区或部门形成良好政治生态氛围的必要保证，而这类人才所必备的政治觉悟、政治能力等政治素养的塑造与提升，显然都需要依赖于教育作为基本途径。其中，高等教育在培养国家统治人才上更是担负着格外重要的战略使命。有统计资料显示，居于社会领导地位的人，普遍具有较高的学历。党的十九大确立的新一届中央委员会和中央纪律委员会委员中，具有大学以上学历的委员达98.1%。[1]从历史来看，清华大学、北京大学更是成为"盛产"中共中央政治局常委的高地，显示出国内一流大学在培养卓越政治人才上的重要地位，同时也显示出北京高校在首都浓厚政治文化环境的熏陶下，在政治人才培养上具有超越其他地区高校的独特优势。

另一方面，为各领域培养具有较高政治素养的专业人才。首都政治系统的有序运转，不仅需要居于领导与管理地位的政治精英把握方向、科学决策，而且更需要获得各行各业专业人才及普通劳动者的支持与协助，这是社会统治阶级维护自身政治体系生命力的必然要求。为此，政治中心的建设必须高度重视各级各类专业人才或劳动者在政治思想及政治行为上的安全性与稳定性，而教育正是达成这一目标的最基本途径，专业人才成长道路中所经历的学校教育更是其中的重要阵地。学校通过政治理论课、思想教育课的言传身教，以及在相关学科中渗透有关政治教育、公民教育、社会主义核心价值观的相关内容，能够逐步提升受教育者的政治意识、大局意识、核心意识、看齐意识，使其自觉在思想上、政治上、行动上与党中央保持高度一致，促进其更好实现社会化和政治化，成为富有较高政治素养与社会责任感的社会主义建设者和接班人。

---

[1] 沈慎. "两委"选拔，标注新时代的政治智慧［EB/OL］.［2017-10-26］. http：//opinion.people.com.cn/n1/2017/1026/c1003-29611127.html.

（二）服务保障：为党政外交活动提供全面支持与服务

北京作为全国政治中心的独特属性，决定了其必然集中承担着大量高规格党政及主场外交活动，这些活动的开展不仅依赖于良好的硬件设施，同时也离不开以"人"为要素的软件支撑。后者除了专职工作人员外，还包括首都各级各类学校所提供的丰富人力资源，主要体现于学生和教师两个层面（见表5-2）。

表5-2 近年来北京部分重大党政外交活动及其来自教育领域的服务保障

序号	属性	党政外交活动	时间	教育领域提供的服务保障		
				学校层面	学生层面	教师层面
1	国内党政	中共十九大	2017年10月	各级各类学校组织多种形式的宣传教育活动，保证"十九大"精神能够及时、全面、准确地传送到在校师生的耳中和心中	—	北京东城区特殊教育学校校长为大会直播提供手语翻译服务
2		美国总统及夫人访华	2017年11月	国家主席习近平夫人彭丽媛陪同美国总统特朗普夫人梅拉尼娅女士参观东城区板厂小学	来自北京某小学的300名学生到机场迎接美国总统特朗普一行，参加其欢迎仪式	—
3	主场外交	"一带一路"国际合作高峰论坛	2017年5月	在京高校积极配合高峰论坛的工作部署，组织选拔志愿者并为其提供相关培训和活动场地等	（1）选拔来自北京大学、清华大学、中国人民大学、北京师范大学等28所在京高校的2489名学生作为青年志愿者，服务高峰论坛过程中的8个业务口、15个一级岗位、92个二级岗位的志愿者需求。这些志愿者全部为党员或团员（2）在习近平主席夫人彭丽媛邀请出席高峰论坛外方团长配偶参观故宫博物院等活动中，部分来自北京中小学校的学生为之奉上精彩的演出	一些高校教师参与青年志愿者的培训工作

续表

序号	属性	党政外交活动	时间	教育领域提供的服务保障		
				学校层面	学生层面	教师层面
4	主场外交	2014年中国APEC峰会	2014年11月	（1）为配合会议顺利召开，属于事业单位的北京大中小学及幼儿园在会议期间遵照上级要求调休放假6天 （2）会议间隙，北京部分中小学校承担了接待外宾参观访问的任务。例如，海淀区万泉小学接待了以色列教育部长一行	（1）来自北京大学、清华大学、中国人民大学、北京师范大学等23所在京高校的2280名学生作为青年志愿者（全部是大三及以上学生，其中硕士、博士比例接近三成），在7大板块、39个业务口、139个一级岗位、87个二级岗位上提供服务，他们以专业、热情、细致的姿态，助力峰会安全、有序、高效召开 （2）在习近平主席夫人彭丽媛邀请来华出席APEC领导人非正式会议的部分经济体领导人或代表的配偶参观颐和园、首都博物馆等活动中，北京部分中小学生为之奉上了精彩的表演或演出	一些高校教师参与了青年志愿者的培训工作

第一，在学生层面，输送大批青年志愿者。首都北京所承办的重大国内外会议、论坛等活动，鉴于其涉及面、影响力和受关注度的广泛性与重要性，对活动相关服务保障人员既有更大规模的"量"的诉求，也有更高标准的"质"的要求。志愿者作为可以解决人力不足这一现实困难的有效途径，自然成为保障这些活动顺利开展的必要条件。而高校学生作为具有较高文化素养和健康活力的青年群体，更是成为志愿者队伍的重要生力军，北京一流大学和特色大学密布的优势正为就近培养、选拔和输送高水平青年志愿者提供了坚实保障。例如，2014年在北京举办的亚太经合组织（APEC）工商领导人峰会中，从北京23所高校中通过层层选拔而出的2200余名学生作为青年志愿者为大会提供了全方位保障，其服务涉及接待嘉宾、会场引导、翻译、安防等各个领域。2017年在北京召开的"一带一路"国际合作高峰论坛中，来自北京大学、清华大学、中国人民大学、北京师范大学等28所在京高校的2400余名青年学生志愿者，也为论坛有序、优质、

高效开展提供了高水平服务，成为会场内外一道亮丽的风景线。可以说，北京丰富多样的高校学生资源及其组成的高水平志愿者队伍，已经成为政治中心举办各类大型党政活动和主场外交活动中一支必不可少的重要保障力量。

第二，在教师层面，提供台前幕后的服务支持。北京各级各类学校教师为保障首都大型党政外交活动的开展也作出了积极贡献，尽管其投入的人力规模不及学生群体，但依然在其中扮演着重要角色。例如，首都高校的许多教师都参与了青年志愿者的培训工作，成为幕后英雄。又如，在2017年年底召开的党的十九大开幕会上，来自北京东城区特殊教育学校的校长为大会直播提供了全程手语翻译，保障了大会内容能够即时传递给听障人士。前例主要体现为一种间接服务，后者则主要体现为直接服务，它们都成为首都教师保障政治中心建设的缩影，同时也彰显出教师所提供服务保障的多样性。

（三）思想保障：通过思想道德教育塑造良好意识形态环境

政治中心的安全稳定，离不开思想领域的安全稳定，后者是前者的必要条件。教育作为传递世界观、人生观、价值观的有效途径，在促进思想领域的政治社会化方面具有不可替代的重要作用。人的社会化是个体和社会发展的重要方面，而政治社会化又是人的社会化的重要内容。政治社会化主要是指引人们接受一定的政治意识形态，形成以一定社会政治文化和政治制度为基础的政治态度、政治信念、政治准则和政治价值观，以及形成积极参与政治、监督政治的政治习惯与能力的过程。这一政治社会化过程主要依靠教育实现，通过教育的直接或间接方式，向社会大众及青年一代传播一定的社会意识，统一思想，从而为维护社会秩序的有序稳定奠定坚实基础。因此，政治中心的建设必须充分发挥首都教育的基础保障作用，在学校及社会中大力培育和践行社会主义核心价值观，不断提升首都公民的思想凝聚力和社会责任感，助力思想建设，为维护首都意识形态安全提供思想保障。在思想保障层面，首都教育主要具有以下两方面作用力。

第一，塑造良好舆论环境，保障思想统一。作为全国的政治中心，首都北京不仅是各类思想文化交汇频繁、碰撞激烈之处，同时也是外国敌对势力进行思想渗透和文化殖民的重要对象，这对首都整体的思想安全提出了更高要求。在这种形势中，教育通过传播科学真理，弘扬正确思想道德观念，形成良好舆论导向，进而产生进步的政治观念，促进社会的进步发展，为维护首都安全提供深远的思想保障。需要注意的是，在现代社会，学校特别是高等院校常常成为形成政治舆论的重要场所，这主要是因为高校作为前沿知识与多元思想交汇的中心，同时也是知识分子和青年的聚集地，这种群体特性决定其对于不同的文化思想既具有较高的接受度，也易于产生较强的不稳定性。因此，高校往往具有较高的思想活跃度和较强的政治敏感性，易于成为许多政治事件的肇端之地。从这个意义而言，高校往往成为社会政治安全稳定的晴雨表。在高校云集的首都，政治中心建设对高校思想的安全稳定提出了更为紧迫的形势与更高要求。如何塑造和维护首都高校青年学子的统一思想意识形态，形成良好的舆论场，并推动社会形成积极的政治舆论风向，随之成为政治中心建设的重要议题。因此，利用好高等教育的政治能动性，促进其充分发扬社会政治、思想、道德领域中的积极因素，有效抵制腐朽落后思想和外来敌对势力的不良企图，也成为政治中心建设必不可少的思想保障基础。

第二，提高首都公民的文化教育水平，促进政治民主建设。政治中心的建设不仅依赖于各级各类专业人才，同时也离不开首都普通民众的支持。政治中心不仅具有政治活动的活跃性，而且具有政治影响力的广泛性，居于其中的广大人民群众如果没有一定的政治修养，是难以有效参与各类政治活动的，也是难以形成思想上的凝聚力的。因此，培养具有一定政治素养的首都公民，使其具备与政治制度、政治环境相适宜的政治理想与观念，进而形成强大的民意基础，是保障政治中心建设不可忽视的一环，而这坚实一环的打造同样离不开教育发挥基础性作用。历史已经表明，一个国家的公民文化素质越高，越能正确认识和遵守政治纲领和政策部署，越能在政治生活和社会生活中履行民主权力。简言之，教育的兴旺发达，是政治民主与政治进步的基础性条件；而教育的衰退落后，则往往是产生和盛行政治上的偏激、盲从、专制的原因之一。就此意义而言，首都教育是在思想领域建设政治中心安全防护网的重要手段和途径，必须予以高度重视。

总的来看，首都丰富而高水平的教育资源为维护政治中心的正常有序运作提供了稳定而富有活力的服务性保障。相对于其他保障渠道而言，教育本身所具有的覆盖面广、渗透力强等特点，往往能在维护首都政治安全、保障国家政务活动顺利运行等方面发挥更为基础、稳定而持久的影响力，其强大后盾力量不容小觑。

三、推动政治中心功能建设，维护首都高校意识形态安全稳定形势依然严峻

习近平总书记在党的十九大报告中指出，"中国梦是历史的、现实的，也是未来的；是我们这一代的，更是青年一代的"，"青年一代有理想、有本领、有担当，国家就有前途，民族就有希望"。作为培养青年一代的主阵地，高校自然在培养社会主义事业建设者和接班人的历史任务上肩负着不可比拟的重要职责。正如习总书记在2016年全国高校思想政治工作会议上的讲话所强调的："我们的高校是党领导下的高校，是中国特色社会主义高校。办好我们的高校，必须坚持以马克思主义为指导，全面贯彻党的教育方针……要坚持不懈培育和弘扬社会主义核心价值观，引导广大师生做社会主义核心价值观的坚定信仰者、积极传播者、模范践行者。要坚持不懈促进高校和谐稳定……把高校建设成为安定团结的模范之地。"由此可见，高校作为党的意识形态工作的重要阵地，必须坚持正确的政治方向，并为全社会树立好旗帜与标杆。在高校汇聚的北京，这一历史使命在保障首都政治中心建设的战略要求中显得尤为重要和艰巨。

2017年，北京共有各级各类普通高校92所，普通本专科生及研究生在校生893017人，约占全国同类在校生总数的3.0%；专任教师66226人，其中35岁以下青年教师约1.2万人，❶以18.6%的占比构成高校教师队伍的生

---

❶ 中共中央、国务院于2017年4月13日印发实施的《中长期青年发展规划（2016—2025年）》规定，青年的年龄范围是14—35周岁。

第二部分 审视："四个中心"建设与首都教育的关系

力军。❶ 这一庞大的高校青年受教育者和教育者队伍，主要是在我国改革开放和社会多元化背景下成长起来的"80后""90后"甚至"00后"，尽管他们在成长过程中享有更加丰厚的物质生活条件和开放多元的社会发展环境，但同时也面临着诸多改革带来的阵痛，在思想上呈现出活跃多变的群体特性。这种思想特点虽然在注重改革创新、交融互通的新时代中有其积极的一面，但也易于使青年师生面对纷繁复杂的人生观、价值观时陷入困惑和迷茫。伴随着经济转型、社会转轨、国际交往的加速和深入，以及移动互联网的裂变式发展对高校师生学习生活所带来的广泛影响，高校意识形态领域的多样性和不稳定因素不断增加。青年师生的思想意识、道德观念、价值取向等方面的独立性、选择性、多变性、差异性日益增强。❷ 高校作为意识形态的主阵地和青年师生聚集之所，必然成为不同思想观念和理论思潮的交汇和碰撞之地，同时也往往成为境内外敌对势力所觊觎并进行思想文化渗透的重要领地。这些势力可以通过研讨交流、论坛讲座、论文专著、课程教材等多种方式，将学术思想与意识形态交融在一起进行宣传。在不同程度上消解青年师生对于主流意识形态的认知和认同，并由此在教育者和受教育者中间造就一定的舆论氛围，高校中的这种舆论氛围极易给群众和社会带来思想波动，甚至成为影响政治时局的重要力量。如果可以把这股力量运用好，能够为政治中心带来积极推动力；反之，则成为敌对势力最易于攻陷的薄弱一环。

在高校中，党员师生作为先进队伍的代表，应该在思想建设及业务工作中发挥中流砥柱的作用。有资料显示，北京高校中获得各类奖项的人员大部分都是共产党员，教师党员在学校教学科研等工作中都发挥了模范带

---

❶ 数据来源：（1）全国数据引自：中华人民共和国国家统计局.中华人民共和国2017年国民经济和社会发展统计公报［EB/OL］.［2018-02-28］.http://www.stats.gov.cn/tjsj/zxfb/201802/t20180228_1585631.（2）北京数据引自：北京市教育委员会.2017—2018学年度北京教育事业发展统计概况［EB/OL］.［2018-04-04］.http://jw.beijing.gov.cn/xxgk/ywdt/ywsj/201804/t20180404_41205.html.

❷ 参见：王建南.把握高校意识形态工作复杂性和主动权［J］.思想教育研究，2014（10）：53-56.

头作用。❶ 据统计，截至2016年6月，我国高校在校大学生党员总数超过211万人，占全国高校学生总数的7.7%；全国高校教职工党员总数为125万人，占高校教职工总数的56.0%。❷ 从北京的情况来看，早在2011年北京高校中35岁以下青年教师的党员比例便已过半，并呈稳定上升趋势；❸ 普通高校学生党员的占比虽然近年来呈整体下降趋势，不足在校生总数的15%（见图5-1），但已远远高于全国平均水平。然而进一步分析不难发现，北京高校学生党员队伍发展存在着以下两方面突出隐忧。

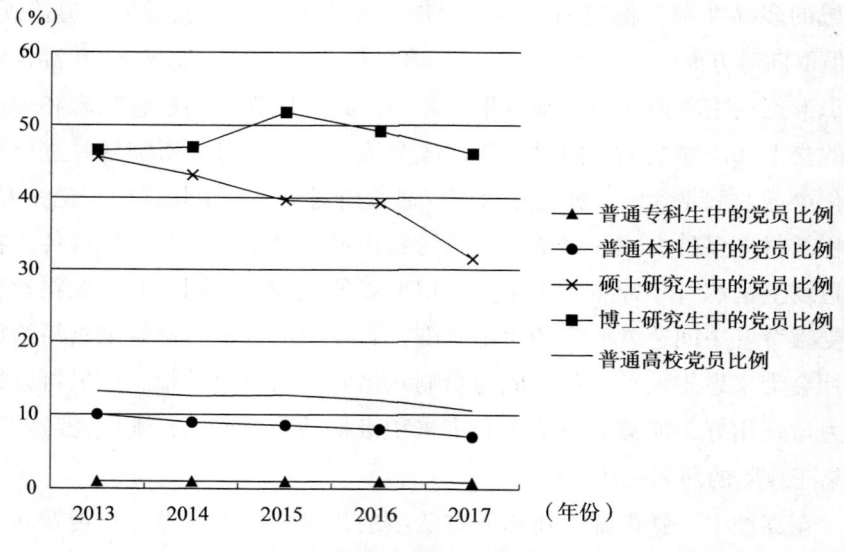

图 5-1　北京普通高校在校生中共产党员占比情况

一是学生党员规模总量缩减明显。数据表明，近年来北京普通高校在校生中的党员数量逐年递减，2017年降幅达5.0%，显示出学生党员队伍规模具有较明显的缩减趋势（见图5-2）。从各级学生党员占比情况来看（见图5-1），博士生中的党员比例尽管最高，近年来一直维持在45%以上，且

---

❶ 李江涛. 北京高校教师党员人数过半［N］. 新华每日电讯，2011-07-16（3）.
❷ 新华社. 加强党建：青年学子的信仰之炬越燃越亮［EB/OL］.［2016-12-08］. http://zb.81.cn/content/2016-12/08/content_7397460_2.htm.
❸ 李江涛. 北京高校教师党员人数过半［N］. 新华每日电讯，2011-07-16（3）.

呈现出短期的小幅上升趋势，但近两年却保持了3%左右的缩减比例，其中2016年的降幅在各级在校生中最为明显，达到2.6%；硕士生中的党员比例尽管也长期居于高位，但近年来却呈现出较大比例的连续下滑趋势，从2013年与博士生党员占比相当的规模（45%左右），仅用4年时间便迅速与之拉大至接近15%的差距，2017年硕士在校生中的党员占比仅为31.3%；而本科生中的党员比例缩减情况尽管不及研究生层次变动明显，但在整体数量规模上的缩减程度却最为巨大，2013年北京普通高校本科生中共有党员47844人，2017年则仅有34556人，规模减幅达27.8%。小样本调查表明，造成北京学校学生党员规模缩减的原因是多方面的，既存在一定的主观因素，也存在入党要求提高等诸多客观因素，数据背后的具体原因有待进一步探索。但不可否认的是，北京高校学生思想意识形态的安全性与稳定性亟待引起各级党组织的高度重视。

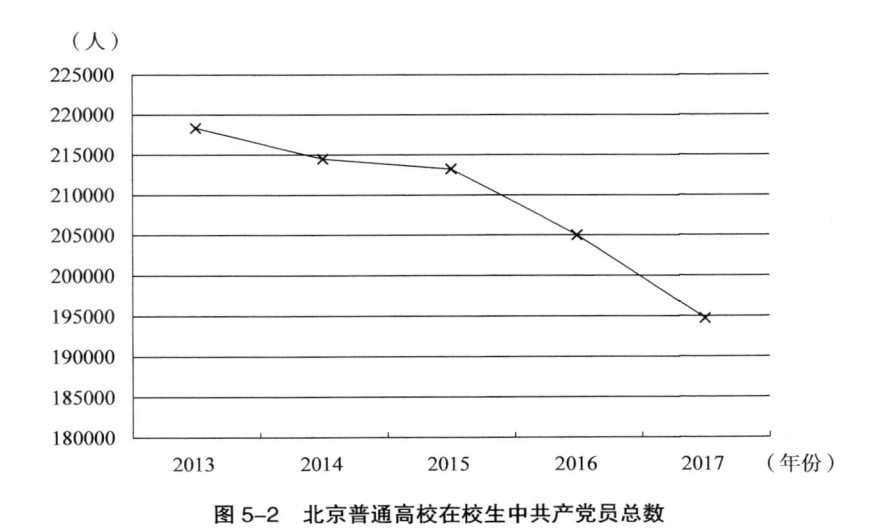

图 5-2 北京普通高校在校生中共产党员总数

二是学生党员规模存在较大的校际差距。有调查显示，在北京市的部属高校中，中国科学院大学的学生党员占比最高，达53.2%（见表5-3），但其本科生党员占比仅为2.4%，远低于全国平均水平；中国政法大学、清华大学、中国石油大学、中国农业大学、北京航空航天大学、北京大学、北京师范大学等高校学生党员占比都在30%以上，尚不及东南大学、同济大学、浙江大学等京外高校；而中国地质大学、中央美术学院、中央戏剧学院、中央音乐学院的学生党员比例则不足10%，在此次接受调查的高校中排名垫底。由此可见，北京高校中学生党员队伍发展十分不平衡，仍存在较大发展空间。如何壮大高校党员队伍，真正发挥党员在青年师生中的模范带头作用，仍有待积极探索。

表5-3 首都部分部属高校学生党员情况 [1]

序号	学校名称	党员总数（人）	党员/总人数（%）	本科生党员/本科生总数（%）	研究生党员/研究生总数（%）
1	中国科学院大学	22914	53.2	2.4	53.6
2	中国政法大学	5387	35.6	24.5	51.3
3	清华大学	11097	33.4	17.3	45.5
4	中国石油大学	4751	33.4	15.9	53.8
5	中国农业大学	6278	33.1	18.2	56.8
6	北京航空航天大学	9163	32.4	10.8	57.9
7	北京大学	11681	30.0	15.3	38.9
8	北京师范大学	6473	30.0	9.6	46.2
9	北京科技大学	6717	28.9	14.1	49.1
10	北京理工大学	7783	28.5	12.2	52.3
11	中国人民大学	6022	25.7	11.0	40.0
12	北京邮电大学	5564	23.9	12.7	39.7
13	中国矿业大学	2561	23.8	8.3	42.8
14	中央财经大学	3499	23.4	11.4	47.7
15	中国传媒大学	3096	23.1	12.4	45.7
16	北京交通大学	5723	22.5	11.3	38.6
17	北京林业大学	3579	19.8	10.5	45.3
18	北京化工大学	3778	17.8	8.0	42.5

[1] 数据来源：最好大学网.部属高校齐祝贺，谁的党员队伍更大［EB/OL］.［2016-07-01］.http://www.sohu.com/a/100607931_111981.（文中注：调查所涉及数据来源：教育部直属高校2014年基本情况统计资料汇编）

续表

序号	学校名称	党员总数（人）	党员/总人数（%）	本科生党员/本科生总数（%）	研究生党员/研究生总数（%）
19	北京外国语大学	1230	17.5	5.9	42.4
20	对外经济贸易大学	2106	16.0	6.5	32.6
21	华北电力大学	4488	15.2	6.2	40.4
22	北京中医药大学	1045	11.8	5.5	21.9
23	中国地质大学	1479	9.8	6.2	14.5
24	中央美术学院	326	7.3	4.5	16.8
25	中央戏剧学院	148	6.8	2.2	31.9
26	中央音乐学院	149	3.4	2.9	3.9

总体而言，当前首都高校中的意识形态安全问题依然不能小视，思想政治教育工作形势依然严峻。如何加强高校意识形态领域的战斗堡垒作用，在多元中定主流，在多变中坚持正确方向，无疑是政治中心建设必须加以解决的紧迫问题。

第六章　首都教育是文化中心功能建设的重要载体

从教育与文化的关系来看，教育既可以是文化的主体，即通过教育传承、传播和创新文化，将文化作为教育的内容，将教育作为文化发展的手段；同时又可以将教育看成是文化的客体，即在文化发展中承载教育的符号与意义，将教育作为文化发展的要素或结果。从二者的互动关系出发不难看出，首都教育与文化中心呈现出互为条件的相互作用关系。而首都教育作为文化中心功能建设的重要载体，其在新时期所具有的战略使命则被赋予了更丰富而深厚的内涵与要求。

一、文化中心定位及其对首都教育的需求

文化与一个国家或民族的历史、传统、价值观念等密切相关，是一个国家或民族区别于其他国家或民族的重要"基因"。北京作为千年古都和我国政治中心，长期承载和秉持着底蕴深厚的中华优秀传统文化、革命文化和社会主义先进文化，不仅是国内拥有全国重点文物保护单位数量最多的城市，有着规模庞大的历史文化遗产和保护利用体系，而且汇聚了全国约三成部属高校，建成了资源丰富的文化服务设施、场所与体系，具有较高的公共文化服务能力和水平，同时有着较为活跃的文艺作品创作平台及成果，并在文化"走出去"的战略步伐中，形成了多层次、宽领域的对外文化交流格局，这些都使北京当之无愧地成为全国文化中心。

北京作为全国文化中心，一直是国内文化繁荣的高地和文化人才[1]集

---

[1] 文化人才，是指文化领域内具有一定的专业知识或专门技能，进行创造性劳动并对社会作出贡献的人。文化人才集聚是文化人才在流动过程中所表现出来的一种特殊状态，是指一个社会已经存在和即将存在的分散文化人才的各种动力促使文化人才流动，而向某一地区集聚，进而形成一个较大的文化人才群体的过程。参见：北京市文化发展中心. 构筑全球人才高地：北京建设文化人才集散教育中心研究 [M]. 北京：新华出版社，2015：58.

聚程度最高的城市之一。不仅是全国文化发展中独具特色与优势的风向标，而且对全国文化事业的发展繁荣提供着日益增强的示范引领作用，为推动国家和首都经济社会发展作出了重要贡献。面对新的历史机遇与挑战，2016年发布的《北京市"十三五"时期加强全国文化中心建设规划》提出："到2020年，把北京建设成为社会主义物质文明与精神文明协调发展，传统文化和现代文明交相辉映，历史文脉与时尚创意相得益彰，具有高度包容性和亲和力，充满人文关怀、人文风采和文化魅力的中国特色社会主义先进文化之都，推动北京朝着世界文化名城、世界文脉标志的宏伟目标迈进。"❶为更好实现这样的发展目标，文化中心建设同样需要处理好"都"与"城"的关系，在定位上既要明确"文化"中心作为首都四大核心功能之一的职能，又要明确北京作为全国文化"中心"的属性，具体而言，文化中心建设具有以下三方面的需求。

首先，作为文化中心，北京需要努力促进城市文化的建设发展，高水平打造文化繁荣发展高地。文化是民族的血脉，是人民的精神家园，是城市发展进步的灵魂。从本质上讲，文化就是一种共同的核心价值体系，是一个民族安身立命的根本。对于一座城市而言，文化是全体市民在长期生活过程中共同创造和建立起来的一整套具有城市特点的思想和行为模式，它主要包含城市的历史传统和社会发展、城市的制度组织和社会结构、城市的文化建设和文化产品、城市的人口构成和文化素质以及市民的生活方式和生活质量等五个方面。❷可以说，城市文化是城市有形资产和无形资产的有机融合，也是城市形象或城市品牌不可或缺的重要方面。北京作为文化中心的城市功能定位，为其在得天独厚的文化资源基础上，进一步加快、加强文化事业的发展提出了高水平诉求。这既要求北京能够传承好、利用好已有的文化传统和文化遗产，同时还要求北京能够具有文化创新创造的活力，从而更好地在城市层面打造富含文化气息的"软名片"，为讲好北京故事、讲好中国故事提供稳固而持久的动力。

---

❶ 中共北京市委宣传部，北京市发展和改革委员会.北京市"十三五"时期加强全国文化中心建设规划［EB/OL］.［2016-06-03］.http://zhengwu.beijing.gov.cn/gh/dt/t1438135.htm.

❷ 参见李东平.城市季风：北京和上海的文化精神［M］.北京：新星出版社，2006：27-40.

其次，作为全国首都，北京不仅要加强自身城市文化的发展，而且要更好地发挥首都文化在全国的示范引领作用，积极建设辐射全国的文化中心。这一方面要求北京要超越一般文化城市的范畴，将自身文化建设提高到国家首都发展的战略高度，全方位体现我们伟大社会主义祖国的文化价值、文化内涵和文化导向，在首都文化发展中有机融入和深入体现国家文化发展符号及国家文化形象，以大国之都的标准和责任承担起弘扬国家文化发展命脉的历史使命。另一方面，还要求北京要超越一般文化发展的范畴，在完善自身城市文化建设的同时，将其文化成果及文化影响力更广泛地辐射到全国各地，更好发挥首都作为全国文化中心的凝聚荟萃、辐射带动、创新引领、展示交流和服务保障功能，把北京建设成为全国的文化精品创作中心、文化创意培育中心、文化人才集聚教育中心、文化要素配置中心、文化信息传播中心和文化交流展示中心。❶

最后，作为全国文化中心城市，首都的文化建设应提高到世界城市文化发展的坐标体系之中，增强大国之都在世界城市体系中的文化影响力和文化竞争力。从世界范围来看，几乎每一个发达国家的首都都具有较强的城市文化特色和丰富的文化资源，并在面向全球的以文化发展推动城市发展、以文化发展推动国家发展的战略大局中彰显着独特的文化价值。这种趋势要求首都的文化建设要超越一国之都的范畴，具有更广阔的国际视野，将自身置立于世界城市之林，注重凸显中华文化特色，在合理吸纳世界文化瑰宝的同时，积极将我国的文化弘扬海外，提高其在世界文化发展范畴中的话语权，进而为我国经济、科技等领域的全球化发展提供良好的文化支撑与铺垫。

总的来看，从文化城市到全国文化中心，再到文化中心城市，北京作为文化中心的建设有其独到的文化属性与文化功能。这不仅体现在首都文化发展本身的价值，更体现在首都文化发展对于这座城市和大国之都的政治、经济、社会等全领域发展的积极助力上。可以说，"城市首先是具有文

---

❶ 参见：李建盛. 新中国成立后北京城市性质定位对全国文化中心建设的影响［J］. 北京联合大学学报·人文社会科学版，2015（3）：1-8.

化意义的存在",❶而这种存在无论是在物质层面还是精神层面都具有复杂性,这便要求文化中心的建设要立足城市战略定位,具有国家担当和全球视野,在此基础上,充分发掘城市文化资源,发展特色文化产业,建设特色文化城市,将文化软实力寓于城市发展的核心竞争力之中。从根本来看,上述需求的满足都植根于文化的传承、传播与创新功能,这些功能的发挥无一不依赖于首都教育功能的充分发挥,教育已然构成文化中心建设的重要载体,并必将在未来的发展中发挥越来越重要的作用。

二、首都教育驱动文化中心功能建设的着力点

从历史来看,教育的发展植根于一个国家或地区的文化之中,具有强烈的文化属性。教育的内容、过程、制度都离不开一个国家或地区的文化传统,而教育的民族性也寓于其中。❷作为一种特殊的文化现象,教育具有双重的文化属性:一方面,教育是传递和深化文化的基本手段,这彰显着教育与文化间的内容与形式关系;另一方面,教育的实践者和实践本身蕴含着文化的特质,包括群体与社会的思想观念、价值取向、行为习惯等,这使得教育本身就构成了文化的本体。由此可见,失去了文化,教育就失去了根基;同样,失去了教育,文化也会失去根基。教育与文化的这一普适关系同样适用于首都教育与文化中心建设的关系解析。简言之,二者之间呈现出一种相互依存、互为条件的内在作用关系。从整体来看,教育作为一种具有文化属性的符号和工具,具有传承文化、传播文化、创新文化的内在功能,这也是教育驱动文化中心建设的三大着力点。

(一)首都教育是保护和传承我国优秀文化的主阵地

首先,通过基础教育,促进中华优秀文化的种子在首都青少年心中生根发芽。作为传承和弘扬中华文化的主阵地之一,首都各级各类学校更是

---

❶ 萨拉特.城市与形态:关于可持续城市化的研究[M].北京:中国建筑工业出版社,2012:37.

❷ 周远清.建设中国特色的社会主义高等教育[N].中国教育报,2013-09-30.

成为传承和弘扬中华文化的主阵地,不仅高度重视中华优秀传统文化的教育,而且产生了一系列先进教育经验与优秀成果。例如,北京小学将国学经典《弟子规》确定为一年级新生必读的校园读物,将道德教育与语文学习紧密结合起来,并通过听故事、诵读古诗、背诵名言、文艺表演等多元形式帮助学生理解其要义。北京市《"十三五"时期教育改革和发展规划(2016—2020年)》还明确指出,要开展中小学文明校园创建活动,实施中小学中华优秀传统文化素养提升工程,推进中华优秀传统文化特色校建设。在相关政策的支持下,北京各级各类中小学校借助首都资源优势,开展丰富多彩的传统文化课程,例如,灯市口小学北池子校区在2017年新学期引入茶艺、古筝、绳艺、插花、香道、扎染、太极、古典舞等11门体验课程,并倡导人人写一手好毛笔字;灯市口小学礼士校区开启了"走进胡同,探寻京味儿文化"的综合实践课程;东城区金台书院小学将腰鼓、武术、书法、绘画、古筝等传统文化与经典诵读相结合;北京第二十五中学开设茶文化、非遗剪纸、京剧、篆刻等传统课程;等等。可以说中华优秀传统文化的种子已在首都中小学校全面开花,通过开展丰富多彩的传统文化课程,并将传统文化要素积极融入学校教育教学活动中,为学生们提供接受文化熏陶、展示艺术才华的舞台,让北京中小学生都能够在学习、实践与体验中充分感受中华传统文化的魅力,从而为中华文化在首都的传承与发展奠定广博深厚的教育基础。

其次,通过高等教育,培养能够胜任中华文化传承工作的各级各类专业人才。作为传承中华文化的主体,"人才"始终居于主导和核心地位,相应地,高水平专业人才的培养,便成为中华文化传承工作的重中之重,这是教育义不容辞的责任,而首都丰富的高等教育资源也为文物保护、文化传承等领域专业人才和高端工匠的培养提供深厚土壤。从整体而言,2017年北京普通高校中共有艺术院校8所,约占全国艺术院校的9%,显示出首都强大的院校资源优势。艺术学(文化艺术大类)作为对接文化事业发展的核心学科,其学生规模在一定程度上反映了首都高等教育在人才培养层面助力中华文化传承的力量与实力。相关统计资料显示,北京普通高校中对于艺术类人才的培养主要集中在本科、专科和硕士专业学位层次(见

表 6-1），且从本专科各类学科的现有学生规模来看，艺术类学生的在校生数、招生数和毕业生数都位于中上游水平，显示出首都艺术类专业人才培养的雄厚实力与强劲势头。无论从助力首都文化事业发展而言，还是从辐射全国的文化艺术专业人才培养而言，首都高等教育领域都发挥着日益广泛而深刻的影响力。此外，北京部分高校还针对首都文化事业发展的紧迫需求，积极调动校内外资源，推进紧缺专业的人才培养，为文化中心建设作出独特贡献。例如，针对北京故宫博物院繁重紧迫的文物修复工作需要和新生代专业人才严重缺乏的现状，北京联合大学、北京国际职业教育学校和故宫博物院在 2017 年联合开展文物保护与修复专业高端技术技能人才贯通培养试验项目，首批招收的 30 名京籍初中生将按照"3+2+2"的培养模式接受教育，并直接获得故宫专家的口传心授，学成获得本科学历，❶ 为促进首都乃至全国文物保护事业的发展壮大提供人才层面的坚实助力。

表 6-1 2017—2018 学年北京普通高校艺术类专业分层次学生数 ❷

层次	学科	毕业生数 人数（人）	同级占比（%）	招生数 人数（人）	同级占比（%）	在校生数 人数（人）	同级占比（%）	预计毕业生数 人数（人）	同级占比（%）
专科	文化艺术大类	2007	5.9	1228	4.8	3928	5.1	1652	5.4
本科	艺术学	10768	9.1	12313	9.7	48225	9.6	11953	9.5
硕士	艺术学（学术型学位）	1194	3.5	1103	2.8	3332	3.1	1168	3.1
硕士	艺术学（专业学位）	1519	4.8	2387	5.1	5670	5.5	1766	5.1
博士	艺术学（学术型学位）	244	1.9	306	1.7	1143	1.5	476	1.4
合计		15732	—	17337	—	62298	—	17015	—

❶ 事实上，为突破首都文物修复工作领域的工匠瓶颈，2015 年故宫博物院便与北京国际职业教育学校联合开设文物修复与保护专业，至 2017 年共招收并培养 35 名学生，但属于中职教育范畴，其毕业生所获得的学历并不能满足故宫招聘时的学历要求。为了更好服务文物修复工作对高水平专业人才的需求，三家单位方联合开展上述贯通培养试验项目。

❷ 数据来源：北京市教育委员会发展规划处编《北京市教育事业统计资料（2017—2018 学年度）》。

最后，通过社会教育，提高首都公民保护我国历史文化传统和优秀传统文化的共识。对于各类文化遗产与传统的保护是有效进行文化传承的基本要素，而教育通过宣传和育人功能的发挥，恰能促进文化保护意识与能力的提升。其一，通过教育宣传，可以在知识或理论层面增强首都公民对各类文化瑰宝的认识与了解，帮助全体市民形成首都文化的良好认知和文化共识，进而产生对中华文化的深入理解与深情热爱。在内容上，不论是名胜古迹、文物遗产等实物资源，还是民族精神、社会文明等隐性资源，都是文化中心建设的深厚土壤，也都是首都文化宣教活动的重要内容。在形式上，可以借助学校教育、家庭教育、社会教育等不同途径以及知识灌输、实地参观、在线学习等多元化手段达成上述教育目的。其二，借助多种形式的法律知识宣讲和科普教育活动，增进首都全体公民的文物保护意识和文物保护常识，力争杜绝一切破坏文物、私占文物等不法行为，形成全民行动、相互监督、良好有序的首都文化保护与传承氛围。

（二）首都教育是广泛传播和深入交流我国优秀文化的主渠道

向外传播和交流文化，是利用文化载体或文化工具增进国际交往与理解互信的有效途径，同时也是借助首都窗口展现伟大祖国形象、提升我国文化软实力、增强文化国际影响力的题中之义。具体而言，首都教育在其中所发挥的主渠道作用主要体现在以下两个层面。

首先，通过教育培养和树立文化自信，增强首都公民特别是青少年一代将中华文化传扬光大的认同感与使命感。在文化全球化的发展浪潮中，不同国家和民族之间的文化交流日益频繁和深入，文化理解与互信在各国外交中的重要性日益凸显，增进中华文化的传播与交流随之成为文化中心建设发展的重要使命。而中华优秀文化的有效传播，必须以正确认识和深入认同中华文化的要义与精髓为前提。在首都北京，身处复杂多样的外来文化集中交汇与激烈碰撞的社会文化环境中，首都公民特别是青少年一代常常易于在文化选择中面临更多的诱惑与挑战。一些青少年学生缺乏对中华优秀文化的基本认同与内在信念，盲目追捧西方文化、日韩文化的风气大有抬头之势，给民族文化之魂的传承光大带来诸多威胁与阻碍。习近平总书记在党的十九大报告中明确指出:"文化兴国运兴,文化强民族强。没有高度的文化自信,没有文化的繁荣兴盛,就没有中华民族伟大复兴。"总书记将文化自信列为我国道路自信、制度自信、理论自信之后的第四个自信,并明确指出文化自信是更基础、更广泛、更深厚的自信。❶可见,文化自信对于新时代中国特色社会主义的发展具有何等重要的意义。这里的文化自信,是一个国家、一个民族、一个政党对自身文化传统和内在价值的充分肯定,也是对自身文化发展进程和生命力的坚定信念,❷在我国包括中国优秀传统文化、革命文化、社会主义先进文化等多层内涵。而在培养和树立文化自信的众多途径中,教育具有最基础的地位和主渠道作用。首都大中小学校通过多种形式的教育方式,联合社会大课堂,将我国优秀文化要素融入教育全过程,不仅能够让学生提高文化认知能力、文化修养和文化追求,真切体悟到中华文化的博大精深,增强对中华文化的认同感、自豪感和自信心,并在此基础上形成内化的民族凝聚力和向心力,而且有助于在提高文化自信的基础上,帮助青少年一代准确甄别非主流文化中的不良因素,有效抵御外来文化的负面影响,激发广大师生传承和传播中华文化的责任心和使命感,使他们勇于成为我国先进文化和主流文化的践行者和传播者,在校园内外为文化中心建设培植良好的环境氛围。

其次,通过教育交流拓展文化交流平台,推动中华文化更好融入和引领未来世界文化体系发展。对外而言,教育促进文化交流与弘扬的作用突出体现在孔子学院、孔子课堂的建立和发展上。作为中外语言文化交流的重要教育机构,孔子学院一般都下设在国外的大学或研究院之类的教育机构里,致力于推广汉语教学,促进文化及学术交流,旨在满足世界人民学习汉语的需求,加强中国文化与教育和世界各国(地区)的交流,增进世界各国对中国传统文化的了解,在弘扬传播中华文化、加强世界人民心灵沟通、增强各国人民友谊、促进世界文明多元化方面发挥积极作用。❸2016

---

❶ 习近平.在庆祝中国共产党成立95周年大会上的讲话[N].人民日报,2016-07-02.
❷ 韩震.中国文化建设的历史方位:兼论文化自信[N].光明日报,2011-10-16.
❸ 参见:郭熙煌,杨慧.孔子学院海外文化传播与影响报告(2015)[C]//江畅,孙伟平,戴茂堂.中国文化发展报告(2015—2016).北京:社会科学文献出版社,2016:272-286.

年，北京各级各类学校共举办孔子学院128所，举办孔子课堂113个，分别占全国总量的25.0%和10.5%，❶显示出北京教育领域在对外文化交往中的强劲势头。其中，以北京师范大学、北京外国语大学、北京语言大学等为先进代表的首都高校在师资培养、教材研发、项目推广等方面都作出了突出贡献，成为这一文化战略的重要推动力和保障力，彰显出首都高校在促进对外文化交流方面所具有的模范带头作用和强大实力。对内而言，首都各级各类高校招收和培养海外学生也在客观上促进了中华文化的传播与交流。尽管在世界范围内，我国仍是较大的教育输出国，但北京高校对于海外留学生的吸引力正在日益增强，这不仅得益于北京高校整体水平的提升，同时也得益于中华文化在世界范围内日益增强的影响力。从整体来看，海外学生选择在北京高校学习交流，无疑有助于他们对于中华文化拥有更直接的感触体验和更深入的认识理解，这本身就富含了文化交流的意义。而不论这些海外学子在毕业后留华工作还是回国发展，其在学习过程中获得的文化感知都有助于中华文化的广泛弘扬。

（三）首都教育是不断丰富和创新我国优秀文化的主动力

文化创新是指人们在社会实践和文化传承的基础上，依据时代的特征，构建文化的新理论、新内容、新制度、新技术，赋予文化时代性的变革，这种变革不是对传统的否定，而是对传统的重塑，取其精华，去其糟粕，进而形成符合时代发展要求的新文化。❷对于文化的发展而言，传承和传播是基础，其中，传承主要以文化的继承性为逻辑起点，侧重纵向延续；传播主要以文化的多样性为逻辑起点，侧重横向交融；而在文化传承与传播基础上加以创新，则是文化发展的更高层次要求，是一国（地区）或民族的文化精髓永葆生机的内在要求。一个城市或地区文化创意水平的高低，表征着该城市或区域经济发展的现代化程度，也是一个城市文化繁荣程度

---

❶ 北京市数据来源：北京市教育委员会编《国际、港澳台合作与交流2016年报》。全国数据来源：孔子学院总部，国家汉办. 孔子学院年度发展报告（2016）[EB/OL].[2017-12-01].http://www.hanban.edu.cn/report/2016.pdf.

❷ 参见：石文卓. 文化创新：建设社会主义文化强国之关键[J]. 求实, 2013（6）：73—77.

的标志。❶ 相应地，将创意文化资源转化为产业优势而形成的文化创意产业发展水平，也随之成为衡量城市文化创新力的重要指标之一，是文化可持续发展能力的集中体现。面对未来的国际竞争中日益注重文化软实力的发展趋势，面向促进中华文化可持续发展的历史使命，北京对于文化创新自然有着更高的标准和更为紧迫的需求。

作为全国文化中心，北京的文化底蕴深厚，文化氛围活跃，文教机构汇聚，文化企业众多，文化人才荟萃，文化活动丰富，这些都为北京进行文化创新及发展文化创意产业提供了得天独厚的条件。北京汇聚了一大批以人文、艺术为优势特色的高校，如中国传媒大学、中央音乐学院、中央美术学院、中央戏剧学院、北京服装学院、中国音乐学院、中国戏曲学院、北京电影学院、北京舞蹈学院等，它们已经成为首都文化创意产业相关专业人才培养的主力军。同时，还有众多的综合性大学和专业类高校也开设诸多与文化创意产业相关的专业，培养大批专业人才，显示出首都强大的院校资源优势。根据北京市教委高等教育处编的《高校文化创意产业类本科专业分类表（初稿）》可以计算出，北京高校文化创意产业相关学科共有125个，依据与文化创意产业相关程度由高到低依次分为核心专业46个、外围专业（次核心专业）33个、相关专业（边缘专业）46个。仅就46个核心专业分析就涉及文化艺术类（如音乐、绘画、雕塑、表演学等）；新闻出版类（如新闻学、广告学、编辑出版学等）；广播、电视、电影类（如广播电视编导、影视学）；软件、网络及计算机服务类（如数字媒体艺术、动画）；广告会展与艺术品交易类（如会展艺术与技术、博物馆学）；设计服务类（如艺术设计、服装设计、景观建筑设计等）；旅游、休闲娱乐类（如旅游管理、酒店管理等）；体育休闲类（如休闲体育、社会体育等）八大类，基本涵盖北京市对于文化创意产业的各项分类。据有关资料显示，2012年北京地区共有59所高校开设文化创意产业相关本科专业，占全部本科高校的95.1%；招生数达到3.2万人，在校生数约11.2

---

❶ 北京市文化发展中心.跨向世界创意高地：北京建设文化创意培育中心研究［M］.北京：新华出版社，2015：21.

万人，分别占全部高校招生总数和在校生总数的 26% 和 23%；北京高校文化创意产业相关专业布点总数达到 391 个。❶ 由此不难看出，教育特别是高等教育作为文化创意产业专业人才培养的主体及文化创新的重要源泉，在首都文化创新进程中承担着至关重要的角色，在相关人才的本土培养及国内外优秀人才的汇聚等方面都发挥着积极作用。从整体来看，首都教育在不断丰富和创新文化的过程中所发挥的积极作用，主要通过以下四个方面得以实现。

第一，促进高校哲学社会科学繁荣发展，全面推动中华文化在理论、内涵、手段、制度等层面的持续创新。作为文化创新的重要动力来源，哲学社会科学在中国特色社会主义伟大事业中具有不可替代的重要作用。习近平同志明确指出，"哲学社会科学是人们认识世界、改造世界的重要工具，是推动历史发展和社会进步的重要力量，其发展水平反映了一个民族的思维能力、精神品格、文明素质，体现了一个国家的综合国力和国际竞争力"，❷ 对哲学社会科学发展的内在价值给予高度肯定。基于对哲学社会科学的高度重视，党的十八大和党的十九大先后提出"建设哲学社会科学创新体系""加快构建中国特色哲学社会科学"的宏观要求，这也为发展哲学社会科学的主阵地——高等院校提出了努力方向。在一流高校和一流哲学社会科学云集的北京，强大优质的师资队伍、教育资源和科研环境都为首都高校哲学社会科学的繁荣发展提供优势明显的有利条件。作为高校科研队伍的生力军，首都哲学社会科学领域多数学科的在校生规模都居于全国前列，且越往高层次学历水平来看，其规模优势越明显（见表 6-2），例如 2017 年北京普通高校中艺术学博士在校生数达 1143 人，占全国艺术学博士在校生规模的 40.4%，在艺术学高端人才培养上凸显出绝对实力。

---

❶ 北京市文化发展中心. 构筑全球人才高地：北京建设文化人才集散教育中心研究 [M]. 北京：新华出版社，2015：70-71.
❷ 习近平. 在哲学社会科学工作座谈会上的讲话 [N]. 人民日报，2016-05-19.

表 6-2 2017 年全国及首都普通高校哲学社会科学领域分学科、分层次在校生数❶

学科	博士 全国在校生（人）	博士 北京 在校生（人）	博士 北京 全国占比（%）	硕士 全国在校生（人）	硕士 北京 在校生（人）	硕士 北京 全国占比（%）	本科 全国在校生（人）	本科 北京 在校生（人）	本科 北京 全国占比（%）
哲学	4102	924	22.5	10034	1156	11.5	9666	804	8.3
经济学	13011	3412	26.2	73541	13160	17.9	961507	38555	4.0
法学	17748	4616	26.0	131854	17907	13.6	570397	34787	6.1
教育学	6880	1987	28.9	173328	10348	6.0	629323	13925	2.2
文学	11884	3127	26.3	87437	12180	13.9	1535997	47299	3.1
历史学	4934	895	18.1	14478	1434	9.9	74618	2179	2.9
管理学	25241	5933	23.5	332664	34198	10.3	2989829	83776	2.8
艺术学	2831	1143	40.4	68809	9002	13.1	1572324	48225	3.1

从途径来看，首都高校哲学社会科学发展促进文化创新的抓手主要体现在四个方面：一是促进文化理论创新，特别是不断丰富马克思主义理论和中国特色社会主义理论体系，为文化实践提供更好的理论指导；二是促进文化内涵创新，在将中华传统文化与时代特征相结合、与新时期中国特色社会主义发展道路相呼应、与其他国家和民族的优秀文化相借鉴的基础上，不断整合、提炼和拓展中国特色社会主义先进文化，在内容上不断培植中华文化的崭新生长点；三是促进文化手段创新，即不断完善高校哲学社会科学的教育和科研方法，促进相应学科在人才培养和科研工作的质量与效率上的共同提升；四是促进文化制度创新，即充分发挥高校智库作用，积极探索与现代化和社会主义市场经济相适应的、能够促进个体和社会全面发展进步的现代文化体制，以不断完善文化事业的管理、决策、用人、督评等诸多环节为突破口，为文化的可持续创新和文化成果的有效转化塑

---

❶ 数据来源：（1）全国数据引自：中华人民共和国教育部 . 2017 年教育统计数据［EB/OL］．［2018-08-08］.http://www.moe.gov.cn/s78/A03/moe_560/jytjsj_2017/qg/；（2）北京数据引自：北京市教育委员会 . 2017—2018 学年度北京教育事业发展统计概况［EB/OL］．［2018-04-04］.http：//jw.beijing.gov.cn/xxgk/ywdt/ywsj/201804/t20180404_41205.html．

造良好的制度环境。除此以外，有学者指出，高校人文社会科学研究领域的学者发现真理、追求真理的过程本身就是一种文化创新，当这种创新活动与社会实践结合起来，产生新形式的文化成果或新的思想学说向社会传播时，就能产生社会影响，甚至引发社会变革。❶

第二，推动高校自然科学发展，在技术或工具层面不断增强科技进步对文化创新的支撑能力。在信息技术呈现裂变式发展的新形势下，科技发展在文化领域寻找到广阔的应用空间，文化创新也不断在方法、理念和操作层面对科技的支撑力提出迫切需求，并倒逼文化科技研究不断推陈出新，在全国文化中心建设中，通过加强文化与科技的融合促进文化创新已成为大势所趋。由此不难理解，自然科学的发展虽然不能直接创造出文化成果，但诸如认知科学、计算科学、材料科学和一系列前沿性交叉学科，以及虚拟空间技术、数字转换技术、仿真技术等一系列开发前景广阔的应用技术，在文化管理、文化创意、文化生产、文化展示、文化传播、文化交流、公共文化服务、文化遗产保护等领域，正越来越发挥出解放文化生产力和改变文化发展方式的巨大作用。❷首都高校在自然科学领域保持的国内领先水平，无疑成为其支撑文化创新产业发展的坚实后盾。

第三，充分发挥高校校园的创新文化，培植和提升首都良好的创新文化氛围。首都拥有一大批历史悠久的一流高等教育学府，它们无一不具有深厚的文化积淀和浓厚的创新氛围，承载着泱泱中华优秀传统文化与现代创新意识的有机融合。作为文化创新中的重要元素，这种源自校园的创新精神不仅对在校师生的文化创新具有重要影响，同时在高校发挥服务社会的功能时，也积极推动了创新精神向周围环境和广大社会群体的渗透与影响，有助于在首都营造出开放共享、动态可持续的创新文化体系和创新环境。

---

❶ 参见：邹培.首都高校如何面向社会进行文化创新：以北京大学人文社会学科为例［C］//北京市社会科学界联合会，北京市科学技术协会.文化创新、科技创新"双轮驱动"战略：2012 北京自然科学界和社会科学界联席会议高峰论坛论文集.北京，2012：67-75.

❷ 参见：中华人民共和国文化部调研组."文化科技对文化创新驱动力"调研报告［J］.艺术百家，2013（5）：1-5，32.

第四,提高高校及社会优质教育资源的辐射能力,激发首都各界民众的文化创新活力。为了扩大文化创新的覆盖面,首都高校不断提高服务社会的能力,积极促进优质教育资源在全社会的共享力与辐射力,同时进一步完善公共文化服务设施网络和服务体系,不断提高首都市民的文明素质和城市文明程度,激发全社会的文化创新创造活力,促进具有首都特色的文化创意产业健康协调发展。首都教育资源与社会资源的有机协调,有助于形成积极健康的城市文化创新氛围,进而为将北京建设成为弘扬中华文明与引领时代潮流的文化名城贡献力量。

三、推动文化中心功能建设,首都教育在树立文化自信和促进文化创新方面的作用力仍待加强

习近平总书记指出:"文化软实力集中体现了一个国家基于文化而具有的凝聚力和生命力,以及由此产生的吸引力和影响力。"❶ 在现代社会,坚定文化自信,必须提高文化软实力,而文化软实力的核心驱动要素正在于文化创新。然而从现状来看,首都教育对于树立文化自信和文化创新的支撑和促进作用仍有待提高,一方面表现为首都素质教育发展不充分,另一方面突出体现在首都高校哲学社会科学的创新力仍难以满足首都日益增长的文化创新发展的需求。

(一)首都素质教育对学生文化自信的深入培植尚不充分

习近平总书记在 2016 年考察北京市八一学校时强调,"我们的教育改革要坚持文化自信,好经验要坚持,不足的要补齐"。在教育改革已进入深水区的教育现代化进程中,发展素质教育已成为教育改革的主要任务,习总书记关于"教育改革要坚持文化自信"的论述也正指明了"素质教育要坚持文化自信"的内在要求,即在以更开放的视角学习借鉴国际教育发展

---

❶ 参见:中共中央宣传部. 习近平总书记系列重要讲话读本 [M]. 北京:学习出版社,人民出版社,2016:206-207.

先进经验与思想理念的同时，要更加坚定对我国优秀文化的自信心与自觉性，注意发掘和弘扬有利于发展素质教育的中华优秀传统文化、革命文化和社会主义先进文化资源，讲好中国故事，努力探索具有中国特色的教育现代化之路。习总书记指出，"素质教育是教育的核心，教育要注重以人为本、因材施教，注重学用相长、知行合一，着力培养学生的创新精神和实践能力，促进学生德智体美全面发展"。❶改革开放后，针对应试教育的弊端，党和政府大力提倡素质教育，积累了许多有益经验。培养德智体美劳全面发展的社会主义建设者和接班人是我国教育重大战略任务，但是与日益提高的发展要求相比，首都的素质教育发展还不充分。

其一，素质教育发展还没有实现根本突破，传统文化教育对首都文化资源的开发利用仍不够充分。《北京市2017年度卫生与人群健康状况报告》显示，2016—2017学年度北京市中小学生视力不良检出率为58.6%；肥胖检出率为16.8%，比上一学年度上升3%。另据2015年北京市"义务教育阶段学生学习生活状况调查"对五年级和八年级的学生抽样调查显示，学生课业负担依然严重，体现在学校负担、校外负担及身心调整发展等方方面面；睡眠时间上，五年级和八年级学生的达标率分别仅为13.9%和9.6%；体育锻炼上，仍有21.8%的五年级和36.7%的八年级学生不达标；八年级学生的学习倦怠和学习焦虑情况均高于五年级学生。❷这些数据从不同方面表明，北京中小学生的身心素质发展状况依然问题重重，素质教育推进仍未得到根本突破。从整体来看，学校办学模式和培养模式"千人一面"的现象还不同程度地存在，可供家长和学生选择的优质特色教育资源不多。同时，在学校教育教学中，重"教学"轻"育人"的现象也不同程度地存在。一些学校和教师偏重智育，轻视德育、体育和美育；在智育中又偏重书本知识传授，忽视创新精神、科学素养、问题解决能力、实践操作能力等隐性文化知识与技能的培养。从2015年的PISA项目测试结果来看，在科学素

---

❶ 新华社. 努力把我国基础教育越办越好：习近平到北京八一学校看望慰问师生向全国广大教师和教育工作者致以节日祝贺和诚挚问候[N]. 人民日报（海外版），2016-09-10.

❷ 参见：段鹏阳，赵学勤. 北京市义务教育阶段学生学习生活状况调查[J]. 教育科学研究，2017（8）：41-46.

养方面，北京、上海、江苏、广州四省（市）15 岁在校生样本群体的平均成绩为 518 分，在 72 个国家（经济体）中排名第 10；在协同解决问题能力方面，四省（市）15 岁在校生样本群体的平均成绩为 496 分，比排名第一的新加坡少 65 分，仅列 26 位，显示出北京等地学生在团队协作及相关信息解读能力等综合素质发展上，与发达国家相比仍存在不小差距。❶北京教科院相关课题组开展的"北京市基础教育阶段学校评价与数据库建设"项目调查显示，北京市小学和初中家长对学校的建议排在最靠前的两条都是"多组织各种活动（社会实践、社团活动）""学校的兴趣类课程更加丰富"。这在表明当前首都基础教育阶段的素质教育资源供给仍难以满足现实需求的同时，也从一个侧面揭示出制约首都中小学素质教育的重要因素之一即在于学校对首都相关文化资源的开发利用仍不够合理和充分。作为文化中心，首都北京拥有丰富的文化资源，但学校利用相关资源推进素质教育的方式方法仍存在诸多不足。尽管越来越多的学校都开设了传统文化教育课程，但许多课程的设置安排仍处于边缘化地位，对中华优秀传统文化重知识讲授、轻精神内涵内化的现象仍广泛存在，课程内容具有形式主义倾向，教育过程的系统性、整体性不足，部分教育教学活动仍囿于校园之内，在学校、家庭、社区、网络平台等教育合力的整合上仍存在短板，且缺乏完善的教育评价与考核体系等。这些问题都极大地限制了相关教育活动在首都青少年心目中深植文化自信的主阵地功能与实际效果，同时也使学生学习和发现并解决问题的主动性、自觉性与创新性大打折扣，显然不利于学生综合素质能力的培养与提升。

其二，不断加深的留学"低龄化、尖子化、平民化"的发展趋势值得高度关注。随着改革开放和社会经济的发展，中国海外留学生数量快速增加，同时国内学生初次留学的平均年龄越来越小，留学低龄化现象趋势明

---

❶ OECD 于 2017 年 11 月发布的《2015 年 PISA 测试结果（第五卷）：协同解决问题》报告指出，具有较强阅读能力或数学能力的学生在协同解决问题方面表现更好，因为学生对于信息的理解与推理能力都是解决问题所必需的。新加坡、日本、韩国、加拿大、芬兰等 PISA 表现较好的国家，其协同解决问题的评估成绩也名列前茅，正说明了这一点。参见：OECD. PISA 2015 results (volume V): Collaborative problem solving. Paris: OECD Publishing, 2017.

显。虽然在本科及以上阶段出国留学仍是当前海外留学大军的主流，但在基础教育阶段出国留学的中小学生规模近年来大幅提升。《中国教育新业态发展报告（2017）：基础教育》基于覆盖全国 29 个省份、353 个县的大样本数据调查研究显示，中国赴美国留学的中小学生数量从 2006 年的 1000 人左右上升到 2016 年的 3.3 万人，呈现出指数级增长态势。另据《中国留学回国就业蓝皮书（2016）》统计，在美国、英国、新西兰就读中小学的中国留学生规模在各国该阶段国际学生总数中的占比均位居第一。❶ 而从留学意愿来看，分别有超过 30% 和近 14% 的高净值人士愿意在高中阶段和初中阶段送孩子出国读书，也就是说，中学阶段有意愿送孩子出国留学的比例达到近 45%，超过了意愿在大学阶段出国留学的比例，表明留学低龄化的趋势仍会在一定时期内加剧。与此同时，出国留学不再只是富豪子女的特权，也不再具有因为成绩不好而转赴海外学习的"差生"标签，越来越多的普通工薪家庭子女及优秀学生也开始选择在中学阶段出国留学。在高学历、高收入群体汇聚的首都北京，上述留学趋势更加明显。数据表明，近年来北京高考报名人数逐年减少，由 2009 年的 10.1 万人减少到 2017 年的 6.1 万人，❷ 8 年降幅高达 40%。这既有北京适龄人口减少的客观因素，同时也与学生出国留学而放弃高考所带来的分流效应息息相关，后者在许多围绕留学意愿的调研中得到印证。《新京报》曾联合新浪教育频道就中学生出国留学问题进行为期一周的调查，经 3465 人参与显示，84% 的家长愿意让孩子就读国际高中或高中国际班，其中 69% 的家长倾向于选择公立学校开办的国际班。❸ 北京教科院相关课题组 2015 年对北京市城区、近郊区、远郊区部分初高中学校学生进行随机抽样调查也显示，❹ 50% 左右的学生有

---

❶ 截至 2015 年 11 月，在美国就读中小学的中国留学生已达 34578 人，占全美该阶段国际学生总数的 52%，位居第一；2014—2015 学年，中国留学生占全英中小学国际学生的 20.9%，位居第一；在 2015 年 1 月 1 日至 8 月 31 日期间，中国在新西兰小学阶段留学生占该阶段国际学生的 30%，而中学阶段留学生则占 36%，都位居第一。

❷ 高三网. 北京历年高考报名人数汇总 [EB/OL]. [2018-06-11]. http://www.gaosan.com/gaokao/215252.html.（文中注：数据来源为北京教育考试院）

❸ 本报调查：八成家长愿选国际高中 [N]. 新京报, 2011-04-25.

❹ 对北京市城区（东城、朝阳、海淀）、近郊区（昌平）和远郊区（大兴、房山）6 个区县每区 4 所学校初二、高二年级随机抽取自然班的 1152 名学生进行问卷调查。

出国留学意向并倾向于本科阶段出国，且倾向于留学英美发达国家，选择经济等优势专业。《中国教育新业态发展报告（2017）：基础教育》通过对国内学生出国留学动因的调查发现，在有关教育方面的原因中，有接近一半的学生选择"国内名校总体质量不如国外名校"作为首要原因，而"在国内考名校的竞争压力太大"则成为次多选项。❶ 可见留学"低龄化、尖子化、平民化"背后的一个重要原因即在于学生对国内学校的认同与信心存在不足，这也从一个侧面反映出年轻一代在文化自信方面的欠缺。随着首都教育现代化进程的加快，如何在推进素质教育的同时，增强学生的文化自信，规避"早期人才流失"等现象的负面影响，亟待引起相关部门的重视与探究。

（二）首都高校哲学社会科学的创新力仍难以满足发展需求

北京为全国文化中心，不仅应该是具有内在创新活力的文化城市，而且应该是具有引领全国乃至影响世界的文化创新能力的中心城市。在现代社会，没有创新力就没有发展的可持续力，没有发展的可持续力就没有内在的竞争力，没有内在的竞争力就没有影响世界的权威力。因此，提高首都文化创新力，既是将北京建设成为全国文化中心城市的必要条件，也是增强文化中心在全国的示范引领作用和在国际上的核心竞争力的必要条件。尽管从全国范围而言，首都高校的哲学社会科学发展已经在全国居于领先地位，但对于全国文化中心的文化创新发展而言，首都高校哲学社会科学领域的创新力仍显不足，这主要体现在以下四个方面。

其一，首都高校哲学社会科学领域的创新人才培养体系仍不完善。随着文化创意产业的发展和新型业态的出现，文化中心的建设对文化人才培养提出了更高要求。文化人才不仅需要渊博的文化知识、强烈的创新意识、扎实的专业能力，也需要有较高的社会洞察力、市场把握力、人际沟

---

❶ 参见：范皑皑. 中国家庭对留学的需求［G］// 王蓉. 中国教育新业态发展报告（2017）：基础教育. 北京：社会科学文献出版社，2018：145–157.

通力、经营管理能力和广阔的国际视野。❶ 然而从整体来看,首都高校哲学社会科学领域所培养的各级各类文化人才所富有的创新意识、创新能力以及知识融合与应用能力等仍多有不足,这与其人才培养体系的不完善息息相关。具体而言,这种不完善性主要体现在四个方面:一是在专业设置上,存在市场定位不清、专业设置重复等现象,造成人才培养目标模糊,教育资源缺乏有机整合,降低了人才培养的规模效益和整体水平。二是在师资队伍上,师资缺乏、师资队伍水平参差不齐等现象依然广泛存在。这不仅源于有关人事制度和人才引进制度的限制,制约了教师队伍在合理"进入—退出"机制基础上的健康稳定发展,同时也表现为首都高校哲学社会领域富有创新精神的老一代专家陆续退出教学科研一线,但以中青年学者为主体的新一代学科带头人仍存在青黄不接的现象,领军人才匮乏,教师队伍结构优化不力。三是从课程体系和教学内容来看,高校文化艺术类的公共课程较多,创意学科课程缺乏,学生关于文化创意产业新业态的学习不足,学习内容滞后;相关课程内容仍偏重理论学习,在教学方式上仍偏重知识传授,忽视学生的个性与主动性,缺乏对学生创新思维的开拓,且缺乏教育与实践的有机融合。❷ 四是高校能为文化创意人才培养提供的实验室、工作坊、科技园、孵化器等实践、实训基地建设仍有不足,学生创新思想从想法到实践的转化条件与可利用资源等仍存在不同程度的局限性。

其二,首都高校哲学社会科学领域的创新性成果缺乏。突出表现在富有创新性科研含量的学术成果相对缺乏,原创性成果尤显不足,特别是理论创新的速度和成果仍难以满足快速发展的首都文化事业发展新形势的需要,相应的文化产品在技术含量、产品附加值、世界竞争力与影响力等方面存在不同程度的欠缺。首都高校哲学社会科学领域创新性成果的相对不足,直接制约了首都文化事业发展质量和水平的有效提升,并导致了其中

---

❶ 北京市文化发展中心. 文化北京:北京文化中心建设课题研究(总报告)[M]. 北京:新华出版社,2015:89.

❷ 北京市文化发展中心. 构筑全球人才高地:北京建设文化人才集散教育中心研究[M]. 北京:新华出版社,2015:99-100.

一系列问题的连锁反应,包括首都具有强大影响力的骨干文化企业发展缓慢,能够体现北京特色和代表首都水平的文化精品力作仍相对缺乏,公共文化服务体系尚不够健全,其整体效能的发挥仍不够充分,制约文化发展特别是文化创新产业发展的体制机制仍不够完善,北京作为全国文化中心的辐射力还不够强,作为历史文化名城的国际影响力还不够深入等。对于这些问题的有效解决,都亟待从教育领域探寻答案。

其三,首都高校哲学社会科学服务文化创意产业发展的牵引力不足。作为体现城市文化创新力的一项新兴产业,文化创意产业正日益成为城市经济发展的新引擎,同时也是首都围绕知识经济、服务经济、绿色经济而建立的高精尖产业结构中的重要一环。据统计,2016年北京文化创意产业实现增加值3570.5亿元,比2015年增长12.3%,占地区生产总值的14.3%,比上年提高0.5个百分点,对地区生产总值的贡献率达到20.3%,❶已成为全市经济增长重要的支柱性产业。然而,与国内外其他大城市相比,首都文化创意产业的发展仍隐忧重重。有学者研究指出,2008—2010年,北京市的文化创意产业增加值超过上海,但从2011年起,上海市便以迅猛的发展速度直追北京(见图6-1)。❷另有研究指出,在文化创意产业的国际化程度上,北京远不及伦敦等欧美大国首都,后者较高的国际化水平主要得益于其创意文化企业具有较强的创意能力,并且注重知识产权的维护和文化创意人才的培养与吸纳。❸相比之下不难发现,制约北京高校发挥对文化创意产业应有促进作用的核心原因之一即在于相关人才培养的不到位,这必然导致文化中心建设后劲儿的缺乏。如何紧抓首都高精尖产业转型升级的契机,积极应对文化创意产业发展需求,培养能适应未来文化发展所需的创新型人才后备队伍,已是迫在眉睫。

---

❶ 北京市统计局. 文创产业平稳发展 助力经济提质增效:2016年北京市文化创意产业发展情况[EB/OL].[2017-03-03].http://www.bjstats.gov.cn/zxfb/201703/t20170303_369824.html.
❷ 参见:张金月. 文化创意产业发展对经济贡献的实证研究:基于北京和上海的比较[J]. 科技和产业,2017(9):43-47.
❸ 参见:洪涓,刘甦,孙黛琳,付建文. 北京与伦敦文化创意产业发展比较研究[J]. 城市问题,2013(6):38-41,61.

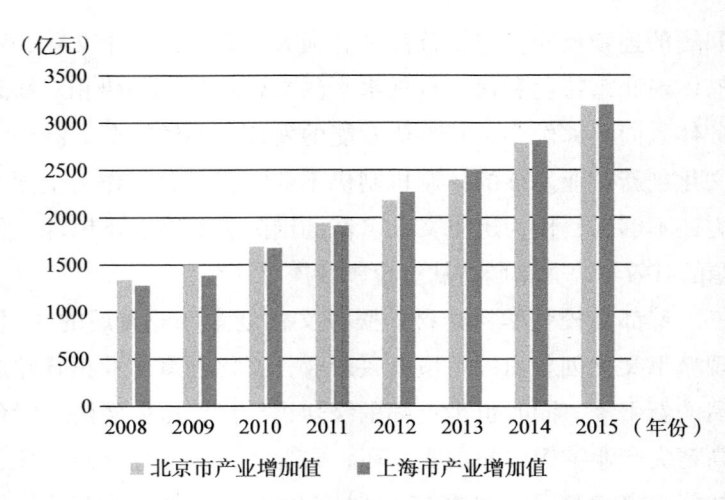

图6-1　2008—2015年北京和上海文化创意产业增加值比较

其四，首都高校哲学社会科学专业结构与文化创意产业布局结构仍存在不匹配性。为了更好引导首都文化创意产业的合理发展，北京市在2016年专门制定《北京市文化创意产业发展指导目录（2016）》，将文化创意产业各业态划分为鼓励类（44个）、限制类（58个）、禁止类（20个）❶三种类型，给予差异化的指导政策。❷2018年6月，中共北京市委、北京市人民政府又印发《关于推进文化创意产业发展的意见》，强调推动文化创意产业高端化、融合化、集约化、国际化发展，指出创新发展的主攻方向在于"全面推动文化科技融合，打造数字创意主阵地"和"率先布局内容版权转化，形成文化创新策源地"两个方面，并明确了北京文化创意产业发展的重点在于创意设计、媒体融合、广播影视、出版发行、动漫游戏、演艺娱乐、文博非遗、技术品交易、文创智库9个领域环节。然而，从北京各高校所开设的学科或专业来看，能与上述指导目录中的鼓励类业态和发展意

---

❶ 鼓励类为重点鼓励发展的业态，涵盖文化内容生产、传播渠道、生产服务等重点环节，还包括文化科技融合发展类业态，创意密集的高端服务类业态，以及满足人民群众精神文化需求的公共文化类业态；限制类业态主要为文化批发零售类业态和部分文化制造类业态；禁止类业态主要为部分环境影响较大的文化制造类业态，以及部分劳动力密集的文化产品生产制作环节。

❷ 北京市人民政府办公厅. 北京市文化创意产业发展指导目录（2016年版）[EB/OL].[2016-05-12]. http://www.mofcom.gov.cn/article/b/g/201610/20161001542517.shtml.

见中的重点领域相匹配的学科专业却呈现出不同程度的欠缺，显示出文化创意人才培养的结构性不足。首先，高端原创人才稀缺，特别是文化名家、创意大师等大师级文化创意人才严重匮乏。其次，将内容产业化和市场化的高端复合型行销人员严重缺乏。与传统产业相比，文化产业就有创新性高、附加值高、风险高等特征，对人才的经营管理能力、市场运作能力要求较高，但受人才培养方式影响，既懂文化产品、文化经营管理又懂得市场营销的复合型人才极为缺乏。❶最后，文化创意产业内容领域和经营管理领域的基础人才储备不足。以文化产业经营管理人才的培养为例，2002年北京的一些大学开始培养相关人才，到2012年前后北京开设文化产业管理专业的高校只有5所，2012年该专业的招生人数仅为158名，与市场对于该类人才的需求严重不匹配。❷高校人才培养与首都文化创意产业发展间的供需矛盾，凸显出首都高等教育在支撑首都文化创意产业高水平可持续发展方面存在的深刻不足与隐忧。北京高校相关专业结构的调整优化迫在眉睫，而这无疑需要教育部门、文化部门、经济部门的共同研讨与协同推进。

---

❶ 北京市文化发展中心.构筑全球人才高地：北京建设文化人才集散教育中心研究［M］.北京：新华出版社，2015：88.
❷ 北京市文化发展中心.构筑全球人才高地：北京建设文化人才集散教育中心研究［M］.北京：新华出版社，2015：99.

第七章 首都教育是国际交往中心功能建设的重要窗口

一、国际交往中心定位及其对首都教育的需求

国际交往中心是指在国际交往中具有一定影响力，能够在地区或全球发挥重要作用的城市。有学者将国际交往中心的特点概括为六点：一是国际机构数量众多，包括外交机构及友好城市、国际组织或区域组织的总部机构或办事处、国际商业机构等；二是国际交流活动频繁，涉及外交访问和友好往来、大型国际会展等；三是国际交往规模庞大，包括出入境人口规模、常住外国人数量等；四是国际交往设施发达，包括大型交流设施、国际交流中心区、现代航空口岸、便捷的交通网络、城市标志系统等；五是国际服务系统完善，涉及专门的服务机构、信息服务系统、涉外饭店、外语人才、相关法律和政策等；六是城市形象魅力突出，包含城市形象、文化底蕴、生态环境等。❶从全球化与世界级城市研究小组与网络（GaWC）发布的《世界城市名册》来看，❷北京在世界城市中的排名已从2008年的

---

❶ 参见：张杰. 特大城市中心城区国际交往功能提升研究 [M]. 长春：吉林出版集团股份有限公司，2015：5-24.

❷ GaWC以英国拉夫堡大学为基地，自1999年起开始尝试为世界级城市进行定义和分类，其发布的《世界城市名册》是目前全球关于世界城市最权威的排名。该机构的排名依据主要包括：（1）国际性、为人熟知；（2）积极参与国际事务且具影响力；（3）相当大的人口规模；（4）重要的国际机场，作为国际航线的中心；（5）先进的交通系统，如高速公路及/或大型公共交通网络，提供多元化的运输模式；（6）亚洲城市要吸引外来投资，并设有相关的移民社区；西方城市要设有国际文化社区；（7）国际金融机构、律师事务所、公司总部（尤其是企业集团）和股票交易所，并对世界经济起关键作用；（8）先进的通信设备，如光纤、无线网络、流动电话服务，以及其他高速电信显露，有助于跨国合作；（9）蜚声国际的文化机构，如博物馆和大学；（10）浓厚的文化气息，如电影节、首映、热闹的音乐或剧院场所；交响乐团、歌剧团、美术馆和街头表演者；（11）强大而有影响力的媒体，着眼于世界；（12）强大的体育社群，如体育设施、本地联赛队伍，以及举办国际体育盛事的能力和经验；（13）在近海城市中，拥有大型且繁忙的港口。根据这些标准，GaWC将全球主要城市分为四大等级：Alpha（一线城市）、Beta（二线城市）、Gamma（三线城市）、Sufficiency（自给自足城市，也可称为四线城市），每个等级内部又会用加减号来标记各等级之内的次级别。

第二部分 审视:"四个中心"建设与首都教育的关系

Alpha+级、总第 10 位上升至 2018 年的 Alpha+级、总第 4 位 (全球共有 361 个城市入围这份名单),仅次于 Alpha++级的伦敦、纽约和 Alpha+排名第一的中国香港。❶凸显出作为国际交往中心的北京在世界城市体系中日益突出的角色和地位。

应该说,首都国际交往中心的功能建设与政治中心、文化中心和科技创新中心之间都具有紧密的协同关系。首都国际交往中心的建设与政治中心直接关联,不仅是承担全国重大外交外事活动的重要舞台,同时也是通过首都窗口向世界展示我国改革开放和现代化建设成就的首要门户。随着大国地位的崛起,我国在对外交往与合作中有着越来越大的话语权,逐渐从跟跑者向领跑者角色转型。全国文化中心与国际交往中心建设也是相辅相成的。北京的文化既要开放包容,又要体现东方特色,代表亚洲文化形成文化向心力,对世界其他文明板块形成文化吸引力。通过北京,世界可以了解东方、通向亚洲。科技创新中心和文化中心建设,可以为北京的国际交往中心建设带来更强的综合性区位优势。而由科技进步带来的追赶型发展和创新型发展,则是中国和亚洲国家近年来展示出的突出形象,也关系到未来新科技革命的格局。只有通过高水平的国际交往,以大量的国际学术合作、科技交流、人才流动为依托,北京才能够迅速成长为世界重要的科技创新中心。❷由此可见,北京作为国际交往中心的功能不是单一的,而是多元的,不是平面的,而是立体的。其在国内外政治、经济、文化、科技和社会交流等事务中所发挥的作用与能力体现在诸多方面,包括:其一,增进外交往来,提升城市政治影响力;其二,汇聚金融资源,带动区域经济发展;其三,引领科技文化,加速创新能力驱动;其四,共享旅游资源,促进城市魅力提升;其五,吸引国际人才,加强创新人才建设等。❸

当今时代,尽管国际关系格局在新的力量掣肘中不断发生着错综复杂的调整变化,但全球化的多领域拓展和国际安全形势的加强,却不断将各

---

❶ GaWC. Classification of cities 2018 [EB/OL]. [2018-11-14]. https://www.lboro.ac.uk/gawc/.
❷ 周鑫宇. 国际交往中心建设的新内涵 [J]. 前线, 2018 (9):74-75.
❸ 参见:张杰. 特大城市中心城区国际交往功能提升研究 [M]. 长春:吉林出版集团股份有限公司, 2015:24-28.

国融合为休戚与共的人类命运共同体，汇聚着和平发展的强大力量。随着改革开放的深入推进以及"一带一路"等合作倡议的提出，我国在国际交往中发挥着越来越重要的作用，并主动承担起更多的大国责任。作为国际交往中心，首都北京无疑需要肩负起更大的历史使命，塑造良好的对外交往环境，打造大国之都的良好形象。新的形势背景为国际交往中心建设提出了更高要求，首都亟须在服务国家开放大局、不断拓展对外开放的广度和深度、积极培育国际合作竞争新优势、向世界展示社会主义国家伟大成就等方面发挥更加积极的推动作用。

在《"十三五"时期加强国际交往中心建设规划》等政策文件的指导下，近年来，北京全面推进国际交往中心建设，成效显著，表现在服务保障国家重大外交外事活动常态化、国际高端资源加速集聚、开放型经济发展水平进一步提升、科技文化交流日益活跃、多领域对外交流深入开展等诸多方面。[1]这其中，首都教育亦发挥了不可小觑的作用。如果说首都北京作为国际交往中心，是向世界展示中国的重要窗口，那么，首都教育就是促进北京国际交往中心功能建设的重要窗口。这是因为教育对外交往作为国际交往的重要组成部分，是国际交往中心功能建设的核心要素之一，凝聚着首都国际交往的重要进展与成就；同时，首都教育作为开展国际交往活动所需人才、技术、平台等要素的直接或间接供给者，也是国际交往中心建设的重要资源保障。

从整体而言，国际交往中心与首都教育具有相互作用、相互助益的紧密关系。一方面，国际交往中心是首都教育发展的重要载体。国际交往中心的建设发展为首都教育在更广泛、更高水平上开展对外合作与交流提供条件和平台，例如"一带一路"倡议即为首都教育的国际化发展提供新的契机，打开了广阔大门。另一方面，首都教育也是国际交往中心功能建设的重要窗口。首都教育作为我国教育现代化建设的排头兵，不仅在教育国际化的发展上具有较为突出的比较优势和活跃表现，集中反映和展示着北

---

[1] 北京市人民政府外事办公室. 全面推进国际交往中心建设［EB/OL］.［2018-01-07］.http://zhengwu.beijing.gov.cn/zwzt/ZWZT/CSZL/GJJWZX/t1504110.html.

京乃至全国教育现代化发展的卓越成就,而且主动担负起承接国际交往中心建设的公共服务与资源保障功能的主体责任。首都教育的发展在教育领域为国际交往中心的建设提供不可或缺的渠道和平台,作为软文化外交的重要组成部分,首都教育对国际交往中心的建设意义重大,并必将在未来发展中发挥更为深入而广泛的影响。

对于国际交往中心功能建设的发展方向,北京市委书记蔡奇曾指出,要抓好两头:一头抓硬件,就是服务设施的扩容、完善和提升,要体现超前性,留出发展空间,在全市范围统筹服务设施能力建设,对于雁栖湖国际会都、国家会议中心等建设,要注重错位发展、功能互补;另一头要抓好软件,就是提升服务保障水平,认真总结"一带一路"国际合作高峰论坛服务保障的实践经验,重新整理服务流程,形成一支具有国际一流水准的服务保障队伍。❶映射到教育领域,国际交往中心的建设也对首都教育的发展提出硬件和软件两方面的紧迫需求。前者集中体现在对教育对外交往平台的建设要求上,后者突出体现在对人才培养和教育对外交流氛围的发展要求上。而不论是哪种需求,归根结底都是要求把首都教育打造成为服务国际交往中心功能建设的重要窗口。这个"窗口",不仅具有成果展示的价值,而且应该充分发挥吸引和集聚外部优质资源的渠道和桥梁作用,为国际交往中心建设提供有力保障与支撑。

二、首都教育承载国际交往中心功能建设的着力点

从区域特点来看,受地域特点和历史、经济、文化等因素的影响,北京市16区县在国际交往中心建设中所发挥的作用并不相同,其在国际交往中的功能定位、发展路径和发展目标等方面也存在不同程度的差异。从各区县国际交往的发展态势来看,可以将其简明归纳为以下三类:第一类是国际交往起步早、发展好的城区,包括东城、西城、朝阳、海淀四区;第

---

❶ 徐飞鹏,武红利.蔡奇到怀柔区调研时强调超前谋划国际交往中心功能建设[N].北京日报,2017-08-07.

二类属于发展中的国际交往新城区，包括丰台、通州、大兴、顺义、昌平、怀柔、密云、延庆八区；第三类是国际交往参与度逐步提高的城区，包括石景山、房山、门头沟、平谷四区。❶从功能作用来看，首都教育在整体上主要从以下四个方面发挥国际交往中心功能建设的重要窗口作用。

（一）为重大外交外事活动提供服务保障

首都丰富的学校和学生资源，作为稳定和坚实的承载力量，为首都主场外交活动提供全面的支持与服务，这主要体现在以下三个方面。

第一，服务外事礼宾需要。在我国的外事活动中，少先队员来到外国领导人抵达的机场献花，曾经是我国外交礼宾程序的固定环节。尽管改革开放后，我国不断改革礼宾服务，❷少先队员夹道欢迎的场景逐渐减少，但少年儿童在机场或其他举办欢迎仪式的场所迎接外国领导人来华访问，仍是我国外交礼仪上的一项重要传统，只是在非制度化范畴内具有更为多样的形式。在国家级外事活动频繁、外国领导人访华必经之地的首都，相关礼宾更是为在京中小学校提出较高的服务保障需求。而首都中小学校一直都以积极负责的态度，圆满完成各项外事礼宾任务，例如2016年4月，北京海淀实验小学学生参加国家主席习近平在人民大会堂东门外广场为瑞士联邦主席举行的欢迎仪式；2017年11月，北京芳草地国际学校的学生在首都国际机场参加迎接美国总统特朗普一行的欢迎仪式。一些中小学校还特别设置礼宾部，专门培养通晓国际礼仪知识、举止得体、训练有素的少年儿童，用以满足首都相关礼宾活动的需要。

第二，接待外宾入校参观访问。青少年儿童是祖国的未来和民族的希望，作为培养社会主义建设者和接班人的主阵地，学校自然成为外宾和各界人士了解中国社会主义现代化建设成就与现状的直接窗口。在外国政要

---

❶ 张杰.特大城市中心城区国际交往功能提升研究［M］.长春：吉林出版集团股份有限公司, 2015：111.

❷ 1979年中央决定，不再组织群众到机场迎送外宾，但还是组织少先队员到机场去献花。1980年又进一步改革，只在人民大会堂或者天安门广场举行欢迎仪式，不再去机场，也不再组织群众夹道欢迎。1989年1月，礼宾部门强调不组织中小学生参加欢迎国宾活动。

及国际友人来访密集的首都,一大批大中小学校都承担着接待外宾参观访问的重要外事使命,这其中既包含各级各类质量卓越或历史悠久的名校、老校,也包含诸多富于特色的一般学校。例如,在2017年11月美国总统特朗普及其夫人访华期间,国家主席习近平夫人彭丽媛陪同总统夫人梅拉尼娅女士参观东城区板厂小学,这所普通的公办基础教育学校通过学生丰富多彩且自然亲切的活动展示,为总统夫人留下了美好印象,也为促进中美友谊之卷的书写留下了一抹生动色彩。如是,北京各级各类大中小学校从不同层面、不同视角向外宾讲述着中国的教育故事、描绘着中国的教育蓝图,得到外宾的普遍赞誉与关注,它们作为首都外事活动的重要参与者和见证者,发挥着日益卓越的"软外交"功能。

第三,助力文体艺术表演。作为我国主场外交的重要组成部分,文体表演等非正式文化外交活动往往成为展示中华民族五千年灿烂文明底蕴和和平友好大国形象的良好窗口。例如在首都承办的诸多外交活动中,都安排不同规模的文艺演出,在会议正式日程外还由国家主席夫人邀请并陪同来华政要的配偶参观故宫、颐和园等名胜古迹等。这些文化活动事实上都蕴含着重要的政治外交意义,一方面,有助于淡化外交活动中的政治色彩,突破社会制度和意识形态上的鸿沟,促进其他国家对中国的认可与接纳,从而以文化亲近推动政治亲近和经济合作;另一方面,还可以通过丰富多样的文体艺术表现形式,多视角展示和塑造我国国家和民族的良好形象,以文化载体的方式传递中国求和平、谋发展、促合作的和平外交信息,化解思想偏见,回击国外敌对势力的污蔑,让世界更客观准确地认识中国、了解中国、理解中国、喜爱中国。而从参与这些文体表演的人员来看,来自北京大中小学校的学生已然构成其中的活跃群体,首都教育领域所培养出来的各级各类文体特长学生,源源不断地为相关活动的生动开展提供持续助力。

(二)为外籍人员子女在华学习提供教育机会与资源

国际交往中心功能的发展,需要以国际化人才作为最基本和最具可持续力的保障资源,这除了有赖于在本土培养大批相关人才之外,还需要吸引和吸收大量境外高水平人才。事实上，作为国际高端资源的核心要素之一，境外人才的集聚程度已成为衡量国际交往中心发展水平的重要指标之一。近年来，为了进一步优化国际交往中心建设的人才队伍，北京实施一系列引才用才政策，"筑巢引凤"吸引越来越多的国内外优秀人才来京工作。2017年，全市共受理外籍人才永久居留申请662人次，办理长期居留许可及签证2368人；"海聚工程"引进认定海外优秀杰出人才916名；新评选"北京学者"14名，累计引进诺贝尔奖获得者5人，"千人计划"人才1658人，占全国近1/4。[1]为了"吸引"并"留住"这些人才，保障其子女在京能够接受良好的教育便成为必要条件。

面对北京广纳海外贤才的发展需要及外籍人员集聚的客观现实，如何为外籍人员子女在中国境内接受教育提供方便，为其子女提供良好的受教育机会，解决外籍人员来华工作的后顾之忧，更好保障和服务首都对外交往工作的顺利开展，一直以来都是首都教育发展中一项重要而特殊的使命。为此，北京在基础教育阶段建设和发展一批具有相应资质的中小学校或幼儿园。就类型而言，目前北京招收外籍学生的学校主要分为三类：一是驻华使馆人员子女学校，由外国驻华使馆创办，主要由外国驻华使馆人员子女就读；二是外籍人员子女学校，由外国人或外国机构创办，主要接收外籍人员子女（外籍）就读，完全采用外国的教育教学模式；三是经北京市教委批准的具有接受外国学生资质的中小学，这类学校既有中国学生又有外国学生，既有留学人员子女和父母常住北京的外国学生，也有直接从外国招生来的学生。2016年，上述三类可为北京外籍人员子女提供基础教育的学校数量分别达到4所、19所和284所（见表7-1）。就办学层次而言，在19所外籍人员子女学校中，能够涵盖从学前教育、小学、初中到高中完整基础教育学段的学校达12所，占比超60%；拥有学前教育办学资质的学校共18所，拥有高中办学资质的学校共16所（见表7-2）。[2]由此管窥可见，

---

[1] 北京市人民政府外事办公室．全面推进国际交往中心建设［EB/OL］．［2018-01-07］．http://zhengwu.beijing.gov.cn/zwzt/ZWZT/CSZL/GJJWZX/t1504110.html．

[2] 北京市教委．教育部予以批准设立的北京地区外籍人员子女学校名单（2017年版）［EB/OL］．［2017-07-31］．http://jw.beijing.gov.cn/xxgk/jyjlyhz/201707/t20170731_29930.html．

首都教育为外籍人员子女在基础教育阶段能够平等享有受教育权利提供了较为丰富的教育资源。从整体来看（见表7-1），北京为外籍人员子女提供教育的300余所学校尽管分布在朝阳区、海淀区、西城区和东城区的居多，但在整体上覆盖北京各个区县，而且为外籍人员子女接受教育提供多元化的学校选择，显示出首都教育在服务国际交往中心建设中的良好承载力。

表7-1　2016年北京为外籍人员子女提供教育的学校数量

学校类型	分布区域	学校/幼儿园数量（所）	合计（所）
具有接受外国学生资质的中小学	东城区	34	284
	西城区	36	
	朝阳区	52	
	海淀区	61	
	丰台区	8	
	石景山区	10	
	门头沟区	5	
	房山区	6	
	通州区	6	
	顺义区	24	
	昌平区	15	
	大兴区	9	
	怀柔区	4	
	平谷区	3	
	密云区	2	
	延庆区	4	
	燕山地区	5	
外籍人员子女学校	朝阳区	16	19
	顺义区	3	
驻华使馆人员子女学校	朝阳区	4	4

表 7-2 2017 年北京地区外籍人员子女学校名单[1]

序号	学校名称	办学层次	批准时间
1	北京京西学校	学前教育、小学、初中、高中	1996/06/11
2	北京顺义国际学校	学前教育、小学、初中、高中	1997/12/29
3	北京德威英国国际学校	学前教育、小学、初中、高中	2004/01/16
4	北京英国学校	学前教育、小学、中学	2003/07/28
5	北京韩国国际学校	学前教育、小学、初中、高中	1996/12/19
6	北京法国国际学校	学前教育、小学、初中、高中	2007/01/23
7	北京耀中国际学校	学前教育、小学、初中、高中	1996/06/11
8	北京 BISS 国际学校	学前教育、小学、初中、高中	1996/06/11
9	北京哈罗英国学校	学前教育、小学、初中、高中	2005/06/07
10	北京澳大利亚国际学校	学前教育、小学、初中、高中	2004/06/03
11	北京三弈国际幼儿园	学前教育	2005/10/03
12	北京蒙台梭利国际学校	学前教育、小学、中学	1996/06/11
13	北京加拿大国际学校	学前教育、小学、初中、高中	2006/07/28
14	北京巧智博仁国际幼儿园	学前教育	2002/01/21
15	伊顿国际幼儿园	学前教育	2003/07/17
16	北京中关村国际学校	学前教育、小学、初中、高中	2003/05/30
17	北京协力国际学校	学前教育、小学、初中、高中	1996/05/07
18	北京瑞金英国学校	小学、初中、高中	2005/06/12
19	北京大韩学校	学前教育、小学、中学	1998/05/28

注：这些学校的办学许可证有效期均为 2020 年 3 月 5 日。

据统计，2016 年，在北京普通中小学就读的外国中小学生已达 6587 人，在外籍人员子女学校就读的外国中小学生达 11620 人。而通过比较近两年的数据不难发现（见表 7-3），2016 年北京具有接受外国学生资质的中小学校数量比上一年增幅 158.2%，翻了一番还多；在普通中小学就读的外国中小学生数量有所增长（增幅 3.1%），而在外籍人员子女学校就读的外国中小学生数量则有所下降（减幅 0.9%）；且在普通中小学就读的外国中小学

---

[1] 数据来源：北京市教委. 教育部予以批准设立的北京地区外籍人员子女学校名单（2017 年版）[EB/OL]. [2017-07-31]. http://jw.beijing.gov.cn/xxgk/jyjlyhz/201707/t20170731_29930.html.

生的国别来源更为多样化。这些数据透露出至少两点信息：一是北京中小学校为外国中小学生提供教育资源的规模扩大迅速；二是外国中小学生接受或融入北京普通中小学校教育氛围的意愿有所增强。从中彰显出首都教育的国际化能力正在日益增强，为服务国际交往中心的建设需求储备了更趋坚实的承载力。

表7-3　2015—2016年北京基础教育阶段外籍人员子女就读情况比较

统计项目		2015年	2016年	增长率（%）
在普通中小学就读外国中小学生	学历生（人）	4651	5523	18.7
	非学历生（人）	1738	1064	−38.8
	合　计（人）	6389	6587	3.1
	国　别（个）	56	103	83.9
在外籍人员子女学校就读外国中小学生（人）		11721	11620	−0.9
接受外国学生资质中小学校（所）		110	284	158.2
外籍人员子女学校（所）		19	19	0
驻华使馆人员子女学校（所）		4	4	0

除了不断丰富和完善外籍人员子女在京学习资源外，首都教育部门还为不断加强教育涉外治理体系和治理能力的建设作出不懈努力。例如，2016年北京市研究起草《北京市外籍人员子女学校管理办法（征求意见稿）》，启动"北京市外籍人员子女学校、驻华使馆人员子女学校管理系统"，旨在为这些随父母来华学习的青少年儿童接受教育提供更加良好有序的制度环境。2017年，为了进一步做好北京市的教育对外开放工作，优化发展环境，满足外籍人员子女在本市接受教育的需要，北京市教委联合北京市人民政府教育督导室、北京市发展和改革委员会、北京市民政局制定并印发《北京市外籍人员子女学校管理办法（试行）》，[1]从设立、组织与活动、监督与管理、变更与终止、法律责任等方面对相关学校的办学行为进行详细而全面的规定，为规范学校运营秩序提供政策依据。

---

[1] 该管理办法于2017年12月22日印发，规定相关内容自2018年2月1日起施行。

（三）搭建国际教育交流合作平台

首都教育通过扩大教育对外开放、推进人文交流等途径，逐步构筑起全方位、多层次、宽领域、高水平、有影响的首都教育开放合作新格局。就此意义而言，首都教育本身就是国际交往中心的重要组成部分，它为北京城市范围内的国际交往提供教育领域的独特平台。2017年，北京市中外合作办学机构和项目累计达到143个；在北京市高校和中小学学习的外国留学生超过12万人次左右；接受外国留学生的学校进一步增加，高校达91所，中小学达284所。❶

为促进国际交往，首都教育积极探索多种形式的教育对外交流与合作平台。在基础教育阶段，探索建立示范性中外合作办学机构，不断完善中外合作办学管理机制。注重加强与国外友好城市间的教育交流合作，推动一批重点学校与境外友好校建立实质性的长期合作关系，支持建立一批教育外事窗口学校，促进教育的国际合作向纵深发展。同时，积极开展和参与各种类型的国际教育合作与研究项目。例如，2010年朝阳区加入"全球化教育领导者"项目；2016年，北京市2所中学获批中德"学校·塑造未来伙伴"项目校；同年，市教委成功组织开展北京—世宗青少年艺术交流活动、北京—济州道高中生互访交流活动，举办了北京—新南威尔士州基础教育教师交流项目，并连续多年开展国际学生北京夏令营、北京—首尔青少年体育交流大会等学生交流活动，为拓展北京师生的国际视野和国际素养作出了积极探索。在职业教育领域，一方面，积极引进国际先进教育品牌和通用标准，构建高水平、国际化的北京职业教育标准体系，积极引入德国胡格人才培养模式，开展英国创新创业教育（NECC）、澳大利亚TAFE等合作项目。另一方面，积极对接国家"一带一路"建设总体布局，通过举办国际论坛等方式，与"一带一路"沿线国家开展多种形式的职业教育合作交流。在此过程中，工业职业技术学院走进了赞比亚，信息职业

---

❶ 北京市人民政府外事办公室. 全面推进国际交往中心建设［EB/OL］.［2018-01-07］.http://zhengwu.beijing.gov.cn/zwzt/ZWZT/CSZL/GJJWZX/t1504110.html.

技术学院走进了埃及，交通运输职业学院与越南和泰国相关机构开展了合作。❶ 在高等教育领域，国际交往更为频繁和多元，体现在留学生培养、师生互访、交换生联合培养、科研合作、讲座论坛、课程共享（如 MOOCs 开发）等教育与科研活动的诸多层面。可以说，国际交流与合作正以更加活跃和全面的姿态贯穿于首都高校校园及其师生的工作、学习与生活中，为高层次国际化人才培养提供日益丰富的教育资源与不断创新的发展渠道。

作为高等教育国际交流的重要组成部分，留学生培养是现代大学发展的一项重要内容，留学生规模也常常成为衡量高校国际化水平的一项参考指标。从首都高等教育领域的外国留学生规模来看，近年来其在校生数量在整体上保持平稳发展态势，2017 年外国留学生在校生总数达 41990 人，比上一年增幅 3.7%（见表 7-4）。需要注意的是，2010 年以来，首都高等教育接受学历教育的外国留学生规模基本保持持续增长趋势，2017 年在校生数达 26909 人，占高等教育外国留学生总量的 64.1%，这一比例比 2010 年增长近 10 个百分点；而参加培训活动的外国留学生规模则有所缩减，近 4 年基本维持在 1.5 万人左右，并呈现出缓慢下降趋势（见图 7-1）。接受学历教育留学生规模的扩大和参与培训人员规模的相对缩小，在一定意义上呈现出首都高等教育国际化逐步向深层化、常态化、高层化发展的变化趋势。高等教育领域所能够搭建的国际交流与合作平台也随之延展出更广阔的发展空间，有待首都高校在新途径、新机制上作出进一步探索。从学历层次来看（见图 7-2），首都高等教育的外国留学生在校生中，本科生占比最高（2017 年占比为 34.2%），但增速缓慢；而硕士研究生和博士研究生规模则呈现出相对较快的增长势头，二者在 2017 年的在校生数量分别达到 7966 人（占比 19.0%）和 4232 人（占比 10.1%），呈现出较明显的金字塔形结构。

---

❶ 北京教育科学研究院职业教育研究所. 北京"四个中心"城市功能定位对职业教育的诉求及应对［Z］. 内部研究资料，2018-01-04.

表 7-4 2010 年以来北京高等教育中的外国留学生基本情况 ❶

单位：人

年　份	毕（结）业生数	授予学位数	招生数	在校生数
2010	19471	3140	25413	33570
2011	23410	3539	29121	39141
2012	25570	4455	29165	40549
2013	26333	4720	29781	43180
2014	24950	4937	27690	39379
2015	25335	4872	28081	39459
2016	24039	5163	27562	40486
2017	25958	5648	28361	41990

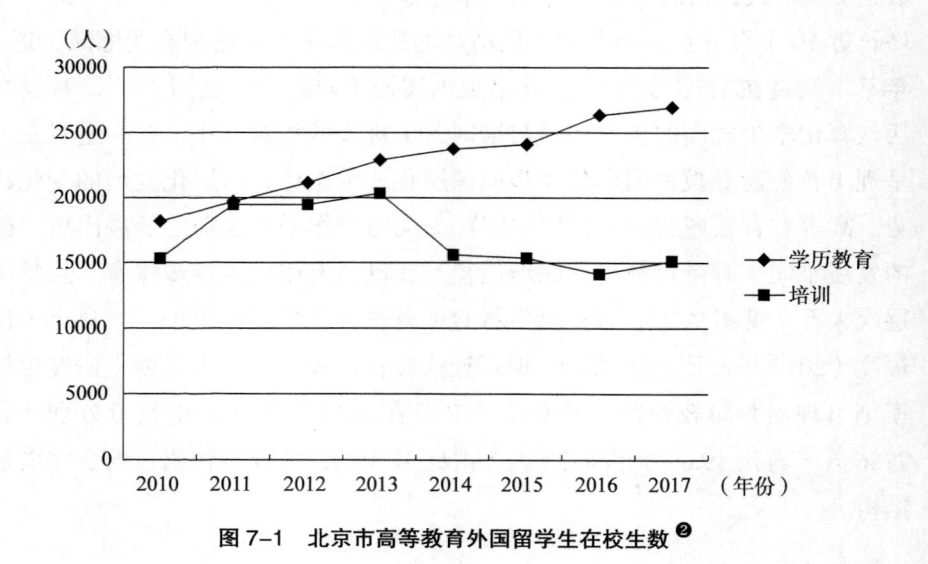

图 7-1 北京市高等教育外国留学生在校生数 ❷

❶❷ 数据来源：北京市教育委员会. 2017—2018 学年度北京教育事业发展统计概况 [EB/OL]．[2018-06-08].http：//www.bjedu.gov.cn．

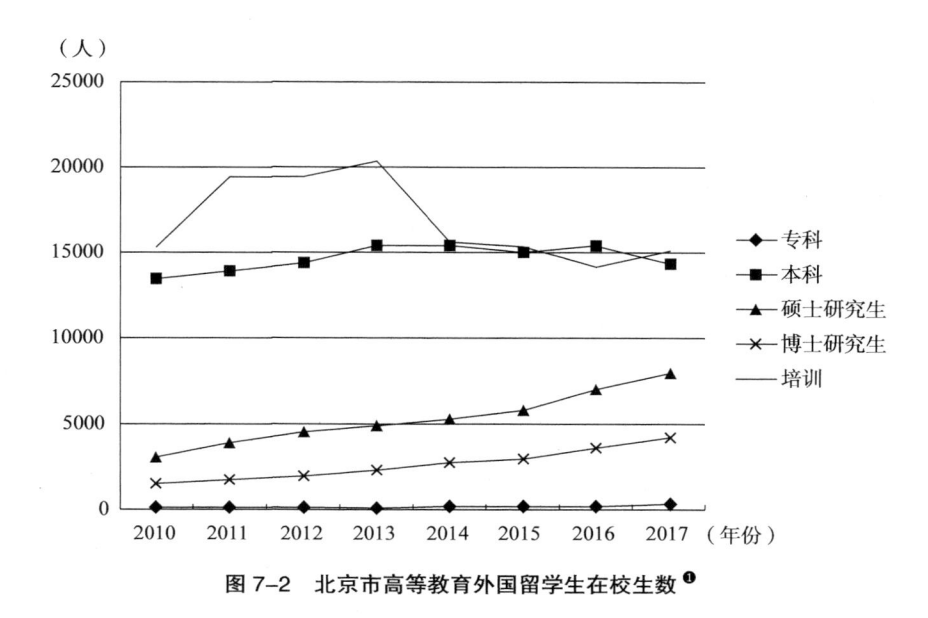

图 7-2　北京市高等教育外国留学生在校生数 ❶

国外大城市发展的成功经验纷纷表明，越是高水平高校与科研机构聚集的城市，其发展优势与可持续后劲儿越强。通过与国外高校、科研机构、企业等开展合作交流，高校能够通过引进良好的人才培养或科技创新项目，促进先进理念、技术、管理模式等要素的跨国流动与不断优化，同时也有助于帮助国内优秀文化、技术成果走向世界。高校云集的首都北京，显然具有这方面的先天优势条件。而诸多国际会议、教育科研项目在首都高校的开展，也都在客观上促进首都与世界的接轨与融合。不仅有助于从教育领域为首都打开更广阔的全球视野，同时也有助于以教育国际交往为平台，通过教育要素的流动与融合，为首都经济社会领域的国际化发展提供良好的契机与平台。

（四）培养能够胜任未来的外交外事人员和国际化人才

一方面，充分发挥首都高校的资源优势，培养能够适应新形势下外交外事工作要求的高水平、专业化人员。同时，充分发挥首都继续教育的功

---

❶ 数据来源：北京市教育委员会. 2017—2018 学年度北京教育事业发展统计概况［EB/OL］.［2018-06-08］. http://www.bjedu.gov.cn.

能，致力于提高现有外交外事人员的综合素质，为建立一支能够更好服务国家"一带一路"倡议的复合型外交外事人才队伍提供了积极助力。另一方面，面对日益增长的国际交往需求，首都教育还致力于培养一大批具有国际化视野、拥有跨文化沟通能力、能够参与国际事务的国际化人才，建立一支在参与国际竞争、拓展国际合作中具有较高胜任力的后备人才队伍，他们渗透在首都各行各业的发展与各级各类工作岗位中，为首都提升国际交往中心的整体人文素质水平作出巨大贡献。

为满足不同业务领域、不同层次的国际化人才需求，首都教育不仅注重高端国际化人才队伍建设，而且注重相关基层服务行业的国际化人才培养，致力于在提高人才队伍规模的同时，不断优化人力资源结构，全方位打造能够满足国际交往中心功能建设多元人才需求的生力军。这其中，首都职业教育发挥了独特价值，在商务服务、酒店管理、旅游等专业人才的培养上作出很大贡献。2017年北京市中等职业教育共开设旅游服务类专业8个，专业布点75个，在校生规模2806人；北京市高等职业教育共开设旅游服务类专业6个，专业布点43个，2016年在校生规模3200人；2017年北京市技工院校共开设旅游服务类专业3个，专业布点6个，在校生458人。尽管首都职业教育的人才培养规格相对较小，但仍为国际交往中心建设的相关服务事业提供了宝贵的一线人力资源。

面向未来，首都教育还要不断完善教育领域的软硬件环境，为国际化教育及科研创新提供良好的服务支撑，这是在"一带一路"倡议等机遇下，助力打造国际交往活跃、国际化服务完善、国际影响力凸显的重大国际活动聚集之都的题中之义。

三、推动国际交往中心功能建设，首都教育国际化水平发展不平衡

与世界发达国家的国际交往中心发展状况相比，首都北京的国际交往中心建设在国际化水平上仍存在很大差距，其表现有二：一是国际组织总部落户不多，目前在北京设立总部的政府间国际组织有7个，政府间国际

组织驻京代表机构 24 个，其在北京吸引和聚集国际活动方面所发挥的作用尚不够突出。二是在北京举办的大型国际会议相对缺乏。虽然北京近年来也举办了 APEC 峰会、"一带一路"国际合作高峰论坛等重大国际会议，但与纽约、布鲁塞尔等国际城市相比，北京的国际会议不仅数量偏少，而且固定会议不多，整体影响力仍有不足。❶尽管这些问题产生的原因是多方面的，但首都教育依然需要加强反思自身所存在的问题，其助力国际交往中心功能建设的薄弱之处突出表现在首都学校国际化发展的诸多不平衡现象中。

（一）输入与输出水平不平衡

与建设国际交往中心的城市功能定位要求相比，北京的教育国际化水平虽然全国领先，但比较优势逐渐缩小，同时与一些国际化大都市的水平还存在较大差距。当前尽管北京的留学生数量仍居全国第一，但留学生规模的领先优势正在逐步减弱。北京高等教育留学生数量占全国的比例连续数年下滑，从 2006 年的 33.7% 降至 2013 年的 24.7%，江苏、浙江等地的留学生规模占比则持续上升；自"十一五"以来，北京高等教育留学生规模的年平均增长速度低于全国平均水平，仅为 6.6%，与浙江（24%）和江苏（16.4%）等地区的快速增长形成鲜明对比❷。在中外合作办学领域，沪、苏、浙等地也迈出更大步伐，先后引进国际优质高等教育资源，举办宁波诺丁汉大学、西交利物浦大学和上海纽约大学，在取得较好的办学效益并促进区域高等教育发展的同时，也极大地提升了区域教育的国际化水平。此外，以高等教育留学生数占在校生人数比例这一指标为例，2017 年北京市高等教育外国留学生为 41990 人，占高等教育在校生人数的比例仅为 1.5%，❸与英国（2014 年 18%）、澳大利亚（2014 年 18%）、法国（2014 年 10%）、加

---

❶ 参见：刘波.北京国际交往中心建设的现状及对策［J］.前线，2017（9）：69-71.

❷ 参见：王俊，郭伟.北京高校留学生教育现状与未来发展［J］.世界教育信息，2015（19）：16-17.

❸ 北京的留学生占高等教育在校生比例计算方法参考了 OECD 所用的外国留学生占该国高等教育（ISCED5）全部学生总数的比例这一计算方法。即在京留学生数除以高等教育（包括普通本专科、成人本专科、网络本专科、研究生、在职攻读硕士学位、自考助学班、普通预科班、研究生进修班、进修及培训）的学生数计算所得。

拿大（2013年10%）、德国（2014年7%）、美国（2014年4%）、日本（2014年3%）等发达国家的整体情况相比差距明显，❶ 与其中一些国家的首都或国际化大都市的水平差距更大（例如，根据 London Higher 的统计，2016年伦敦高等教育留学生比例达到29%）。这些数据直接反映出首都教育国际化水平在规模总量上存在巨大不足，而从深层次加以剖析，则暴露出首都教育对外吸引力的严重不足。

从学生层面来看，首都各级各类教育对外开放的输出能力均远大于输入能力。统计资料显示，2016年北京市高等学校、科研院所和其他教学机构所接收的外国留学生数达77234人，位列全国第一，❷ 其中，普通高校招生数为26928人，在校生数为39973人；❸ 相比之下，当年北京出国留学的人数则超过14.9万人（其中国家公派出国留学人数为274人，通过中介因私出国留学人数达149119人），约为来华留学人员的2倍。这既显示出首都在教育输出上对于国际交往中心的巨大贡献力，但同时也凸显出首都教育特别是高等教育对于外国留学生的吸引力仍存在很大不足。

从教师队伍来看，其教育输出规模也远远落后于教育输入规模。2016年，北京外籍教师共8477人，尽管这一数值比上一年增长了21.1%，但在全市专任教师中的占比仅为2.3%。❹ 而在高等教育领域，来华参与教学或科研工作的外籍教师规模同样堪忧，其中能从事较为长期的专任教师工作的知名专家、学者的数量则少之又少。与西方发达国家一流高校中外籍教师在专任教师队伍中具有较高占比的状况相比（一些高校的校长也来自海外招聘的外籍专家），首都高校教师队伍的国际化水平，特别是优质师资输入水平仍与之存在较大差距。

首都教育对外输入能力的相对薄弱，一方面源于语言上的限制，即较之于更为普及的英文，中文在客观上限制了外籍学者或学生来华供职或求

---

❶ 数据来源：*Education at a Glance 2016: OECD Indicators* 表 C4.1。
❷ 教育部. 2016 年度我国来华留学生情况统计 [EB/OL].[2017–03–01].http：//www.moe. edu.cn/jyb_xwfb/xw_fbh/moe_2069/xwfbh_2017n/xwfb_170301/170301_sjtj/201703/t20170301_297677. html.
❸❹ 北京市教育委员会. 2016—2017 学年度北京教育事业发展统计概况 [EB/OL].[2017–03–14].http：//www.bjedu.gov.cn/xxgk/ywdt/ywsj/201703/t20170314_18118.html.

学的可能性及主观流动意愿;另一方面也体现了首都教育发展水平仍在国际上缺乏比较优势与竞争力的隐忧。由是观之,首都教育若想更好服务国际交往中心建设的需要,不仅要着眼长远,进一步加强汉语推广工作,并着力提高高校师生外语水平,为克服外国学生或教师的语言交流障碍创造开放融通的人文环境。同时也要着力加强首都高等教育质量,以"双一流"建设为新契机,大力提高首都高校在世界大学之林中的竞争力与影响力,为吸引海外人才奠定基础,为更好满足国际交往中心对高水平人才流动与沟通能力的提升需求提供坚实有效的保障。

（二）梯队发展结构不平衡

从全球来看,拥有发达的高等教育体系是国际化大都市的突出特征之一。综观伦敦、巴黎、东京、莫斯科、纽约等一些发达国家的首都和世界城市,可以发现它们通常也是本国教育发展水平最高的地区和高等教育中心,往往具有市民普遍受教育程度高、公共教育服务体系发达、高等教育资源密集、高校具有强大的知识创新能力、高等教育对于区域经济社会发展支撑能力强、教育国际化程度高等特征。[1] 相比之下,首都北京尽管也拥有丰富的高等教育资源,但与发达国家之间仍存在较大差距,突出表现在首都高校的整体发展水平及其对城市发展的贡献力等仍存在诸多不足,这与首都优质高等教育资源的结构布局不均不无关系。2018 年 6 月发布的《QS 世界大学排名 2018》显示,在世界前百强的高校中,我国大陆地区仅有 6 所高校上榜,位于北京的清华大学、北京大学排名最为靠前,分列第 25 位和第 38 位（并列）,北京市属高校无一上榜,体现出北京市属高校的国际竞争力与影响力在整体上仍较为薄弱,亟待加强。

从全国来看,北京高校综合实力突出,在全国居于排头兵地位,例如在全国大学综合实力排行榜的前百位中,北京高校坐拥 16 席,占本市高校

---

[1] 北京市教育委员会课题组. 瞄准世界城市目标建设教育之都[N]. 北京日报,2010-10-26.

总数的17.4%。❶然而进一步分析不难发现，北京市属高校与部属高校之间在发展水平上存在的不平衡状况，正在从不同方面制约着首都高校比较优势的进一步发展。以参与国家高等学校"双一流"建设战略为例，北京市属高校在一流学科建设中并没有明显的比较优势，甚至还落后于上海与江苏。根据2017年9月教育部、财政部、国家发展改革委印发的《关于公布世界一流大学和一流学科建设高校及建设学科名单的通知》，全国共有137所高校入围。在42所一流大学建设高校中，有8所地处北京；在95所一流学科建设高校中，有21所地处北京。但是，通过对北京、上海、江苏、天津等高等教育资源相对丰富省市的地方高校进行横向比较不难发现，北京市属高校在一流学科建设中并没有明显的比较优势，甚至还落后于上海与江苏。北京仅有北京工业大学、首都师范大学、中国音乐学院3所市属高校的3个学科入选一流学科建设名单。上海有5所市属高校的6个学科、江苏有6所地方高校的6个学科、天津有3所市属高校的3个学科，分别入选一流学科建设名单。从一流学科建设名单来看，北京市属高校在一流学科建设方面优势不足，未来发展将越来越多地面临其他地方高校的竞争与追赶。在一流学科（非自定）的评选过程中，学科在全球的表现是综合评定标准中的重要内容之一。❷因此，北京市属高校在一流学科建设中的相对不足，也从一个侧面体现出市属高校相关学科在国际竞争力中的不足，应引起有关主体的重视。

作为北京高等教育的半壁江山，市属高校在服务首都发展的过程中作出了突出贡献，但从国际化程度来看，市属高校的发展仍远远落后于在京部属高校。统观北京高等教育在校生中的外国留学生规模，市属高校中的外国留学生总量尽管在近三年有所增长，但其在全市留学生总人数中的占比一直徘徊在17%—20%（见表7-5），远低于部属高校，显示出北京市属高校在国际化进程中的显著不足。如何在提升市属高校教育质量的同时，进一

---

❶ 数据来源：武书连.挑大学 选专业：2018高考志愿填报指南［M］.北京：中国统计出版社，2018.（注：高校数量基数以2017年高校数量为计，当年京津冀三地普通高校数量分别为92所、57所、121所）

❷ 中国大学教育.史上最详细的双一流评选标准大公开［EB/OL］.［2017-10-10］.http://www.sohu.com/a/197106663_479698.（注：转载自青年史学家公众号）

步提升其对外国留学生的吸引力,从而更好调动和发挥市属高校在服务国际交往中心建设中的作用力,已成为市属高校发展中亟待解决的重要问题。

表 7-5 2013—2017 年北京市高等教育外国留学生情况[1]

年份	在校生数(人)					占留学生总人数比例(%)				
	2013	2014	2015	2016	2017	2013	2014	2015	2016	2017
合计	43180	39379	39459	40486	41990	100	100	100	100	100
其中:市属普通高校	4661	7154	7206	6941	8505	10.8	18.2	18.3	17.1	20.3

从内部原因来看,北京市属高校国际化发展水平的相对不足与其服务定位息息相关。相对于在京部属高校更多强调服务全国而言,北京市属高校鉴于其与首都城市发展更为紧密的联系,一般更为强调其立足北京、服务北京的功能定位。通过对北京 29 所市属本科院校的高校章程进行分析可以发现,20 所高校都对办学定位做出了明确界定,其中各有 15 所和 7 所高校分别提出"立足北京""服务首都"的功能定位(见图 7-3),体现出市属高校在服从和服务于首都城市发展方面具有较高的共识和较强的自觉。同时,有 14 所高校提出"辐射(或服务、面向)全国"的功能定位,体现出其不仅满足于服务北京的要求,而且希望能在全国范围发挥更多作用力及影响力的强烈诉求。相比之下,明确提出"走向世界"这一功能定位的市属高校共有 8 所,仅占北京市属本科院校的 27.6%,凸显出市属高校在提高国际化水平与国际竞争力等方面的信心与愿景均存在严重不足。虽然在首都不断促进高等教育结构优化的背景中,为促进首都高校分层分类发展,避免市属高校与部属高校的同质化倾向,市属高校被赋予更多直接服务北京城市功能建设的责任,从而在一定程度上强化其"立足北京、服务北京"的基本功能定位,而相对弱化"面向世界、走向世界"的更高发展目标,但在滚滚向前

---

[1] 数据来源:北京教育科学研究院教育发展研究中心.北京教育一本通(2017)[Z].内部资料,2018:27.

的高等教育国际化浪潮中，市属高校无疑不能避开历史发展的趋势，同样需要加强对外交流与合作，不断提升自身的国际化水平。这是时代发展的必然要求，也是首都建设国际交往中心的内在诉求。如何准确定位北京市属高校的办学功能，进一步优化首都高等教育的发展结构，在不断提高市属高校国际化水平的同时，大力提升首都高校的综合竞争力与影响力，使其更好助力国际交往中心的功能建设，有待各方作出更加深入和全面的探索与思考。

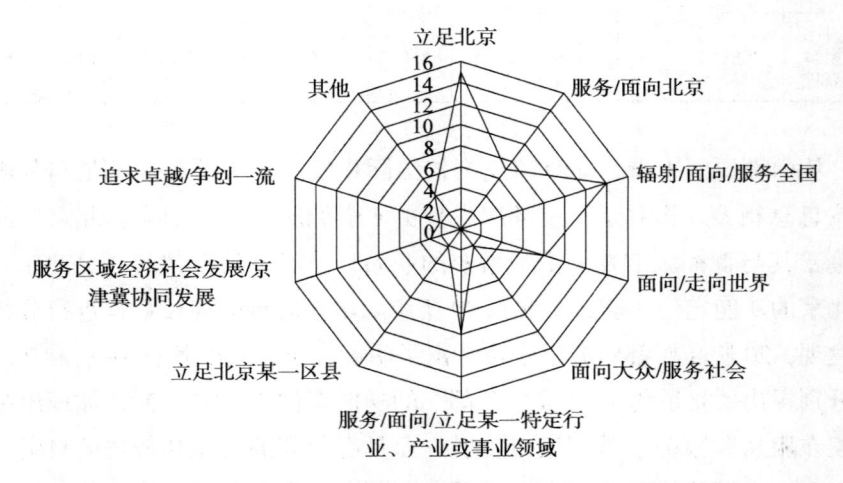

图7-3 北京市属高校章程在办学定位中的界定词及其出现频次

（三）首都特色学校发展不足

作为展示首都教育和首都形象的窗口，北京各级各类大中小学校都成为外事活动中外宾参观访问的重要一站。但从现状来看，首都富有特色、具备接待能力和要求的学校在整体规模和结构布局上均有待提高。2017年，北京市共有小学984所，初中345所，普通高中304所，普通中小学合计1633所。❶ 而有关资料显示，截至2018年9月，全市入选"全国中小学中华优秀文化艺术传承学校""全国青少年校园篮球特色学校""全国青少年

---

❶ 北京市教委. 2017—2018学年度北京教育事业发展统计概况［EB/OL］.［2018-04-04］. http：//jw.beijing.gov.cn/xxgk/ywdt/ywsj/201804/t20180404_41205.html.

校园足球特色学校""北京校园戏剧教育联盟成员校"的中小学校分别有46所、130所、254所和14所（见表7-6），在全市普通中小学校中的占比分别为2.8%、8.0%、15.6%和0.1%。尽管所列举的这些特色学校并不能描绘出首都特色学校的全貌，但仍可以从管窥中看出，首都特色学校在总量上并不充足，且在北京16个区县中的分布并不均衡，仍难以完全满足首都相关参访活动的需要。加之受城市空间布局的限制，一些学校的校园面积有限，也在客观上弱化了参观访问的功能效果。因此，如何在首都进一步优化教育资源布局结构的同时，培养和打造更多特色学校，以增强外事服务能力，也是首都教育更好支撑国际交往中心建中的一项紧迫议题。

表7-6 北京市中小学特色学校情况举例 ❶

序 号	名 称	数量（个）	备 注
1	全国中小学中华优秀文化艺术传承学校❷	46	第一批（2011年）15所学校入选，第二批（2018年）31所学校入选
2	全国青少年校园篮球特色学校❸	130	2017年为第一批
3	全国青少年校园足球特色学校❹	254	2015年至2018年累计
4	北京校园戏剧教育联盟成员校❺	14	另有13所高校入围联盟校名单；2018年为第一批
5	北京市语言文字工作规范化达标建设优秀学校❻	32	另有305所学校被评为语言文字工作规范化达标建设学校；2017年为第一批

❶ 参见：北京幼升小网.北京市小学各类特色学校名单汇总［EB/OL］.［2018-08-01］.http://www.ysxiao.cn/c/201801/16849.html.

❷ 参见：教育部体育卫生与艺术教育司.关于第二批全国中小学中华优秀文化艺术传承学校认定结果的公示［EB/OL］.［2017-12-27］.http://www.moe.edu.cn/jyb_xxgk/s5743/s5745/201712/t20171227_323114.html.

❸ 参见：教育部办公厅.关于第一批全国青少年校园篮球特色学校名单的通知［EB/OL］.［2017-10-27］.http://www.moe.gov.cn/srcsite/A17/moe_938/s3273/201711/t20171120_319504.html.

❹ 参见：教育部.关于公示2018年全国青少年校园足球特色学校、试点县（区）和"满天星"训练营遴选结果名单的通知［EB/OL］.［2018-08-09］.http://www.moe.gov.cn/jyb_xxgk/s5743/s5745/201808/t20180809_344889.html.

❺ 参见：北京市教委教育新闻.送经典 扩师资 重育人：北京市学校美育改革呈现新亮点［EB/OL］.［2018-04-03］.http://jw.beijing.gov.cn/jyxw/201804/t20180403_40293.html.

❻ 参见：北京市教委,北京市语言文字工作委员会.关于2017年度语言文字工作规范化建设达标学校认定的通知［EB/OL］.［2017-12-26］.http://jw.beijing.gov.cn/language/ywzw/ywwj/201712/t2017 1226_ 35254.html.

此外，作为来京外籍人员的重要保障，外籍人员子女学校在服务国际交往中心功能建设中发挥着独特作用，但与上海、浙江、广东等国内发达地区相比，北京外籍人员子女学校在总量发展及配套制度体系建设等方面仍存在不足。数据显示，截至2017年8月，我国经教育部公布批准设立的外籍人员子女学校已达117所，分布在全国19个省（直辖市、自治区）。❷其中，东部沿海地区的外籍人员子女学校数量明显多于其他地区，上海的外籍人员子女学校数量最多，达21所；北京次之，达19所；广东居第三位，共18所（见图7-4）。尽管北京外籍人员子女学校数量居于全国前三甲，但与上海、广东不相上下，比较优势并不明显。尽管我们未能获得各地常住外籍人员及其子女就学需求等相关数据，难以对外籍人员子女学校的学位供需状况作出准确判断，但可以肯定的是，随着国际交往中心的建设发展，首都对海外高端人才的需求在一定时期内定会持续增长，外籍人员子女的入学需求也会随之增加，能否满足相关学位供给对首都教育发展提出新的考验。相关教育部门需提前预测，增强学位保障能力，为国际交往中心建设提供坚实后盾。

外籍人员子女来京数量的增长，不仅对学位供给提出更多需求，也对相关学校的质量监管提出更高要求。然而在外籍人员子女学校及其他相关国际学校的制度体系建设与质量监管方面，北京与上海、浙江等地相比，常常处于落后状态。例如，随着外籍人员子女学校审批权的逐步下放，❷自2014年开始，上海、浙江、福建、海南、重庆等地便陆续发布规范外籍中小学生就学管理工作及外籍人员子女学校管理工作的相关文件（见表7-7），但北京直至2017年12月22日才印发《北京市外籍人员子女学校管理办法（试行）》，落后上海近4年之久。因此，为进一步规范国际学校办学行为，提高北京在保障外籍人员子女就读需求上的领先地位，更好服务国际交往

---

❶ 国际学校在线. 北京外籍人员子女学校新规范，全国已达117所［EB/OL］.［2018-02-05］.https：//baijiahao.baidu.com/s?id=1591158207280163106&wfr=spider&for=pc.

❷ 根据教育部教育涉外监管信息网、北京市教委、山东省教育厅等官方公布的信息综合计算而得。参见：国际学校在线. 北京外籍人员子女学校新规范，全国已达117所［EB/OL］.［2018-02-05］.https：//baijiahao.baidu.com/s?id=1591158207280163106&wfr=spider&for=pc.

❷ 2012年，《国务院关于第六批取消和调整行政审批项目的决定》中规定，开办外籍人员子女学校审批权限下放至省级人民政府教育行政部门。

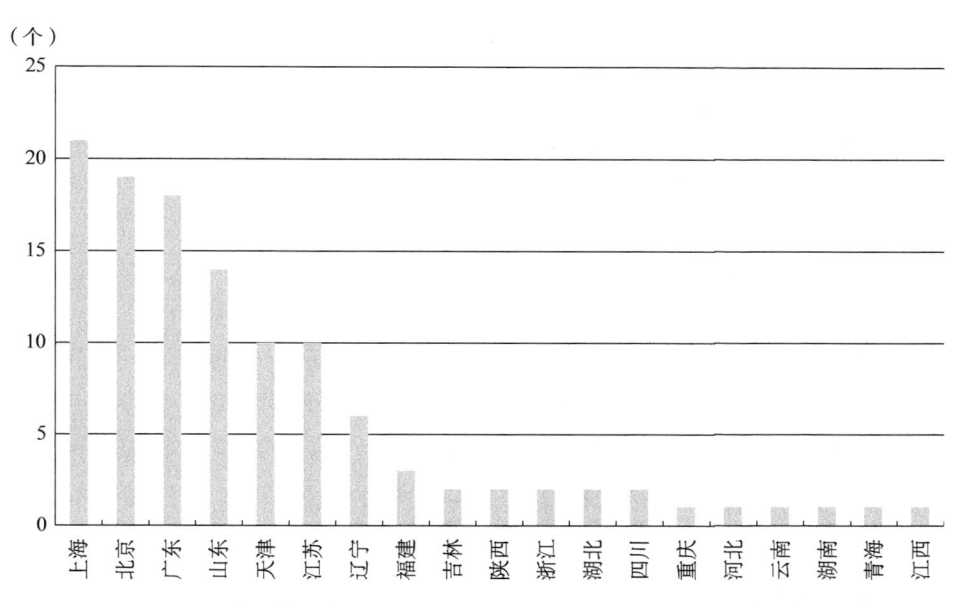

图 7-4　教育部公布经批准设立的外籍人员子女学校各省分布情况

中心功能建设，北京应继续加快相关监管制度与机制的建设与完善，以期为国际交往中心营造更良好的学习与生活环境。

表 7-7　国内部分省市制定外籍人员子女学校管理规定的简要情况

序　号	省/市	文件名称	发布时间
1	上海	《上海市教委关于进一步加强本市外籍人员子女学校管理工作的通知》	2014年1月9日
2	浙江	《浙江省教育厅关于规范外籍人员子女学校管理的意见》	2014年3月18日
3	福建	《福建省外籍人员子女学校设立与管理工作实施办法》	2014年3月25日
4	海南	《海南省外籍人员子女学校设置与管理暂行办法》	2015年4月27日
5	重庆	《重庆市外籍人员子女学校管理办法（试行）》	2015年5月5日
6	河南	《河南省外籍人员子女学校设立与管理实施办法（暂行）》	2016年7月7日
7	广东	《广东省外籍人员子女学校管理指导意见》	2016年11月26日
8	北京	《北京市外籍人员子女学校管理办法（试行）》	2017年12月22日

第八章　首都教育是科技创新中心功能建设的重要支撑

一、科技创新中心定位及其对首都教育的需求

作为城市的本质特征之一,城市功能随着城市产生而产生,随着城市发展而发展;它是城市满足市场需求的性质和能力,用经济学的术语来表述,城市功能是城市所提供的产品和服务的效用;而城市产业活动作为城市功能的物质载体,则是城市功能赖以发挥的物质基础。❶仔细分析首都"四个中心"的功能定位不难发现,与之前相比,新的功能定位具有一点突出变化,即增加了科技创新中心定位,突出了经济发展新常态下,首都依靠高校云集、人才汇聚、科技成果涌现等优势条件,加快构建高精尖产业结构的变革需求。从城市发展理论来看,科技创新中心定位的加入,是新时期首都城市发展的必然要求。

城市作为一个系统总是处于动态的发展过程中,为了保持其发展的生命力与可持续性,城市需要不断依据新的发展环境进行产业结构与功能定位的调整。由于科技是城市生产要素之一,该要素的集聚势必推动城市创新功能的发展。历史上,每一次生产力的根本进步和生产方式的大变革,最终都是通过城市功能专业化程度提高(或结构优化)、功能强度增强和功能规模(或辐射力)扩大表现出来的,科技创新是引擎,而产业进步扮演着中介者的角色,科技创新通过推动产业结构优化与进步来推动城市功能的升级,其作用机理如图8-1所示。❷随着我国经济发展从要素驱动向创新驱动模式转型,科技创新在经济发展中的重要性日益凸显。经济发展新常态,要求首都全面转向创新驱动发展,加快实现产业结构的以下三方面转

---

❶ 参见:石正方.城市功能转型的结构优化分析[D].天津:南开大学,2002:15-17.
❷ 周振华,陶纪明,等.上海建设全球科技创新中心[M].上海:格致出版社,上海人民出版社,2015:7.

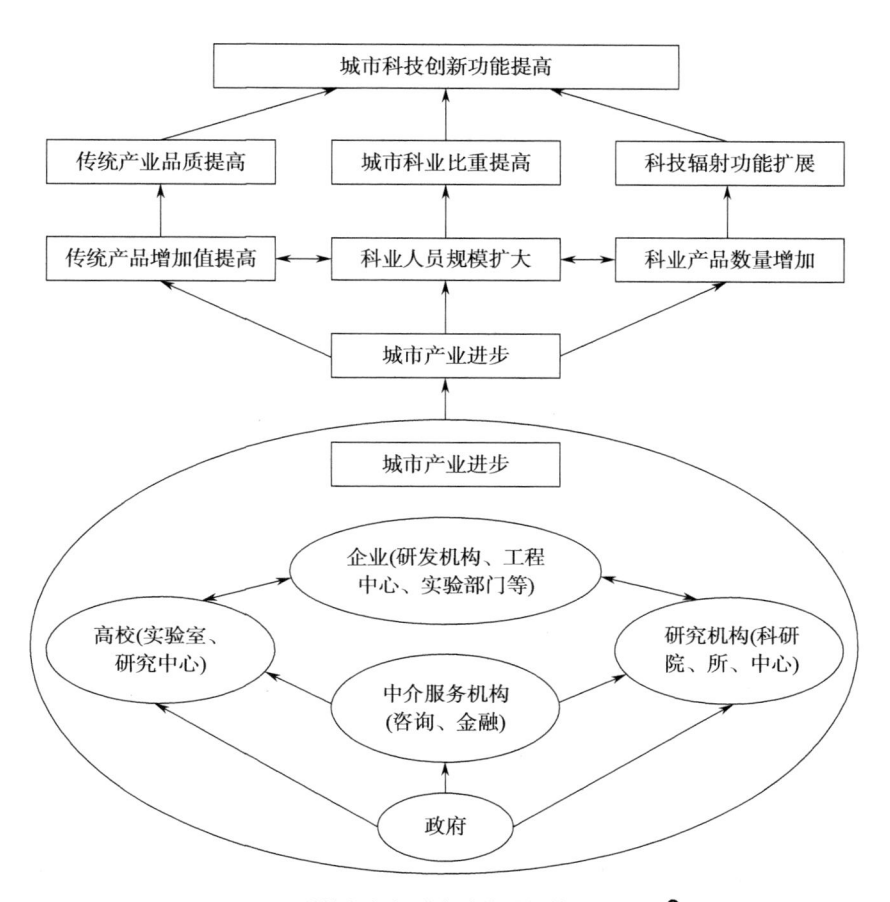

第二部分 审视:"四个中心"建设与首都教育的关系

图 8-1 科技创新与城市功能升级的作用机理 ❶

变:一是进一步破除大而全的产业发展思路,走"高精尖"产业发展之路;二是进一步融合创新链与产业链,走协同创新发展之路;三是进一步摸清家底,促进原有产业全面转型升级。❷ 这种产业结构的格局调整,离不开科技创新力量的有力支撑。为进一步做好北京创新发展、高质量发展这篇大文章,顺应产业演进趋势,北京围绕全国科技创新中心建设,立足"三城一区"主平台,聚焦"绿色、集约、智能"产业发展方式和"减重、减负、

---

❶ 周振华,陶纪明,等.上海建设全球科技创新中心[M].上海:格致出版社,上海人民出版社,2015:7.

❷ 仲秋.首都建设全国科技创新中心研究[M].北京:中国经济出版社,2016:5.

减量"的发展要求,选取新一代信息技术、集成电路、医药健康、智能装备、节能环保、新能源智能汽车、新材料、人工智能、软件和信息服务以及科技服务业等10个产业作为重点发展的高精尖产业,并分别编制指导意见,为北京未来重点发展什么产业、重点发展什么技术以及如何发展等问题提供"路线图",为企业的新发展亮出"信号灯"。❶这十大高精尖产业无不贯穿着科技要素与创新灵魂。此外,首都文化中心建设中对于文化创新功能的发展,也离不开科技创新对于文化与科技相融合的促进作用。由此来看,科技创新中心的建设影响广泛,意义深远。

从整体来看,北京地区具有良好的经济实力、创新文化和政策支持环境,为区域科技创新知识与技术的高端研发提供有利条件,这也成为首都经济保持持续、稳定增长的强大引擎。客观而言,作为国际化大都市,首都科技创新的高水平发展,不仅对北京地区、京津冀地区的发展具有重要意义,同时对整个国家的科技创新发展也具有强大的示范和带动作用,并有助于借着科技创新优势的增强,促进首都在新的历史时期抢占全球科技创新的制高点,成为连接全球创新网络的重要节点,不断提升国家和地区的整体竞争力。与国内其他城市相比,首都北京不论是在科技创新资源总量还是创新潜力的开拓上,都具有国内独一无二的优势,而这显然与其所汇聚的众多一流高校资源息息相关。

随着信息技术的迅猛发展,未来的科技创新体系注定走向日益开放、动态的发展轨道,如何在这一体系中提高自身科技创新能力的战略性、前瞻性和耦合性,正日益成为首都建设科技创新中心所必须解决的重要议题。其中,战略性要求首都不断提升科技创新的战略地位和发展视野,将科技创新作为经济社会发展中的核心要素及参与国际竞争的重要筹码,积极提升科技创新中心的全国辐射力和全球影响力。前瞻性要求首都在科技创新中心建设中要具有长远眼光,瞄准知识技术的前沿领域和高端竞争,加强尖端领域科研技术的超前研发和技术转化,不断提升我国科研战备的软实

---

❶ 北京市科委.北京发布十大高精尖产业指导意见[EB/OL].[2018-01-03].http://www.most.gov.cn/dfkj/bj/zxdt/201801/t20180102_137325.htm.

力，带领中国从创新领域的跟跑者向领跑者角色转变。耦合性则要求首都在科技创新中心建设中，要具有全局意识和统筹能力，全面促进首都科研创新知识、技术、人才、文化、产业、科研配套设施等各类资源的协调及创新产业链的连贯有序发展，不断加强和完善创新能力的聚集、转移与扩散，助力于自主创新战略在首都及全国范围内发挥出更大的作用力。

依据"区域创新体系"的概念，科技创新中心是一个包括以企业为主体的技术创新中心、以高校和科研院所为主体的知识创新中心、以各类科技中介组织为主体的科技中介服务中心、以科技园和孵化器等为主体的创业服务中心等有机结合的整体。❶ 有研究者指出，一个区域要成为全球有影响力的科技创新中心，至少需要同时具备以下多个方面的特征：其一，依托一流大学和科研机构运作；其二，良好的基础设施和服务；其三，密集的高素质科技人才；其四，发达的风险资本市场；其五，显著的"集聚"和"辐射"效应（产业体系）；其六，浓厚的创新文化和旺盛的创新活力；其七，发达的创新网络（以众多领军企业为主导的创新生态系统）；其八，适宜于创新活动的体制机制（包括政策）。❷ 从现状来看，首都北京已具备建设具有全球影响力的科技创新中心的基本要求。

首都建设科技创新中心，不仅需要牢牢抓住科技创新中心在"四个中心"整体功能发挥中的必要性，同时还要充分认识到其建设发展的可能性。显然，将北京建设成为全国科技创新中心，除了高校汇聚所产生的强大支撑作用外，还具有其他城市不可比拟的优越外部条件。首先，北京地区的经济发展较早实现了经济转型发展的新常态，形成了科技创新的需求环境。从2011年开始，首都经济便开始呈现7%—8%的中高速增长，成为全国较早进入经济增长换挡期的地区。自2015年，北京地区生产总值增速一直稳定在6.7%—6.9%的合理区间，形成相对稳定的经济社会发展格局。同时，

---

❶ 参见：何建坤，李应博.研究型大学与首都区域创新体系协同演进研究［J］.清华大学教育研究，2008（4）：5-11.
❷ 马名杰，田杰棠，雄鸿儒，等.推动全国科技创新中心建设的改革路径［C］//闫仲秋.首都建设全国科技创新中心研究.北京：中国经济出版社，2016：193.

伴随着首都经济发展的公平性与可持续性不断提高，❶消费主导型经济特征日益凸显❷等经济发展水平的提高和结构的优化，首都经济社会发展显示出鲜明的"新常态"特点，并对科技创新提出迫切需求。其次，首都调整产业结构的趋势要求，为科技创新创造优势条件。资料显示，2017年首都大力发展实体经济，新产业保持较快增长：是年1—3季度，北京高技术制造业、战略性新兴产业分别增长16.7%和14.4%，远高于工业增速平均水平；数字经济、人工智能等新兴动能不断壮大，互联网教育、互联网视听等文化科技融合加速形成，中关村规模以上高新技术企业总收入增长15%；以金融服务、科技服务、信息服务为代表的知识和技术密集型行业保持稳定增长，对全市经济增长的贡献率合计达到53.2%。❸再次，首都创新驱动的经济社会发展动能作用显著，为科技创新提供良好环境支撑。数据显示，北京地区企业的研发动力不断增强，2018年1—8月全市大中型重点企业研发经费内部支出367.6亿元，比上年同期增长17.6%；期末有效发明专利6.5万件，比上年同期增长31.2%；新产品销售收入2251亿元，比上年同期增长9.6%。❹同时，北京"双创"发展水平持续提升，整体发展状况在全国城市中排名第一。2017年全市双创综合指数达111.4，较2016年提高11.4个点，其中，双创资源指数达121.2，在各项分指数中提升最快。数据显示，北京市双创资本市场活跃，2017年天使投资和VC/PC投资额为4868亿元，较上年增长95.2%；技术资源更加丰富，万人发明专利拥有量达94.5件，较上年增长23.2%，技术市场合同成交总额4485.3亿元，占全国的33.4%，比

---

❶ 资料显示，2017年1—3季度北京居民人均收入实际增长7.2%，高于经济增速。一般公共预算收入完成4243.2亿元、增长6.1%，高于上半年0.4个百分点；与此同时，全市就业物价水平保持稳定，能耗水耗持续下降，这些都显示出首都经济发展质量的提升。

❷ 2017年1—3月份，北京地区最终消费对经济增长的贡献率接近70%，服务性消费增长11.7%，占总消费比重52.3%，成为拉动消费增长的新引擎。投资对房地产的依赖在下降，在房地产投资下降的同时，基础设施投资增长26.9%，连续21个月保持两位数增长，投资补短板、增后劲功能进一步提升。这些都显示出首都经济发展需求结构的不断优化。

❸ 人民网.舍弃"白菜帮"发展"白菜心"：全面认识新常态下首都6.8%的经济增速 [EB/OL].[2017–10–23].http://finance.people.com.cn/n1/2017/1023/c1004–29604473.html.

❹ 北京市统计局.1—8月大中型重点企业研发支出增长17.6%[EB/OL].[2018–10–09].http://zhengwu.beijing.gov.cn/sj/sjjd/t1564343.htm.

重较上年提高13.8个百分点;万名研发人员技术合同成交额112.9亿元,较上年增长6.8%;中小微企业融资条件更加宽松,2017年中小微企业贷款余额占各项贷款余额的比例达到41%,较上年提高2.2个百分点;人才引进政策不断创新,吸引国内外优秀人才集聚,胡润研究院发布的《2017胡润30X30创业领袖》显示,中关村入选13名,占全国的43.3%。❶2017年,北京"双创"示范基地已增至20家,占全国的1/6;科技企业孵化器、大学科技园、众创空间达400余家,在全国遥遥领先;32家企业入选2017年互联网企业100强、居全国首位。❷2017年,北京技术市场实现"双突破",全市认定登记技术合同突破8万项,比上年增长8.4%,增幅达近5年最高;成交额突破4000亿元,增长13.8%,占全国总量的33.4%,其中,7成以上的成交额在外埠转化。❸上述数据从不同层面表明,北京在资本、技术、人才等资源日益丰富的基础上,已然形成科技创新与文化创新双轮驱动、齐头并进的良好局面,科技创新中心功能建设具备了空前良好的软硬件条件。由此可见,科技创新中心的建设不仅是更好发挥首都功能的必然要求,同时也是对北京科技创新之良好硬软件条件的充分、有效利用,换言之,既有其外在的必要性,也有其内在的必然性。

在这种背景下,科技创新中心建设要求首都北京充分发挥丰富的科技资源优势,不断提高自主创新能力,在基础研究和战略高技术领域抢占全球科技制高点,加快建设具有全球影响力的高端企业总部聚集之都、世界高端人才聚集之都,努力打造全球科技创新引领者、高端经济增长极、创新人才首选地。作为科技创新的重要领地之一,高等教育无疑在其中发挥着独特而重要的作用。

---

❶ 北京市统计局. "双创" 发展蓄动能 创新助力高质量:2017年度北京市双创统计监测报告[EB/OL].[2018–11–07].http://zfxxgk.beijing.gov.cn/110037/gzdt53/2018-11/07/content_a12cd5e4becb45d19331af127b3efe3b.shtml.

❷ 人民网.舍弃 "白菜帮" 发展 "白菜心":全面认识新常态下首都6.8%的经济增速[EB/OL].[2017–10–23].http://finance.people.com.cn/n1/2017/1023/c1004-29604473.html.

❸ 北京市科学技术委员会.2017年北京技术市场统计年报[EB/OL].[2018–09–26].http://zfxxgk.beijing.gov.cn/110004/gzdt53/2018-09/28/content_6b1cf61758e54556a7963eef0254120b.shtml.

二、首都教育支撑科技创新中心功能建设中的着力点

高校作为科技创新的重要主体之一，在首都科技创新中心的建设中凝聚和发挥着巨大能量，其发挥支撑之力的着力点主要体现在以下四个方面。

（一）首都高校为科技创新中心培养高水平创新人才

作为创新驱动发展的重要模式，科技创新中心建设主要需要依赖三类人才：一是科学家，他们主要负责知识的创新和对世界上诸多奥秘的求解，所追求的是一般性的真理而不是具体化的效用或价值；二是企业家，他们接受的是成熟的技术，做的主要是技术创新工作，通过管理创新和经营改进来体现技术、资本和管理的价值；三是通识型人才，这类人才可以沟通科技与经济，他们也长期从事科技研究，但并不局限于某个固定的学科或专业，对横断学科具有很好的理解和深入的领会，具有宽广的学术视野和较高的思维能力，尤其具备做跨学科研究和进行超领域战略构思的能力。[1]这些人才在不同领域成为科技创新中心建设的人力资源支柱，而高校无疑是上述人才培养的主阵地。

2017年，北京市共有普通高校92所，其中中央部委属高校38所，市属高校54所，凸显出首都高等教育在全国的绝对优势地位。在普通高校中，本科层次以培养学生的通识知识为主要着力点，而研究生层次则以培养创新能力为主要着力点。作为高校培养创新人才的重要对象，研究生代表着未来科技创新人才的后备力量。在研究生层次，高校得以把高水平人才培养与科研创新紧密结合在一起，研究生不仅在校学习期间就会作为导师的辅助力量参与大量科研工作，并逐步尝试独立开展科学研究，同时，研究生毕业后也成为首都科研院所、企事业单位等科研创新人才的重要来源，因此，研究生规模及其培养水平直接反映首都科技创新中心建设的有生力量。

从现状来看，近五年来，北京普通高校中的研究生规模保持持续增长

---

[1] 周振华，陶纪明，等.上海建设全球科技创新中心［M］.上海：格致出版社，上海人民出版社，2015：109.

（见图 8-2），2017 年，全市共有硕士研究生在校生 211289 人，较上一年增长 7.5%，为五年来最大增幅（2014 年至 2016 年增幅均未超过 3%）；博士研究生在校生达 80304 人，较上一年增长 5.0%，亦增幅明显。同年，北京普通高校共有硕士毕业生 65481 人，较上一年增长 1.6%，但增幅为近五年来新低；博士毕业生共 13860 人，增幅 6.5%，达近五年来最高值（见图 8-3）。随着北京高等教育结构的进一步优化，可以预见未来研究生比重还会稳步扩大，可以为首都科技创新中心建设提供持续的人力资源储备。

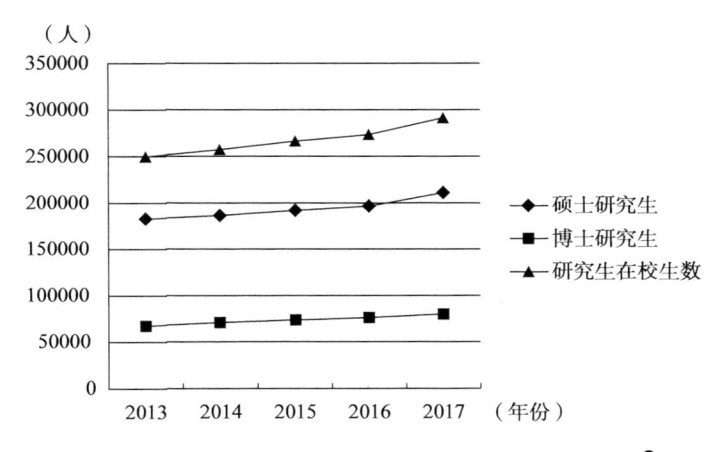

图 8-2　2013—2017 年北京市普通高校研究生在校生规模❶

资料显示，首都高校中培养的研究生有相当一部分毕业后都在北京地区的高校、科研院所或高新技术企业工作。同时，首都高校在国际上所享有的良好知名度、日益优化的科研条件与科研平台，也吸引越来越多的海外留学人员及知名专家学者来到首都高校任教，或在首都扎根创业，创建了一大批高科技创新型企业。而无论哪种方式，都为首都科技创新事业的发展作出积极贡献，并在不同程度上促进首都研究型高校、科技创新企业在国际舞台上的影响力和高端竞争优势的提升。

---

❶ 数据来源：北京市教育委员会.北京教育事业发展统计概况［EB/OL］.［2018-04-04］. http://jw.beijing.gov.cn/xxgk/ywdt/ywsj/.

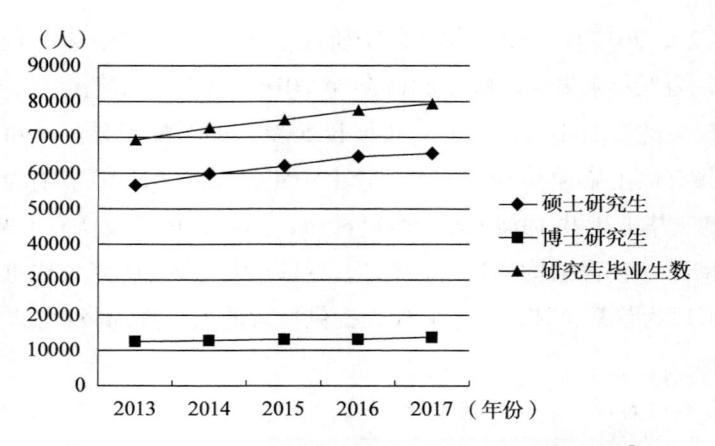

图 8–3　2013—2017 年北京市普通高校研究生毕业生数[1]

2016 年国务院印发的《北京加强全国科技创新中心建设总体方案》强调，要坚持高起点、高标准，建设结构合理的创新人才队伍，造就一批具有国际影响力的科学大师和以青年科学家为带头人的优秀研究群体；支持高等学校、科研院所和有条件的企业共建基础研究团队，加快科学家工作室建设，创新青年人才支持模式，形成一批从事基础研究的杰出青年科学家队伍。从国家战略高度为科技创新中心的人才队伍建设提出顶层设计图。随后出台的《北京加强全国科技创新中心建设重点任务实施方案（2017—2020 年）》再次强调，"聚集全球顶尖人才，打造创新人才首选地"，为首都高校提高创新人才的培养力及吸引力提出更高要求和明确方向。可以预见，在有关政策的大力支持下，首都高校将在科技创新中心建设中发挥更加基础性和高端性的双重人才保障作用。

（二）首都高校为知识与技术创新提供原动力

随着信息技术的迅猛发展，科技创新在经济社会发展中的核心驱动作用日益凸显，高端性、前沿性、原创性研发成果在科技创新发展中的重要

---

[1] 数据来源：北京市教育委员会. 北京教育事业发展统计概况［EB/OL］.［2018-04-04］. http://jw.beijing.gov.cn/xxgk/ywdt/ywsj/.

地位得到了世界各国的普通重视。谁能够在知识与技术创新中具有更强的创新力特别是原创力，谁便能够在国际竞争中取得更为优先的主导权和中心地位。国际经验表明，人均 GDP 超过 1 万美元之后，后发国家和地区将步入从以模仿创新为主到以原始创新为主的战略性转变阶段。❶ 据此来看，2010 年北京市人均 GDP 达到 73856 元，按当年汇率计算超过 1 万美元，意味着 2010 年左右首都创新体系的发展模式逐步呈现出以原始创新为核心驱动力的转型特点。作为科技创新的重要衡量指标，研究与试验发展（R&D，简称"研发"）活动一般可以分为基础研究、应用研究和试验发展三大类，❷ 其中，基础研究作为面向科学前沿，旨在揭示事物发展本质与规律、获得新发现、新学说、新理论的研究类型，直接反映科学研究的原始创新能力。鉴于此，基于研发经费支出数额的增长与研发成果的产出数量成正相关的逻辑假设，进一步梳理近年来北京高校 R&D 经费中用于基础研究的内部支出情况的变化趋势（见图 8-4）可以发现，2009—2010 年，其经费支出数额具有明显较快增幅，这与北京市人均 GDP 在同一时期突破 1 万美元大关的增长趋势高度一致，在一定意义上彰显首都高校原始创新能力的增长对首都经济社会发展所提供的巨大支撑与促进作用。需要注意的是，高校研发经费的增长略超前于首都经济创新模式的转型，鲜明地诠释了教育优先发展的重要价值。

---

❶ 参见：何建坤，李应博. 研究型大学与首都区域创新体系协同演进研究［J］. 清华大学教育研究，2008（4）：5-11.

❷ （1）基础研究主要是指为了获得关于现象和可观察事实的基本原理的新知识而进行的实验性或理论性研究，它不以任何专门或特定的应用或使用为目的，其成果多以科学论文和科学著作作为主要形式。（2）应用研究主要是指为获得新知识而进行的创造性研究，主要针对某一特定的目的或目标进行，旨在确定基础研究成果可能的用途，或是为达到预定的目标探索应采取的新方法或新途径。其成果形式以科学论文、专著、原理性模型或发明专利为主。（3）试验发展主要是指利用从基础研究、应用研究和实际经验所获得的现有知识，为产生新的产品、材料和装置，建立新的工艺、系统和服务，以及对已产生和建立的上述各项做实质性的改进而进行的系统性工作。其成果形式主要是专利、专有技术、具有新产品基本特征的产品原型或具有新装置基本特征的原始样机等。在社会科学领域，试验发展是指把通过基础研究、应用研究获得的知识转变成可以实施的计划的过程。

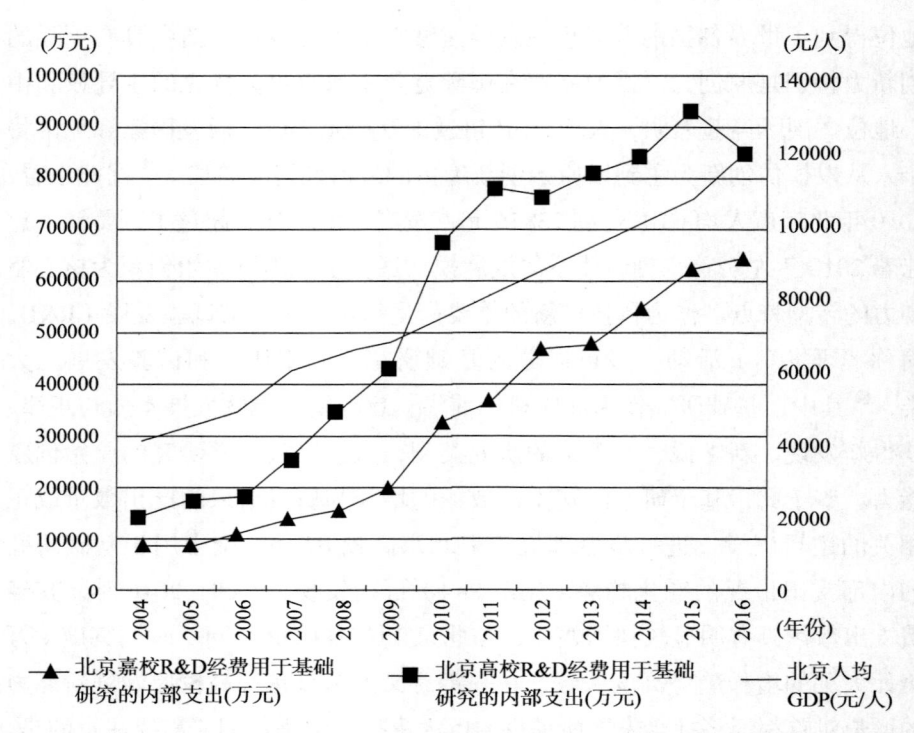

图 8–4　北京市人均 GDP 变化趋势与高校 R&D 经费支出数额变动趋势对比图 ❶

毋庸置疑，充沛的研发经费的投入，为首都高校开展科技创新活动提供了坚实保障。2016 年，北京高校 R&D 经费内部支出达到 1604357 万元，占全国总量的 15.0%，比位居第二的广东省高出近 5 个百分点（见表 8-1），显示出首都地区高等教育研发投入的强大实力。有研究表明，研究型大学研发投入每增加 1%，在 3 年内可使首都地区专利产出增长 0.59%；❷ 并有研究进一步证实，依靠充足的研发经费投入，北京地区研究型大学的研发经费、科技专著及科技论文对首都区域创新的专利产出确实发挥了重要作用。❸ 以清华大学、北京大学等国内顶尖学府为代表的一大批一流高校更是

---

❶ 数据来源：中华人民共和国国家统计局编历年《中国科技统计年鉴》。
❷ 参见：吴玉鸣，何建坤. 研究型大学研发与首都区域专利产出的动态计量经济分析［J］. 科研管理，2007（2）：93-98.
❸ 参见：何建坤，等. 研究型大学技术转移模式研究与实证分析［M］. 北京：清华大学出版社，2007：71-78.

凭借自身的强大研发平台、研发团队及研发资源,成为首都科技创新领域发展的中流砥柱,产出丰硕的科技创新成果。

2016年,北京高校中R&D人员全时当量达到32327人年,约占全国高校R&D人员全时当量的9.0%(见表8-1),显示出了首都高等教育领域独占鳌头的研发人力资本。作为科技研发的重要平台与资源依托,R&D课题在高校科技创新能力评估中具有重要地位,与国内其他地区进行横向比较不难发现,北京高校无论是在课题拥有数量(91089项,占全国R&D课题总数的10.2%),还是在课题投入人员(32260人年,占全国总量的9.0%)及投入经费(1219307万元,占全国总投入经费的15.7%)等方面,都具有绝对优势。从科技创新产出来看,2016年北京高校共发表科技论文118193篇,其中在国外刊物上发表39384篇,分别占全国总量的9.3%和11.1%;共出版科技著作5354种,占全国同类著作出版规模的12.0%;申请专利14960件,其中发明专利12308件,分别占全国申请数的6.3%和8.9%;获得有效发明专利39047件,占全国有效发明专利总数的15.9%。

表 8-1 2016 年北京及全国部分地区高等学校 R&D 发展情况比较[1]

地区	高校R&D经费内部支出（万元）	高校R&D人员全时当量（人年）	高校 R&D 课题			高校科技产出			
			课题数（项）	投入人员（人年）	投入经费（万元）	发表科技论文（篇）	出版科技著作（种）	发明专利申请数（件）	有效发明专利（件）
全国	10722401	360049	894279	359837	7772226	1267881	44518	137755	245289
北京	1604357	32327	91089	32260	1219307	118193	5354	12308	39047
天津	637203	10355	22503	10343	444077	29977	681	4312	7004
上海	936117	23892	51743	23877	645342	79481	2789	9199	20334
江苏	1000025	26350	67670	26346	707061	114057	3055	22295	31437
浙江	546516	17714	63357	17706	399946	49592	2013	9912	21081
广东	1080797	23938	70697	23901	664320	87373	2375	9260	11376

[1] 数据来源:国家统计局社会科技和文化产业统计司,科学技术部创新发展司.中国科技统计年鉴 2017[M].北京:中国统计出版社,2017.

这些数据从不同层面表明，首都高校在丰富而优质的科技创新资源基础上，取得举世瞩目的研发成果，不仅在众多评价指标中都稳居全国魁首，而且也在国际科技创新舞台上发挥着越来越大的影响力，凸显出首都高等教育通过科技研发创新促进全国科技创新中心建设获得可持续生命力的强大实力和国内无与伦比的资源优势。可以说，首都高校在科技研发特别是基础研究领域所形成的一系列重大原创性科技成果，为国家突破重大尖端前沿技术，增强自主创新能力都作出重要贡献，它们已然成为国家科技创新特别是原始创新领域中的核心力量。

（三）首都高校通过成果转化提升科技创新驱动的辐射力

高校对于科技创新的贡献不仅体现在人才培养和科研成果产出上，同时还体现在科研成果与科研能力的转化与转移上。一般而言，科研成果转化的全过程是一个由政府、高校、企业、中介服务机构等参与主体构成的复杂系统，它包括科技成果的开发、应用、推广、转化和生产等环节。这其中，高校拥有丰富的人才资源和智力要素，具备较强的研发能力，是科研成果转化为现实生产力的源泉和基础。[1] 具体来看，高校的科研成果转化可以通过校企协同、校地协同等方式呈现，并构成企业或产业创新型发展模式的驱动力，这种作用力的发挥可以体现在以下三个层面。

一是首都高校的科研创新人员直接与企业开展联合技术攻关，为企业发展提供前沿科技信息、创新成果或技术服务，直接把高校师生或高校创新团队的学术、科研成果、专利发明等用于企业生产，为企业创造新的经济效益，将科技成果直接转化为生产力。而这些成果的应用与推广，不仅有助于为首都地区的企业服务，也有助于将其成果辐射到京津冀乃至全国范围，从而促进首都建设成为科技创新和经济发展的重要增长极。数据显示，2017年北京共认定登记技术合同81266项，技术合同成交额达4485.3亿元，技术交易额3703.9亿元，平均单项技术合同成交额551.9万元，各

---

[1] 民盟北京市委.关于北京高校科技成果转化的政策分析：以对"京校十条"的政策分析为例［C］//闫仲秋.首都建设全国科技创新中心研究.北京：中国经济出版社，2016：251.

项数据继续"领跑"全国；其中，流向本市、外省市和出口技术合同项数呈"44∶54∶2"格局，成交额呈"27∶52∶21"格局。❶ 这显示出北京在科技创新基础上具有强大的技术转化与输出能力，已经成为全国首屈一指的创新成果集散地。这其中，高校科技研发成果的转化也占有一席之地。近年来，北京高校的专利所有权转让及许可数在小幅波动的基础上保持整体增长趋势，2016年达到745件，比上一年翻了一番还多；专利所有权转让及许可收入虽然在2013年前后出现过短暂下滑，但在整体上同样呈现出较快的增长势头，2016年达51870万元，较上一年增幅达82.4%（见图8-5）。从2016年的数据来看，北京高校的这两项指标分别占据全国总量的15.4%和42.7%，彰显出首都高校在以科技专利转让为代表的技术成果转化方面所具有的龙头实力。

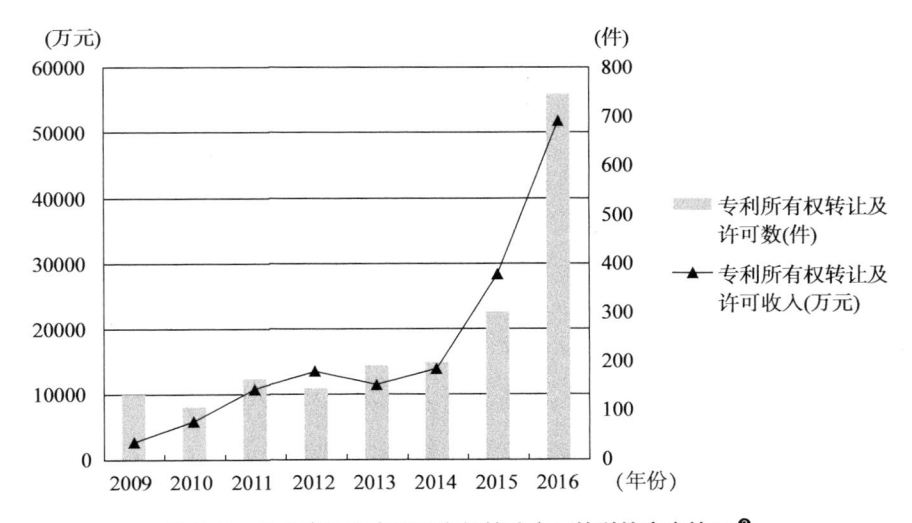

图8-5 北京高校在专利所有权转让方面的科技产出情况 ❷

二是充分发挥首都高校的综合创新优势，凭借其高端创新平台、良好的科研环境和日益壮大的科研创新队伍，吸引和汇聚一大批高端科技创新

---

❶ 北京市科学技术委员会.2017年北京技术市场统计年报［EB/OL］.［2018-09-26］.http：//zfxxgk.beijing.gov.cn/110004/gzdt53/2018-09/28/content_6b1cf61758e54556a7963eef0254120b.shtml.

❷ 数据来源：国家统计局编历年《中国科技统计年鉴》。

企业，为促进首都经济结构的转型升级提供有利的外部条件。应该说，北京地区虽然汇聚了大量科技创新企业，但从整体而言，其对于创新资源的吸收能力仍然存在普遍欠缺。而首都高校特别是研究型大学与企业之间建立起的日益紧密的联系与合作，则通过协同创新促进大学向企业进行知识、技术、服务特别是创新能力的转移。这不仅有助于降低企业的研发成本，节约企业的研发时间，优化校企协同过程中创新资源的统筹与应用效率，同时也有助于首都高校将创新人才、创新文化、创新机制等传播到企业之中，为配置企业的自主创新能力提供助力，而这也是新时期首都发展高精尖产业的必备要求。

三是高校所属的校办企业，作为首都科技产业的重要组成部分，也为高校科研创新与创新资源的统筹利用提供了平台。通过高校与所属校企的紧密衔接与配合，促进人才、资源在校企间的灵活流动与有效沟通，不仅有助于企业直接获得一手的创新成果，将之投入产业化生产，促进首都地区产业链的升级换代，而且有助于高校依据一线需求，培养所需的创新人才、发展创新能力、促进科研成果的产出。

为进一步激发和释放高校科研活力，北京市日益注重相关指导性、鼓励性或支持性政策的制定完善。2014年1月，北京市人民政府办公厅印发《加快推进高等学校科技成果转化和科技协同创新若干意见（试行）》，其要点包括：开展高等学校科技成果处置权管理改革，开展高等学校科技成果收益分配方式改革，建立高等学校科技创新和成果转化项目储备制度，加大对高等学校产学研用合作的经费支持力度，支持高等学校开放实验室资源，支持高等学校建设协同创新中心，支持高等学校搭建国际化科技成果转化合作平台，鼓励高等学校科技人员参与科技创业和成果转化，鼓励在高等学校设立科技成果转化岗位，制定高等学校在校学生创业支持办法。上述内容常简称为"京校十条"，其创新点与亮点如表8-2所示。

表 8-2　北京"京校十条"的创新点与亮点归纳 ❶

	序号	条目	内容
创新点	1	开展高等学校科技成果处置权管理改革	授予高校对科技成果处置和使用的审批权限，建立符合科技成果转化规律的市场定价机制，率先在全国试行科技成果公开交易和事后备案管理制度
	2	开展高等学校科技成果收益分配方式改革	显著提高对科技人员和成果转化人员的奖励比例，将国家现行政策中 20% 以上奖励比例下限提高到 70%。充分肯定个人的贡献和价值，进一步调动高校人员实施成果转化的积极性
	3	高等学校开放实验室资源的新模式	允许高校尝试重大仪式设备以租赁费、使用费作价入股科技企业的方式，进一步提高高校科技资源的共享力和使用力
	4	开展高校科技成果转化人员岗位管理制度改革	鼓励在高校设立科技成果转化岗位，在人员编制、落户等方面给予支持。同时，该岗位人员可参加中关村高端领军人才专业技术资格评价试点工作，获得教授级高级工程师的专业技术资格
亮点	1	科技成果处置权管理改革	试行高等学校科技成果公开交易备案管理制度、科技成果的知识产权由承担单位依法取得，赋予高等学校自主处置权
	2	科技成果收益方配方式改革	高等学校科技成果转化所获收益可按不少于 70% 的比例，用于奖励
	3	科技创新和成果转化项目储备制度	鼓励高等学校和企业联合开展科技创新和成果转化
	4	加大对高校产学研合作经费支持力度	重点支持校企产业技术创新联盟等形式，合作开展科研开发和成果转化
	5	支持高校开放实验室资源	鼓励高校建设研发实验服务基地，鼓励校企联合共建实验室，探索高校重大仪器设备以租赁等方式入股科技型企业等新模式
	6	支持高等学校建设协同创新中心	支持高校校际之间以及与企业、科研机构共同建立协同创新中心，联合开展科研项目攻关和科技成果转化
	7	支持高校搭建国际化科技成果转化合作平台	支持高校实施高端人才引进计划，聘任全球一流的专家和科研人员，搭建国际化科技成果转化合作平台
	8	鼓励高校科技人员参与科技创业和成果转化	鼓励高校拥有科技成果的科技人员，依据中关村示范区股权激励试点政策和以先进出资方式，创办科技型企业，并持有企业股权，离岗创业，高等学校可在一定期限内保留其原有身份和职称
	9	在高等学校设立科技成果转化岗位	可在高等学校新设科技成果转化岗位，评价合格人员可获得高级工程师（教授级）专业技术资格
	10	制定高校在校学生创业支持办法	支持在校学生休学创办科技型企业，凡到中关村科技企业孵化器或大学生创业基地创业的学生，给予房租减免、创业辅导等支持

实践表明，"京校十条"等政策的出台，有利于破除不同主体间进行科技转化的制度壁垒，有利于打通各类科技创新资源之间的联系通道，对高

---

❶ 参见：民盟北京市委. 关于北京高校科技成果转化的政策分析：以对"京校十条"的政策分析为例［C］// 闫仲秋. 首都建设全国科技创新中心研究. 北京：中国经济出版社，2016：261-263.

校科技成果转化起到积极的推动作用。

（四）首都高校通过协同创新推动首都研发集群优势的整合提升

伴随世界的愈发数字化，以及科技创新动力与形态的不断演化，科学技术也将逐步具备生命的特征，所有科技要素已经连接起来呈现网络的特点，整个科技网络呈现出类生命的特点，并依托科技网络逐渐实现自身的进化。在科技创新动力向需求拉动演化、科技创新形态向网络化结构演化的趋势下，科技的演进将逐步脱离工业时代的商品生产特点，呈现出有机体进化的特征，即没有预设的目的和控制中心，以自下而上的方式进行演化。由此，科技创新活动的计划性和可预期性减弱，创新突破点不再源自"有序推进"，而更来源于各类主体的不断互动而生成的"创造性破坏"，创新能量的释放更多取决于"界面"而非"体量"，科技创新竞争中的主导能力将更多取决于对区域乃至全球创新资源的整合力。❶ 这种整合力不仅体现在对科技资源与科技成果的获取力、转化力与传播力上，也集中体现在协同创新的集群优势拓展上，而大学科技园正是发挥这种集群优势的缩影和平台。

在北京地区，大学科技园的建设对于高校服务首都科技创新体系的发展起到积极的推动作用。据初步统计，北京共有大学科技园29个，其中国家级科技园15个，市级科技园14个。❷ 这些大学科技园依托大学综合优势和创新资源，通过孵化科技企业、创造良好创新条件与平台、营造创新环境，为首都创新体系的发展提供重要支撑。

此外，依据北京城市总体规划的建设要求，首都在未来十几年的时间里，要围绕科技创新中心发展，坚持提升中关村国家自主创新示范区的创新引领辐射能力，规划建设好中关村科学城、怀柔科学城、未来科学城、创新型产业集群和"中国制造2025"创新引领示范区，形成以三城一区为重点，辐射带动多园优化发展的科技创新中心空间格局，构筑北京发展新

---

❶ 周振华，陶纪明，等.上海建设全球科技创新中心［M］.上海：格致出版社，上海人民出版社，2015：37-38.

❷ 北京市科学技术委员会.大学科技园［EB/OL］.［2017-11-15］. http://www.bjkw.gov.cn/col/col272/index.html.

高地，推进更具活力的世界级创新型城市建设。由此可见，首都高校通过资源整合及协同创新，正在凝聚而成日益强大的研发创新集群优势，这也使得首都日益成为我国原始创新成果的诞生地和集散地，在发挥科技创新辐射力和影响力方面具有无与伦比的良好发展环境。

总而言之，作为具有主观能动性的主体，人才无疑是科技创新的决定性要素。作为培养高水平创新人才的高校，自然成为科技创新的重要阵地。在高校云集的首都，科技创新具有得天独厚的优势。随着科技对于首都经济社会发展的影响力日益增大，人才在科技发展推动社会进步过程中的决定性作用得到进一步加强。只有不断提高首都劳动者队伍的整体知识水平，不断提高拔尖人才的科技创新能力，不断提高基础研究水平，不断提高科研成果转化率，首都作为全国科技创新中心的发展才能获得持续助力，而这些目标的实现无不需要依赖于首都教育育人、科研、服务功能的充分发挥。在首都科技创新体系日益迈向高端、开放、动态、可持续的发展进程中，首都高校在人才培养、知识创新、科研原创、成果转移、社会服务等方面发挥着越来越重要的作用，并不断向深层次、广范围、高水平扩展，不断为首都经济社会发展及高精尖产业结构调整贡献着源源不断的科技创新力量。从这个意义上可以说，推动科技创新中心建设的基础正在于首都教育支撑功能的充分发挥。

需要指出的是，首都高等教育的发展与科技创新中心建设之间具有相互作用关系，不仅前者对于后者具有重要支撑作用，同时后者也为前者提供重要的支持与促进作用。科技创新中心的定位发展，不仅为首都高校的产学研发展提供良好的环境、资源和制度，而且有助于通过提升高校的人才集聚功能或高校品牌，促进其社会服务功能的更好实现。科研创新中心对高校发展的支撑作用可以体现在高校创新人才培养方向的选择、创新人才培养能力的提升、创新人才管理体系的完善、创新资源的汇聚、跨学科和交叉学科的完善、科研成果的迅速转化、高校服务社会发展价值的增强、高校向世界一流大学迈进步伐的加快等诸多方面。如何促进首都教育特别是高等教育与科技创新中心之间的积极互动，实现相互促进的共赢发展模式，是改革道路上亟待进一步探讨的重要问题。

三、推动科技创新中心建设，首都高校产学研发展亟待提质增效

（一）首都高校对研发人员的培养仍存在结构性不足

依照国际通行的对创新型国家的量化指标，达到技术对外依存度少于30%、科技进步对经济增长的贡献率超过70%、发明专利申请量占全部专利申请量的比重超过70%、企业专利申请量占全社会专利申请量的比重超过70%、R&D 经费投入占 GDP 的比重超过 3%、企业研发投入超过销售收入的 4% 等标准，一个国家才可以冠之以创新型国家的标签，据此来看，美国、日本、英国的这些指标都已高于创新型国家的基本标准水平，❶但北京作为我国科技创新中心尚有诸多指标未达标准（见表 8-3），可见我国与世界发达国家的科技创新水平之间仍存在巨大差距。

表 8-3　北京与创新型国家的基本指标之间的比较 ❷

单位：%

		技术对外依存度	科技进步贡献率	发明专利申请量占全部专利申请量的比重	企业专利申请量占全社会专利申请量的比重	R&D 经费内部支出占 GDP 的比重	企业研发投入占销售收入的比例
创新型城市的基本目标		〉30	〉70	〉70	〉70	〉3	〉4
北京	2005 年	46.7	55.0	53.6	6.0	5.4	0.6
	2016 年	—	〉60*	55.3	10.6	6.0	—

注：* 参见：北京市统计局，国家统计局北京调查总队.北京创新驱动发展监测评价指标体系及监测评价结果［EB/OL］.［2016-09-06］. http：//www.bjstats.gov.cn/bwtt/2016 09/t20160906_357849.html.

而进一步从北京高校在创新型城市建设中的表现来看，2016 年其发明专利申请量占全部专利申请量的比重达到 82.3%，不仅大幅优于全市平均水平（55.3%），而且也超过了国际标准，显示出高校在科技创新中心建设中的

---

❶ 参见：何建坤，李应博.研究型大学与首都区域创新体系协同演进研究［J］.清华大学教育研究，2008（4）：5-11.

❷ 数据来源：国家统计局社会科技和文化产业统计司，科学技术部创新发展司.中国科技统计年鉴 2016［M］.北京：中国统计出版社，2016.

突出贡献。但是从专利申请量占全市专利申请量的比重来看，高校的比例仅为7.9%，比2015年的数值还低0.3个百分点，不仅不及企业的表现，而且远远低于国际标准，暴露出首都高校在科技研发特别是应用研究与试验发展方面的严重不足。就本质而言，导致这种不足的根源之一即在于人才队伍的缺乏，并突出体现为结构上的不足。毋庸置疑，高校对于创新人才的培养具有义不容辞的责任，无论是教师还是研究生，无论是在校生还是毕业生，都可以看成是高校所培养的"现役"或"未来"研发创新人才。

从在校生数量来看，首都普通高校的研究生队伍已初具规模，2017年达到29.2万人，其中硕士研究生与博士研究生的占比分别为72.5%和27.5%，学术型学位与专业学位的占比分别为63.9%和36.1%（见图8-6），其总量在国内均居于领先地位。然而，与国外发达国家相比，首都高校研究生培养在结构上仍存在诸多问题。

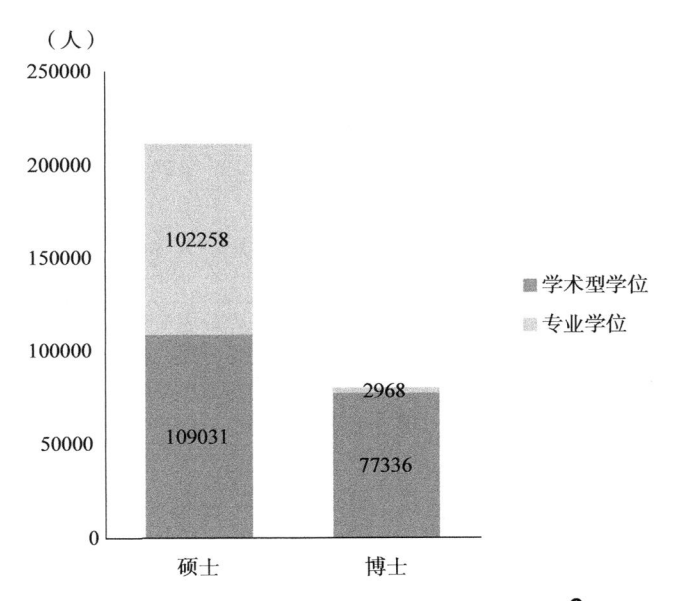

图8-6　2017年北京普通高校研究生在校生规模 ❶

---

❶ 数据来源：北京市教育委员会. 2017—2018学年度北京教育事业发展统计概况［EB/OL］.［2018-04—04］.http://jw.beijing.gov.cn/xxgk/ywdt/ywsj/201804/t20180404_41205.html.

首先，在层次结构上，以"硕博比"为衡量指标可见（见表8-4），美国、德国、日本的这一数值约在5∶1至3∶1的区间范围内，加拿大、英国、澳大利亚在8∶1左右，法国接近9∶1，而北京的比值则为2.6∶1，在一定意义上显示出首都高校过于强调博士层次的人才培养，而对硕士层次人才培养的重视程度有所不足，从而拉低了二者之间的比例结构。从积极的一面来看，博士研究生的培养有助于提升首都科技研发特别是基础研究的发展水平，但从不利的一面来看，这种层次结构背后则存在两点隐忧：一是鉴于硕士研究生的培养目标及其在科研团队中通常所具有的地位与作用，硕士人才的相对缺乏，可能会在一定程度上降低科研创新工作的效率，不利于科研成果的优质产出；二是硕士层次人才培养的相对不足，可能会弱化其向博士层次选拔输送优秀科研人才的功能，从而可能拉低高水平科研创新人才的门槛基准，降低博士生培养质量。

表8-4　北京与部分发达国家在研究生培养层次结构与类型结构上的比较 ❶

	美国	加拿大	英国	德国	法国	澳大利亚	日本	韩国	北京
硕博比	4.4∶1	7.9∶1	7.7∶1	3.2∶1	8.9∶1	8.5∶1	4.7∶1	6.6∶1	2.6∶1
学术学位与非学术学位的在学研究生数之比	—	—	1∶4.0	1∶0.3	1∶3.4	1∶4.6	1∶0.1	1∶1.2	1∶0.6

注：（1）关于统计口径：美国博士学位的统计口径包括了第一职业学位（FPD）；加拿大的博士学位统计口径未包括FPD；英国、澳大利亚的统计口径中仅包括学位性质的研究生；日本的统计口径未包括职业学位课程（Professional Degree Course）；（2）除美国和法国为2012年数据、加拿大为2011年数据外，其他各国均采用2013年数据；北京采用2017年数据。

---

❶ 参见：中国学位与研究生教育发展年度报告课题组，全国学位与研究生教育数据中心.中国学位与研究生教育发展年度报告（2014）[M].北京：高等教育出版社，2015.数据来源：美国教育统计中心．http：//nces.ed.gov/；加拿大大学教师联合会.http：//www.caut.ca/；英国高等教育统计署．http：//www.hesa.ac.uk/；德国联邦统计局．https：//www.destatis.de/；法国教育部．http：//www.education.gouv.fr/；日本文部科学省．http：//www.mext.go.jp/；澳大利亚统计局．http：//www.abs.gov.au/；韩国教育统计中心.http：//kess.kedi.re.kr/index；俄罗斯联邦统计局．http：//www.hse.ru/；北京市教育委员会．http：//www.bjedu.gov.cn/。

第二部分 审视:"四个中心"建设与首都教育的关系

其次,在类型结构上,以"学术学位与非学术学位的在学研究生数之比"为衡量指标可见,日本的这一比值最高,为 1∶0.1;英国、法国、澳大利亚的比值约在 1∶3 至 1∶5 之间浮动;北京则介于德国(1∶0.3)与韩国(1∶1.2)之间,达到 1∶0.6,即每三个在校研究生中,就有两个是学士学位研究生。这一方面显示出首都高校在培养学术研究型人才上的突出实力,有助于壮大北京基础研究和应用研究领域的研发队伍;但另一方面也凸显出首都高校在专业学位研究生培养力量上的相对薄弱,并在一定程度上暴露出高校在科研创新人才培养的多样性上的不足。结合 R&D 人员全时当量(见图 8-7)可以看出,首都高校中从事基础研究和应用研究的研发人员占据绝对比例,而从事试验发展研究的人员力量则非常弱小。尽管这有利于形成与企业以试验发展为主的研发活动相错位的创新人才结构,但对于高校而言,却在客观上弱化了其面向生产生活一线需要开展科技研发的功能。与国外发达国家 R&D 经费分配情况进行比较不难发现(见图 8-8),首都高校对于试验发展研究的投入明显不足,这与相应领域科研人员的缺乏不无关系。高校科研创新人员结构发展的不均衡性,既不利于高校从供给侧结构改革着手促进科研成果的转化与科研能力的转移,也在一定程度上限制了首都高校为科技创新中心发展所提供支撑之力的全面深入发挥。

随着科研成果形成和更新换代周期的缩短,科技创新中心的建设必然要面临日益巨大的挑战。而首都要想更好发挥科技创新领域的带动引领作用,并在世界舞台上站稳脚跟,就必须从根本问题和长远视角着眼,高度重视人才培养工作。而在首都高校科研队伍规模已经形成相对优势的状况下,科研创新人才培养结构的优化便成为当务之急,亟待作出深入研究与大胆探索。

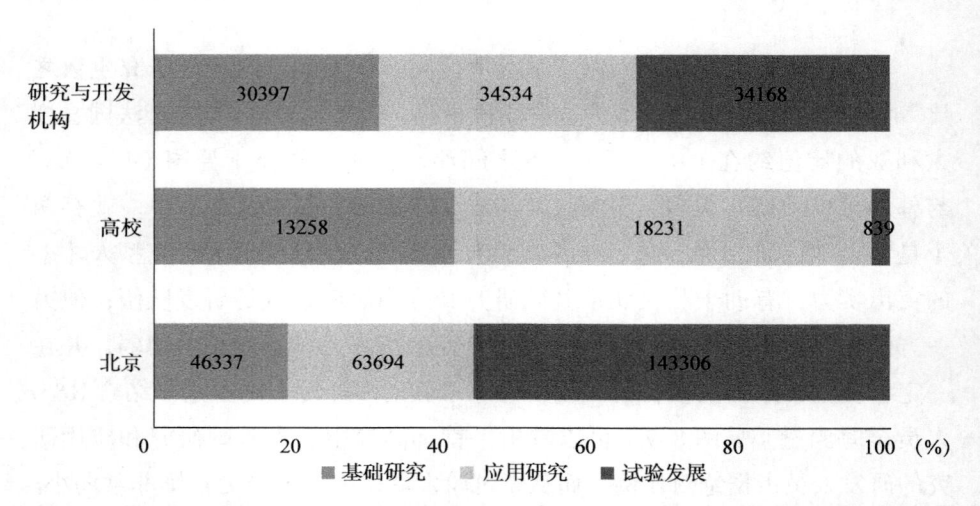

	基础研究	应用研究	试验发展
研究与开发机构	30397	34534	34168
高校	13258	18231	839
北京	46337	63694	143306

图 8-7　2016 年北京高校和研发机构中不同类型研发活动中的 R&D 人员全时当量（人年）[1]

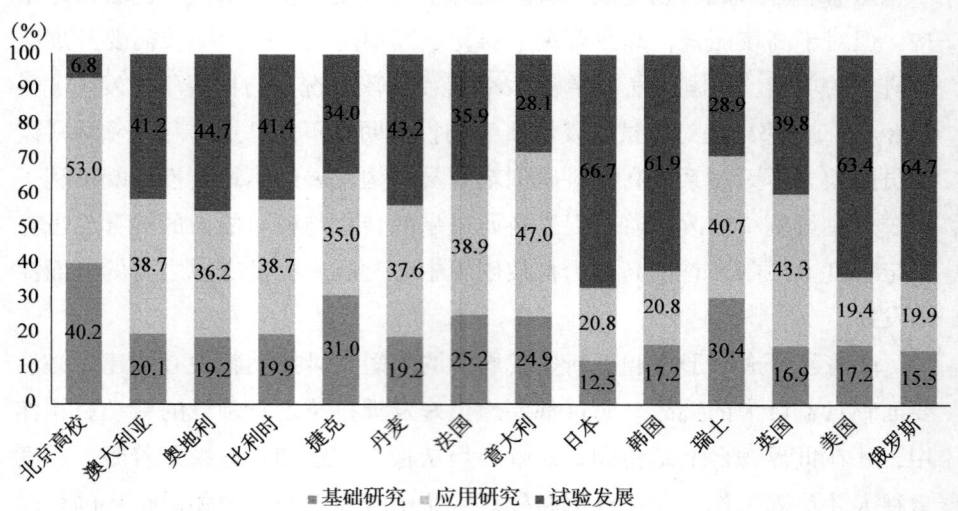

国家/地区	基础研究	应用研究	试验发展
北京高校	40.2	53.0	6.8
澳大利亚	20.1	38.7	41.2
奥地利	19.2	36.2	44.7
比利时	19.9	38.7	41.4
捷克	31.0	35.0	34.0
丹麦	19.2	37.6	43.2
法国	25.2	38.9	35.9
意大利	24.9	47.0	28.1
日本	12.5	20.8	66.7
韩国	17.2	20.8	61.9
瑞士	30.4	40.7	28.9
英国	16.9	43.3	39.8
美国	17.2	19.4	63.4
俄罗斯	15.5	19.9	64.7

图 8-8　北京高校与部分发达国家按研究类型分配 R&D 经费的情况比较 [2]

注：北京高校为 2016 年数据；日本、韩国、美国、俄罗斯为 2015 年数据；捷克、法国、意大利、英国为 2014 年数据；奥地利、比利时、丹麦为 2013 年数据；瑞士为 2012 年数据；澳大利亚为 2008 年数据。

---

[1][2] 数据来源：国家统计局社会科技和文化产业统计司，科学技术部创新发展司. 中国科技统计年鉴 2017［M］.北京：中国统计出版社，2017.

（二）首都高校科研成果的质量与水平仍存在不足

尽管首都高校每年都会产出大量科研成果，但从这些成果的属性与质量来看，却暴露出多方面的不足。

一是科研成果的原创性、前沿性不足。近年来，尽管在投入增幅上有所波动，北京高校R&D经费内部支出总额在整体上仍保持较快增长，并在2010年突破100亿元大关。作为原创性科研成果产出的主阵地，基础研究在科研中的重要性不言而喻，2016年，北京高校基础研究经费占本市GDP的比重达到0.25%，接近部分发达国家平均水平（见图8-9）。然而与持续增长的科研经费投入相比，北京科研创新成果未能实现同步增长，❶高校科研创新能力仍显不足，尤其是基础研究中的突破性、原创性成果较少，应用研究中的前沿性、尖端性成果不足，重复性、低水平研究成果却相对较多，极大地拉低了首都科研创新的整体水平，降低了研发经费的使用收益。

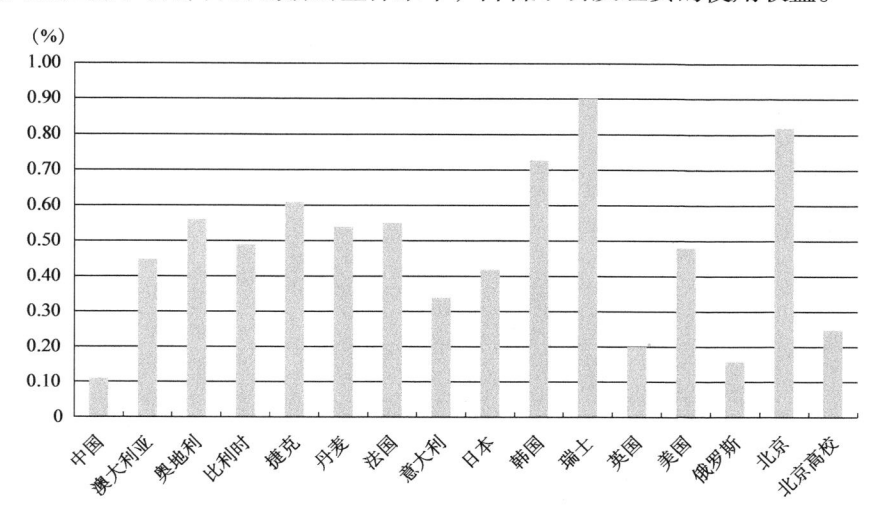

图8-9　北京及部分发达国家基础研究占GDP的比重情况 ❷

注：中国及北京为2016年数据；日本、韩国、俄罗斯为2015年数据；捷克、法国、意大利、英国为2014年数据；奥地利、比利时、丹麦、美国为2013年数据；瑞士为2012年数据；澳大利亚为2008年数据。

---

❶ 首都科技发展战略研究院.2017首都科技创新发展报告［M］.北京：科学出版社，2018：185.
❷ 数据来源：国家统计局社会科技和文化产业统计司，科学技术部创新发展司.中国科技统计年鉴2017［M］.北京：中国统计出版社，2017.

二是科研成果研发的持久力不足。从近年来首都高校的科研产出成果来看,科技论文和发明专利的数量都保持稳步增长,但出版科技著作的数量却逐年递减(见图8-10)。鉴于著作撰写的时间成本往往高于论文发表,且前者需要付出的努力往往也会更多,因而科技著作量的缩减从一个侧面体现出当前高校师生乐于开展"短平快"型研究,而懈于通过长期艰苦钻研获得科研成果的不良倾向。与国外许多专家能够几年磨一剑推出高水平科研成果相比,首都高校在科学研究上的定力和耐力显然存在不小差距,并在一定程度上影响了科研质量的提升。其背后固然有国内外科研评价环境的差异,但也现实地反映首都高校科研人员在科研态度、创新精神等软环境中仍存在诸多不足,有待调整提升。

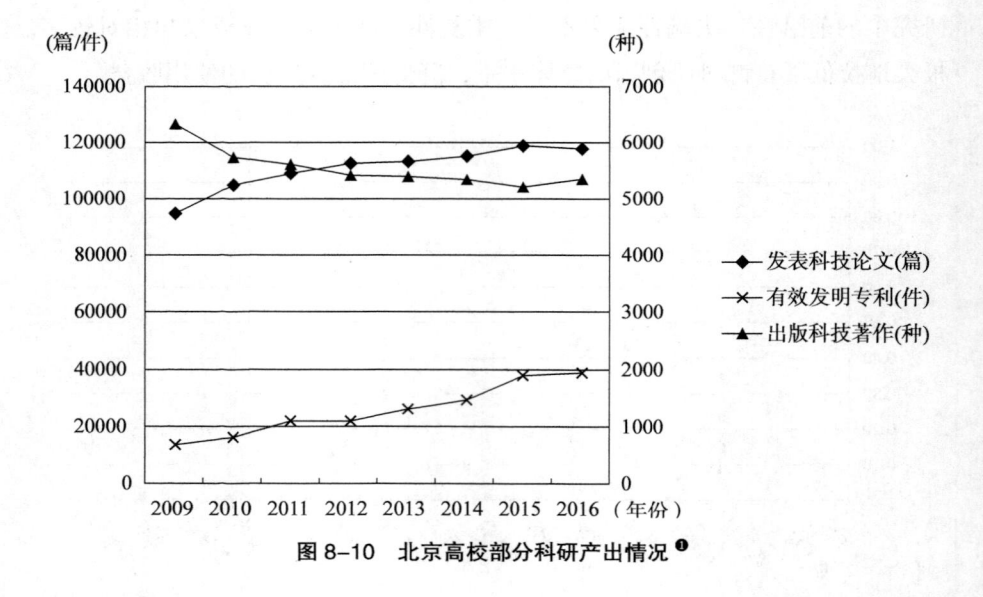

图8-10 北京高校部分科研产出情况 ❶

三是科研成果的影响力不足。随着研发经费投入的增强和科研人员队伍的不断壮大,近年来北京市科技论文发表数量持续增长,被SCI、EI、CPCI-S等国外主要检索工具收录的论文数量也呈现出整体上升的良好趋

---

❶ 数据来源:国家统计局社会科技和文化产业统计司,科学技术部创新发展司. 中国科技统计年鉴2017 [M].北京:中国统计出版社,2017.

势（见图8-11），在论文发表总量上位居全国首位，论文发表的自然指数（Nature Index）在世界城市排名中亦名列榜首。❶ 这其中，首都高校的贡献功不可没，北京大学、清华大学、中国科学院及其相关院所、北京师范大学、北京理工大学等高校更是作出突出贡献。❷ 然而，从论文引用率来看，现状却不容乐观。一般而言，论文被引频次越高，说明该论文被国内外同行的重视度越高，在其研究领域内所产生的影响越大。有研究通过对《科学引文索引》（Science Citation Index，SCI）❸ 的分析发现，在全球百余个主要城市中，美国波士顿的高引用SCI论文排名第一，北京位列第四；然而从发表SCI论文总数对比可见，北京虽然发表论文总数很高，居全球首位，但高水平论文的比例偏低，只有排名相近其他城市的不到一半（见图8-12）。这尽管是以北京全市所发表论文为研究对象进行的排名比较，但同样反映出首都高校这一论文产出"大户"的论文引用情况，凸显出首都高校的科研论文尽管总量可观，但在同行中的认可度、受重视度及在学术科研领域的影响力仍与发达国家存在较大差距。若想提高首都作为科技创新中心的战略地位，就必须着力提升科研创新成果的影响力，而这归根结底还是要促进科研成果质量的有效提升。

总的来看，首都高校丰富的科研产出背后，隐藏着产出质量、产出效益均有所不足的突出问题，在不同层面限制了首都高校助力科技创新中心建设的坚实度和持久性。究其原因，来自教师评价、学生选拔、人才培养、科研机制等诸多方面，受篇幅所限，这里不再展开论述。如何在科研产出上提质增效，不仅是首都高校需要认真思考并付诸行动的事情，同时也需要首都各界予以积极回应和协同攻关。

---

❶ 自然指数是《自然》杂志依托于全球68本顶级期刊，统计各高校、科研院所（国家）在国际上最具影响力的研究型学术期刊上发表论文数量的数据库。2016年，自然指数中约有60%的作者来自全球100个城市。其中排名前10的城市贡献了全部科研产出的17%，是其全球人口权重的17倍。这里的世界排名选取的是经过作者贡献比例和学科分布调整加权后的自然指数（WFC），北京排名第1，上海列第5位。参见：全球科技创新中心评估报告编制课题组. 2017全球科技创新中心评估报告［Z］. 上海市信息中心，2018-04-25.

❷ 全球科技创新中心评估报告编制课题组. 2017全球科技创新中心评估报告［R］. 上海：上海市信息中心，2018.

❸ SCI主要收录自然科学的期刊论文和学术论文，包括化学、物理学、生物学、环境科学、医学、药学、工程技术、农业等，侧重基础科学研究。

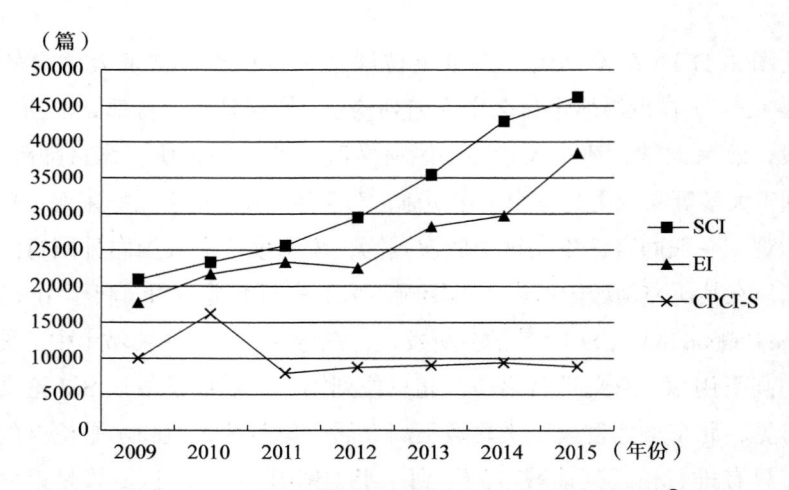

图 8-11　国外主要检索工具收录北京市科技论文篇数 ❶

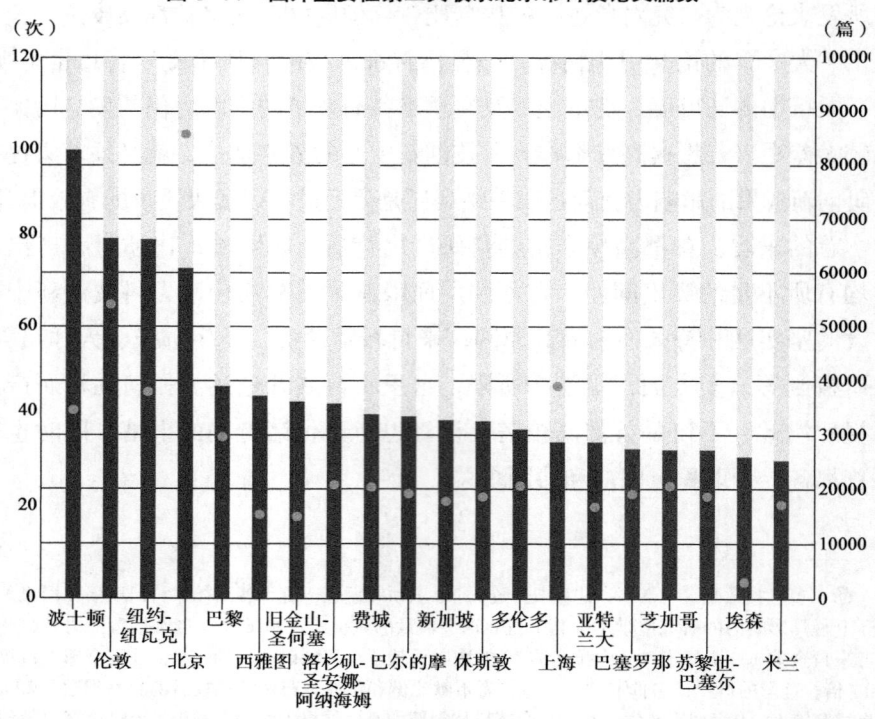

图 8-12　全球科技创新中心高引用 SCI 论文前 20 名与 SCI 论文发表数 ❷

❶　数据来源：国家统计局编历年《中国科技统计年鉴》。
❷　数据来源：全球科技创新中心评估报告编制课题组. 2017 全球科技创新中心评估报告 [R]. 上海：上海市信息中心, 2018.

（三）首都高校科研成果的转化水平仍有待加强

有研究表明，北京在"知识创造"和"产业创新"两方面的综合实力很强，但"经济贡献"却是科技创新的短板。2000年，北京在全球创新中心经济贡献水平分析中，此项指标的排序位列第20位（总共28个城市或区域）。到2010年，位置没有变化（见图8-13）。这直接反映出北京科技创新的经济贡献力尚未得到充分发挥，同时也在一定程度上表明首都高校这一科技创新主体在将科研成果转化为生产力的能力与水平上仍存在诸多不足。

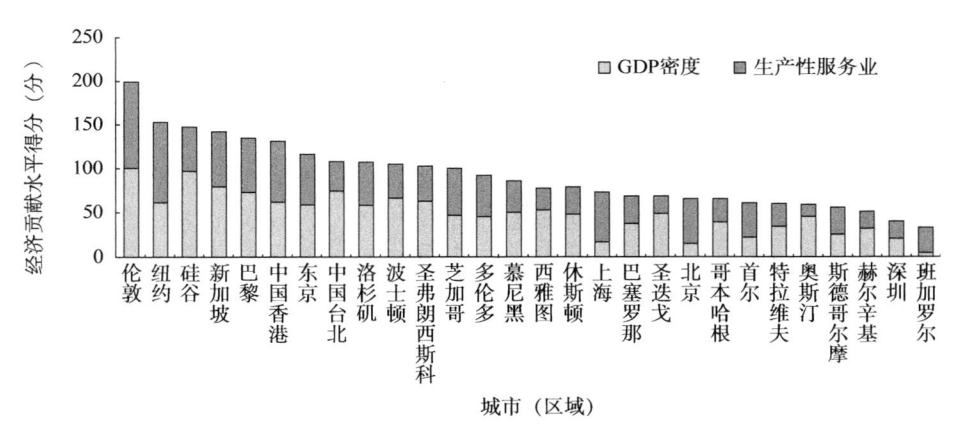

图8-13 2010年全球创新中心经济贡献水平分析[1]

首都高校尽管具有相当规模的科研产出，但科研成果的转化水平仍存在明显缺陷。数据显示，从技术合同的交易主体来看，2017年北京的技术卖方共5574家，其中有高等院校35家，占比0.6%；高校作为交易主体共成交技术合同3250项，仅占全市成交项数的4.0%；其成交额仅为21.4亿元，占全市成交总额的0.5%（见表8-5）。与2016年相比，作为技术卖方的

---

[1] 数据来源：首都科技发展战略研究院. 2017首都科技创新发展报告[M]. 北京：科学出版社，2018：191.

高等院校，除了在主体数量上有所增长外（增长6所），其成交项数与成交额均有明显下降，二者降幅分别达到10.0%和25.4%。❶ 这些数据反映出首都高校将科研成果投入市场的转化能力仍存在较大不足，这一方面源于高校科研成果的转化渠道不够顺畅，另一方面也可以归因于高校与市场在科研成果供需信息与结构上的不对称。

表8–5　2017年北京技术合同按交易主体区分的成交情况 ❷

项　目	科研院所	高等院校	企　业
主体数量（个）	154	35	5339
成交技术合同（项）	9508	3250	68071
成交额（亿元）	306.0	21.4	4149.3

"世界知识产权组织"2013年对148个国家的专利申请进行追踪后得出结论：美国仍然是全球最大的创新者，其专利申请占全世界总量的27.9%，主要由大学助推，在专利申请最多的前10所大学中，美国大学占了9所。与此相比，我国大学的贡献薄弱（北京大学和清华大学在教育机构申请人排名中分别占据第14位和第21位）。❸ 这从一个角度说明加快建设高水平大学与加快经济转型升级是相辅相成的，通过深化改革进一步提升首都高校支撑经济转型升级能力的必要性和上升空间都非常大。❹ 如何依据首都新形势下高精尖产业结构转型的需求开展科技研发，增强高校科研成果转化率，随之成为首都高校提高自身科研创新能力的紧迫议题，同时也是在经济发展新常态下，更好发挥首都高校对于全国科技创新中心支撑之力的题中之义。

---

❶ 参见：北京技术市场管理办公室. 2016年北京技术市场统计年报［EB/OL］. ［2017-09-22］. http://www.cbtm.gov.cn/cbtm/_300464/_300963/tjnb/542034/index.html.

❷ 数据来源：北京技术市场管理办公室. 2017年北京技术市场统计年报［EB/OL］. ［2018-09-26］.http://zfxxgk.beijing.gov.cn/110004/gzdt53/2018-09/28/content_6b1cf61758e54556a7963eef0254120b.shtml.

❸ 王心见. 2013年中国首进国际专利申请全球三强［N］. 科技日报，2014-03-15.

❹ 参见：桑锦龙. 关于"十三五"时期首都高教改革发展重点的思考［J］. 北京教育·高教版，2015（4）：10–12.

第三部分 展望：服务"四个中心"建设的首都教育发展与变革趋势

当今世界正在发生深刻而复杂的变化，世界多极化深度调整，经济全球化深入发展，社会信息化引领创新，文化多样化持续推进。在这种外部环境下，我国要在国际竞争与合作中赢得主动，为实现第二个百年奋斗目标、实现中华民族伟大复兴的中国梦奠定更加坚实的基础，归根结底必须要依靠科技驱动、依靠人才支撑、依靠教育助力。作为大国之都，北京重任在肩。教育现代化是首都现代化的先导，首都全面现代化是国家现代化的重要引擎。到2035年实现高水平教育现代化，是21世纪中叶北京建成国际一流和谐宜居之都的必然要求。未来，是首都北京落实城市"四个中心"战略定位、实现高水平教育现代化的关键时期，在新时期国内外环境的共同影响下，北京教育的改革发展面临前所未有的新需求、新挑战、新机遇。

第九章 面向 2035 首都教育发展价值选择和战略重点

教育现代化是社会现代化的一个重要方面,是教育改革和发展进程中的重要命题。自 20 世纪 90 年代初开始,北京提出教育现代化建设的目标,为首都的教育现代化建设指明方向。在历经 20 多年的发展后,首都教育现代化水平持续提高。随着北京城市功能的不断变迁,教育与城市建设的关系越来越紧密。根据《北京市中长期教育改革和发展规划纲要（2010—2020 年）》的目标要求,首都到"2020 年实现教育现代化,建成公平、优质、创新、开放的首都教育和先进的学习型城市,进入以教育和人才培养为优势的现代化国际城市行列"。2018 年 10 月召开北京市教育大会,提出"到 2035 年实现高水平教育现代化,为初步建成国际一流的和谐宜居之都提供重要支撑"。由此可以看出,实现首都教育现代化,成为目前乃至今后很长一段时间内衡量首都城市建设的重要内容。首都教育要始终贯穿于首都城市战略定位之中,成为加强"四个中心"功能建设、提高"四个服务"水平的重要基础和支撑力量。

一、面向 2035 首都教育发展的战略背景

（一）国际形势变化对首都教育的战略需求

当前,人类正处在大发展大变革大调整的时期,同时,也正处在一个挑战层出不穷、风险日益增多的时代。[1]

---

[1] 参见：习近平主席 2017 年 1 月 18 日在联合国日内瓦总部发表的主旨演讲《共同构建人类命运共同体》。

1. 世界多极化深度调整

伴随着强国间综合国力的持续较量及新兴经济体日益深度地参与全球治理变革，世界发展力量正在从以欧美主导向多地区引领的格局转变。世界各国相互联系、相互依存，全球命运与共、休戚相关，人类社会正越来越紧密地连接成一个命运共同体。尽管在世界范围内，兵戎相见时有发生，冷战思维和强权政治阴魂不散，恐怖主义、难民危机等非传统安全威胁持续蔓延，但和平力量的上升仍远远超过战争因素的增长，和平、发展、合作、共赢的时代潮流正展现出势不可当的强劲态势，全球政治经济秩序在多极化格局中正在朝着更加公平公正的方向深入发展。

2. 经济全球化深入发展

作为社会生产力发展的客观要求和科技进步的必然结果，经济全球化日益广泛地促进了商品和资本流动、科技和文明进步、各国人民交往，为世界经济增长提供强劲动力。伴随着新一轮科技革命和产业革命的孕育成长，经济全球化进程正朝着更有活力、更加包容、更可持续的方向延展，各国经济利益也呈现出高度融合、相互依靠的发展态势。然而，经济增长乏力、金融危机持续、发展鸿沟日益突出等问题也在同时加剧着世界经济发展的不稳定性与复杂性。面对经济全球化这把"双刃剑"，世界各国的经济发展亟待坚持创新驱动，打造富有活力的增长模式；坚持协同联动，打造开放共赢的合作模式；坚持与时俱进，打造公正合理的治理模式；坚持公平包容，打造平衡普惠的发展模式。❶ 为了更好构建开放型世界经济，各国政府正越来越重视经济全球化的积极力量，跨境贸易与投资自由化正成为全球可持续发展的动力，WTO、APEC等国际和地区机构正全面加强探讨建立更加开放、包容和公平合理的双、多边贸易制度安排，国际货币基金组织、世界银行等多边国际金融机构正通过不断完善金融监管充分发挥跨国资本流动对经济增长的驱动作用，技术创新以及知识与信息的跨境流动正在帮助缩小南北差距、贫富差距，各国利益主体和国际机构正在持续支

---

❶ 参见：2017年1月习近平主席在达沃斯论坛上的主旨演讲《共担时代责任 共促全球发展》。

持和建立开放的多边合作机制，推动经济全球化平衡发展。❶

3. 社会信息化引领创新

随着信息技术的迅猛发展，科技创新正以难以预估的速度呈现爆发式增长态势，给社会经济及人类文明的发展进步都带来前所未有的机遇与挑战。一些重大颠覆性技术创新，不断拓展着社会变革的空间与可选择性，也使包含教育在内的社会发展蕴含着无限的可能性与不确定性。在快速前进的信息时代和如火如荼的"数字化转型"浪潮中，传统意义上的基础研究、应用研究、技术开发和产业化的边界正在日趋模糊，学科交叉融合空前加速，新兴学科不断涌现，前沿领域不断延伸，科技创新链条更加灵巧，技术更新和成果转化更加快捷，产业更新换代不断加快，科技创新活动不断突破地域、组织、技术的界限，演化为创新体系的竞争。在这种形势下，国际间的科技和人才竞争更趋激烈，不论是发达国家还是新兴经济体，都把教育置于国家发展战略的核心地位。

4. 文化多样化持续推进

随着世界人口全球流动范围和交流内容的拓展，各种文化与思想上的碰撞与交融也在日益深化，这使不同国家和地区的社会文化呈现出日趋复杂的多样性。一方面，各国普遍注重提升不同层次人才的国际交往能力，并加强高水平国际化人才培养，以期在当前和未来各领域的全球化进程中建立和保持有利地位，在历史关键期赢得发展先机。另一方面，如何在一定区域范围内凝聚社会共识，树立文化自信，维护社会意识形态上的相对稳定性，避免大规模动荡的产生，也日益成为新时代全球文化交融发展中的重要议题，对此，世界各国都在充分发掘教育在文化传承与交流中的正向功能，促进教育在各国文化软实力的较量中发挥积极作用。

（二）首都经济社会发展对教育的战略需求

当今世界正在发生深刻而复杂的变化，各国都在经历人类文明不断翻越巅峰的重要历史机遇期。在这种外部环境下，我国要在国际竞争与合作

---

❶ 参见：2017年3月博鳌亚洲论坛关于促进经济全球化的宣言。

中赢得主动，为实现第二个百年奋斗目标、实现中华民族伟大复兴的中国梦奠定更加坚实的基础，归根结底必须要依靠科技驱动、依靠人才支撑、依靠教育助力。作为大国之都，北京重任在肩。教育现代化是北京现代化的先导，北京全面现代化是国家现代化的重要引擎。未来的北京将以富有中国特色的世界级大城市面貌，更加深度地融入和引领世界。作为中国这一全面崛起的伟大社会主义国家的首都，北京不仅是国家政治中心、文化中心、国际交往中心和科技创新中心，也是京津冀协同发展战略打造世界级城市群的核心，是建设雄安新区这一"千年大计、国家大事"的首要推动力。在如此重要的功能定位与战略使命下，促进北京包容性发展，发挥其向世界展示我国改革开放和现代化建设成就首要窗口作用，积极推动自身在国际舞台中从"跟跑者"向"领跑者"角色的转换，都离不开更多优秀人才的培养。首都教育必须坚定不移地肩负起历史使命，促进各级各类教育向更高水平迈进。

1. 未来的北京将在控制人口规模红线与应对重度老龄化危机的双重重任下，经历更为全面而深刻的社会变革

尽管伴随着京津冀协同发展的疏解任务，首都"大城市病"将得到有效缓解，但北京常住人口尤其是外来人口规模依然不容小觑，未来受教育人口的总体规模将继续提高，教育存量的充足性及教育资源的优化配置仍面临巨大压力。随着人口规模的增长，各个社会阶层的分化也在加剧，不同利益群体不断出现，公众的教育需求必将日益多元化，对首都教育的公共服务体系和能力提出更高更复杂的要求。北京公共教育服务体系亟待加快基本公共教育服务均等化，加快公共教育服务优质化、高效化、多元化，加快增长和优化与学习型社会相匹配的教育资源供给，进一步提升自身对建设社会主义和谐社会首善之区的基础性作用。与此同时，人口结构老龄化趋势的加速也加大社会变革的复杂性，未来十几年北京将达到重度老龄化，户籍老年人口占比超过30%，随后达到超老龄化社会，这一高比例将持续50年以上。如何多渠道满足老年教育及服务需求，促进社会劳动力结构的优化调整，给首都教育发展提出了一系列紧迫命题。

2. 未来的北京将迎接科技迅猛发展所带来的新变革与新挑战

随着未来科学技术的迅猛发展，一些重大颠覆性技术创新，既可以进一步拓展教育改革的空间与可选择性，也使未来的教育变革蕴含着目前难以预知的无限可能与不确定性。在快速前进的信息时代和如火如荼的"数字化转型"浪潮中，要想更好舞动科技这把双刃剑，首都教育必须紧跟科技前沿，将科技创新与教育发展紧密结合，合理利用和充分挖掘信息技术在教育改革与发展中的功能与潜力，特别是要在促进首都教育开放共享、教育资源均衡配置、教育质量全面提高、终身教育与可持续教育高水平发展等方面发挥更加积极的技术支撑作用。

3. 未来北京经济的"高精尖"特色将更加凸显，创新驱动的经济增长模式对劳动力将持续提出更高更新的要求

从现在到2035年，是我国工业化、城镇化快速发展，经济结构加快优化，社会主义市场经济体制不断完善的重要战略机遇期。这一阶段也是北京人均地区生产总值由国际上中等收入地区向国际高收入地区迈进的关键期和"城市化、市场化、国际化和现代化"的加速期。加快经济增长方式向创新驱动转变和产业结构向高端化升级，重点发展知识经济、服务经济、绿色经济，必须进一步强化教育优先发展的战略地位，并将人的发展作为重中之重。作为全国的科技创新中心，北京汇聚了全国众多一流高校、科研院所及高端产业，具有突出的科技创新资源优势。北京在优化经济结构的改革道路中，要合理依托在京高校和科研机构在知识和技术创新体系建设中的有利资源，充分发挥高素质、高技能人才队伍在北京自主创新中的核心作用。在取得高水平自主创新成果的同时，促进各类具有国际视野、改革精神和创新思维的创新型人才规模化涌现，加速培养和吸引一大批具有自主创新能力的领军人才以及学习能力强和适应面广的多元化、复合型人才，使北京成为世界创新型人才集聚和产生的高地，为北京"高精尖"经济发展提供强大的人才支撑，并在京津冀一体化进程中不断加强首都人才和知识的辐射带动力量，推进形成互利共赢的新型区域协同发展格局。

4. 未来的北京将更加深度地融入世界，加快从"跟跑者"向"领跑者"角色的转换

作为我国国际交往中心，北京必将在日益深入的国际化背景中，承担起更多的国际文体赛事、国际会展、国际组织、跨国公司、友好城市建设等国际交流与合作使命，发挥其向世界展示我国改革开放和现代化建设成就首要窗口的重要作用。随着大国地位的提升，作为一国之都的北京既要更深入地融入世界，也要更积极在世界舞台上发挥带动和引领作用。这不仅为北京面向全球吸引更多优秀人才提出要求与挑战，同时也为其培养更多具有跨文化交流能力的高素质国际化人才提出更高更新的要求。

5. 未来的北京将处于更加复杂的社会思想文化和意识形态领域的软环境之中

随着国际交往的增多，北京必将面临思想文化上更为多元的交融与激烈的碰撞。北京作为国家政治中心和文化中心，更需要凝聚社会共识，维护社会稳定，这要求教育必须充分发挥其在培育和践行社会主义核心价值观中的主阵地作用，在积极吸收世界先进文明成果的同时，壮大主流思想文化，弘扬民族传统，树立文化自信。特别注意传承和弘扬首都优秀传统文化，积极打造北京对外交往的文化名片，为巩固国家及首都社会发展的政治和文化根基夯实基础。

二、面向 2035 首都教育发展的价值选择

2017 年 9 月 13 日，中共中央、国务院批复《北京城市总体规划（2016—2035 年）》，围绕"建设一个什么样的首都，怎样建设首都"这一重大问题，指出"站在新的历史起点上，就是要建设好伟大社会主义祖国的首都、迈向中华民族伟大复兴的大国首都、国际一流的和谐宜居之都"。"北京的一切工作必须坚持全国政治中心、文化中心、国际交往中心、科技创新中心的城市战略定位"。特别是在进一步做好"四个服务"，"有序疏解非首都功能，优化提升首都功能"及"科学配置资源要素，实现城市可持续发展"时，强调"做到服务保障能力与城市战略定位相适应，人口资源

环境与城市战略定位相协调，城市布局与城市战略定位相一致"，"以人民群众最关心的问题为导向……健全制度，完善政策，不断提高民生保障和公共服务供给水平，使人民群众获得更好的教育、更高水平的医疗卫生和养老服务、更丰富的文化体育服务、更可靠的社会保障"。这表明，首都教育是落实北京"四个中心"城市战略定位的中坚力量。未来首都"四个中心"建设，离不开首都教育这一基础性公共服务和民生保障作用的发挥，"建成公平、优质、创新、开放的教育体系"是"构建覆盖城乡、优质均衡的公共服务体系"的基石。与此同时，"四个中心"的建设，也对首都教育现代化建设提出新的要求。首都教育现代化建设站在了新的历史起点上。

（一）注重公平与优质

"公平而有质量的教育"，体现了我国教育发展的新要求。要在保障教育机会均等的同时，切实提高教育质量和满足人民群众各种教育愿望的实现。建立适合于每个个体的教育，是推进教育公平的本质要求。实现教育公平，要在政府供给教育机会的基础上，转向实现个体需求满足实现的程度，努力使每个孩子都享有适合自己的教育。办好每一所学校，必须成为教育改革与发展的重要内容，要把是否促进每个青少年学生健康成长和全面发展，是否能够"培养德智体美劳全面发展的社会主义建设者和接班人"作为优质教育的判断标准。

（二）注重传承与创新

全面贯彻党的教育方针，坚持社会主义办学方向，突出立德树人根本任务，切实把党的领导落实到立校办学的方方面面。始终坚持以改革创新为首都教育发展的根本动力，持续推进教育制度创新、育人方式创新、体制机制改革创新。适应新时期首都"四个中心"城市建设对教育的新要求，要用新理念、新方法、新模式来做好教育改革，努力推进首都教育治理体系和治理能力现代化。充分利用新技术创新教育供给方式，探索适应新时期首都教育现代化的新模式、新路径。

（三）注重自信与开放

坚持以素质教育为核心，促进学生的全面发展。尊重差异，包容多样，营造体现人文关怀、彰显文明风采、突出文化魅力的教育氛围。建立广义的教育资源供给体制，形成学校教育、家庭教育和社会教育密切配合、良性互动的教育新体系。立足中国，放眼世界，推动更大范围、更深层次的教育合作交流，引领并推动中国教育快速发展。凸显多元文化的交融互鉴，继承革命文化，发展社会主义先进文化，不忘本来、吸收外来、面向未来，推动中华优秀传统文化创造性转化、创新性发展，在为更好构筑中国精神、中国价值、中国力量的贡献中不断提升首都北京的教育吸引力和竞争力。

（四）注重探究与实践

深化教育理论探究，尊重教育发展和人才成长规律，把学生放在正中央，让学生健康快乐成长。坚持能力为重，知行合一，推行启发式、探究式、参与式、合作式等教学方式，提供多层次、多样化的实习实践平台，提高学生自主学习、独立思考和创新发展能力，构建更加灵活开放、科学的课程体系和考试制度，培养有社会责任感、有创造力和开拓精神的社会主义接班人和建设者。

（五）注重首善与协同

坚持首善标准，推进基础教育优质均衡发展，以教育公平促进社会公平，不断增强人民群众的教育获得感。协调各级各类教育的发展，推进建成全民学习、终身学习、灵活学习的学习型社会，使北京成为"人人皆学、处处可学、时时能学"的"学习之都"。协调好中央与地方、区域、城乡、校际的关系，增强发展的系统性、整体性、协同性，更好地对接首都"四个中心"城市战略定位的发展需求，形成全社会关心、支持、推动教育发展的新格局。

三、面向 2035 首都教育发展的战略重点

（一）人才强国，坚持教育优先发展的战略地位不动摇

新时代实现新跨越，关键靠人才，基础在教育。首都教育事业在城市现代化全局中肩负的历史使命愈发重要，在现代化国际城市建设中的先导性、全局性、基础性作用日益突出。北京"四个中心"城市战略定位，以及实现建设国际一流的和谐宜居之都的总目标，都对首都教育的基础地位提出更高的新要求，始终坚持教育优先发展战略，不仅体现了新时期党对发展教育事业的高度重视，而且也是坚定"四个意识"，满足广大人民群众愿望的生动体现，更是首都顺应时代潮流和城市战略转型作出的重要战略抉择。在改革进入深水区和攻坚期之时，各级党委、政府要进一步增强"四个意识"，高度重视首都教育作为政治稳定之根基，文化自信之源泉，社会民生之根本、科技创新之动力的基础地位，努力破除各种体制机制障碍，切实保证教育发展优先规划、优先投入、优先保障、优先安排，把人才资源作为第一资源，把教育投入作为第一投资，动员全社会关心支持教育，办好公平优质、人民满意的教育，用实际行动贯彻落实党的十九大精神和习近平总书记关于教育的重要论述，奋力谱写新时代首都教育发展新篇章。

（二）立德树人，实现教育人才培养目标与城市建设所需人才高度一致

北京作为全国的首都，其独特的政治地位，决定了首都人民必须具有很高的政治觉悟和政治意识。讲政治，讲大局，这是北京不同于全国其他城市的显著特征。当今世界，科学技术高速发展，文化多元，各种思想交相融合和冲突，青少年学生的成长环境发生了深刻的变化。作为未来的北京市民，面对社会复杂环境的挑战，"培养什么人、如何培养人以及为谁培养人"这个根本问题，更加凸显出立德树人的时代要求和政治要求。首都教育积极应对这种挑战和要求，要坚持把立德树人作为根本任务，坚定理想信念，增强学生的中国特色社会主义道路自信、理论自信、制度自信、

文化自信，厚植爱国主义情怀，引导学生培育和践行社会主义核心价值观，推进社会主义核心价值观内化于心，外化于行。要整合学校、家庭、社会各方面的力量，形成协同育人的机制，实现全员育人、全过程育人、全方位育人，为中国特色社会主义事业培养更多德才兼备、德智体美劳全面发展的社会主义建设者和接班人。

北京城市的转型，离不开创新。世界城市，智慧城市，无不体现高科技元素和创意文化。因而需要教育形成更高水平的创新人才培养体系，以适应北京城市科技创新发展的需要。在创新人才培养的过程中，在增强综合素质上下功夫，开辟创新人才培养通道，创造一切条件增长学生知识见识，优化学生知识结构，引导学生综合能力和创新思维的培养，努力提高学生的学习能力、实践能力、创新能力，全面提升人才培养质量。

（三）树立大教育观，实现教育内外部的统筹与整合

推进教育综合改革，统筹推进各级各类教育改革，统筹推进课程、教学、考试、招生等改革，统筹推进城乡教育和区域内教育改革。优化教育结构，打通各级各类教育的边界，促进教育体系内部不同层次、不同类型教育之间的内在联系更加紧密。更加关注教育质量和水平，更加关注教育公平和效益，促进每所学校、各种类型教育、各区域之间的教育协调发展。促进教育功能的多样化，把教育的个体功能和社会功能相结合，尤其是要把教育对改善人口质量、提高民族素质、促进文化延续和发展、促进经济发展、促进政治民主化和促进生态文明的作用体现在教育教学的各个方面。实现教育内部与外部的统筹和整合。把面向行业、企业的教育，社区教育，家庭教育和学校教育形成合力，共同促进城市整体人力资源水平的提升。加快教育治理体系和治理能力现代化建设，建立系统完备、科学规范、运行有效的制度体系，形成政府宏观管理、学校自主办学、社会广泛参与的教育治理格局。

（四）整合资源，加快学习型城市建设

《北京市中长期教育改革和发展规划纲要（2010—2020年）》提出"到

第三部分 展望：服务"四个中心"建设的首都教育发展与变革趋势

2020年实现教育现代化，建成公平、优质、创新、开放的首都教育和先进的学习型城市，进入以教育和人才培养为优势的现代化国际城市行列"。学习型城市的建成，城市学习的渠道更加畅通，学习的方式更加灵活，学习的资源更加丰富，学习的途径更加便利，而这一切，都离不开教育的重要作用。搭建学习者成长成才立交桥，有机衔接基础教育、职业教育、高等教育、继续教育，打通普通教育与职业教育、学历教育与非学历教育、学校教育与培训教育、职前教育与职后教育，实现教育终身人、社会学习化。完善招生入学、弹性学习和继续教育制度，畅通学习成果转化渠道，加快各类教育的学分认定和转化。立足城市发展和市民素质提升需求，完善全民终身学习制度环境和终身学习服务平台，形成全民人人皆学、处处可学、时时能学的良好氛围。拓展继续教育渠道，鼓励高等学校、职业学校、社区学院面向行业企业、各社会群体开展多层次、多形式、多类型的继续教育与培训。增强社区教育供给，为社区居民提供丰富多样化的教育服务。整合利用文化馆、图书馆、影剧院、博物馆、科技馆等社会文化机构，不断扩大社区居民学习教育资源。通过学习型城市建设，不断提升北京市民素质，增强城市发展活力，助推北京建成天蓝水清、森林环绕的生态城市，促进特大城市的可持续发展。

（五）以人为本，办好人民满意的首都教育

以习近平总书记教育思想统领教育综合改革各项工作，办好"人民满意"和"国际一流"的首都教育，解决好教育发展不充分、不平衡问题，在增量、提质、均衡、公平上下功夫，让人民群众有更多的"教育获得感"。坚持质量提升，做大学前教育，做优基础教育，做活职业教育，做强高等教育；坚持群众满意，让老师安心教学，让学生快乐学习，发展更加公平、更高质量的教育。

做大学前教育。坚持政府主导，鼓励社会力量多形式办园，构建以公办幼儿园和普惠性民办幼儿园为主体、公办民办并举的多元化学前教育公共服务体系。适应学龄人口变化，合理规划布局幼儿园。全面普及高质量的学前教育，让每个儿童拥有一个美好的人生开端。做优基础教育。加强政府统筹，缩小城乡和区域之间发展差距，扩大优质教育资源覆盖面，促进义务教育优质均衡发展。做活职业教育。与城市经济增长、产业转型升级相匹配，形成适应首都城市战略定位，服务现代产业发展需要、产教深度融合的现代职业教育与培训体系，建成一批国际一流的职业院校和特色专业，培养一批高素质技术技能人才，服务于城市产业建设。做强高等教育。围绕首都产业转型升级和城市创新发展的战略需要，瞄准世界一流大学和一流学科建设目标，培养拔尖创新人才，高标准建设科技创新支撑平台，深度参与"三城一区"建设，推进高等学校成为北京科技创新网络的重要枢纽，为建设全国科技创新中心发挥更大支撑作用。加快推进产学研用一体化发展，为加快转变经济发展方式提供更强力的人才和智力支撑，为产业结构调整发挥更大的促进作用，为全面提升城市软实力奠定更为坚实的人文基础。

面对日益扩大的城市人口，要在学位数与学校合理布局上做好城市人口与教育资源配置相应的匹配，解决适龄儿童有学上、上好学的难题。面对不断涌入的外来人口，有半数流动儿童在京出生，逼近50万的流动儿童要上学，特别是聚集于朝阳、海淀、丰台城乡接合部地区六成流动人口的孩子的入学需求，需要各区科学合理统筹各级各类教育资源的配置，加大基本公共教育服务的多元化供给。另外，随着境外人口的大量增长，要把开设有中国汉语言及中华传统文化专业的高等院校做大做强，要规范管理好每一所满足外籍儿童教育需求的国际学校。随着人口红利的下降和城市老龄化人口的增长，重点加强养老、护理、城市服务等方面人才培养力度。大力发展老年教育，优先发展社区老年教育，鼓励更多社会力量参与老年教育服务机构建设，为老年人提供就近便利、优质多元的教育服务。

（六）立足疏解，优化教育资源空间布局

强化首都功能是北京城市性质所决定的，首都功能是核心，城市功能是支撑。为了更好地优化首都功能，解决由于人口"过密"所导致的"大城市病"问题，要进一步优化区域教育结构，发挥教育在人口疏解与转移中的引导作用。伴随北京城市布局的系列重大变化，全面落实《京津冀协同发展规划纲要》，牢牢把握首都城市战略定位，积极推进教育领域非首都功能疏解，大力提升首都教育品质。强化基础教育支撑引导作用，适应首都城市空间布局和人口迁移方向，在重点区域、重点阶段有步骤地布局优质基础教育资源。优化高等教育的结构布局，支持有条件的北京高校由城市中心向郊区、向河北疏解。适应产业结构转型升级的需要，优化职业教育招生结构，加强资源整合，引导部分城区职业学校向郊区疏解，引导部分职业学校转型、调整或退出。

坚持世界眼光、国际标准、中国特色、高点定位，教育要在推进"一核"辐射、"两翼"联通、形成"一核两翼"整体发展中发挥牵引带动作用。加强中心城区与外围各区的教育联动发展，辐射带动人口导入地区提升办学质量。多形式、多渠道增加"两翼"优质教育资源总量，带动两翼教育整体提升，努力形成教育和城市发展协同互动、北京城市副中心与雄安新区教育发展比翼齐飞新格局，提高"四个服务"的能力和水平，进一步强化作为北京核心功能的首都功能。

坚持创新发展，教育要深入参与"三城一区"建设。密切对接"三城一区"的建设发展和科技创新需求，加强教育设施配套建设，形成与区域经济社会发展需求相适应的教育服务体系，为国际国内人才创新创业提供良好的公共教育服务保障。

（七）创新体制，全面深化教育领域综合改革取得新进展

城市是人民的城市，在城市治理中，一定要以提高市民素质和增强广大人民群众福祉为目的，不能只追求经济发展和"社会稳定"。城市治理现代化的内容包括市民素质、环境卫生、公共服务、历史文化、流动人口、信息共享等方面。这六个方面无一不与教育息息相关。特别是市民素质，在城市治理现代化中是最为关键的因素。实现市民素质的现代化，要求市民具有良好的法律意识和文明公德行为规范、良好的环境意识和卫生习惯、良好的身体素质和科学人文素养和积极参与城市治理和自觉维护城市形象等。而这些素质的获得，都依赖于城市本身具有高水平、有质感、有内涵的公共教育，依赖于教育领域体制改革的创新。

首先，要坚持新的教育发展理念。要以"创新、协调、绿色、开放、共享"五大发展理念为教育改革的思想指南，统领教育改革发展。其次，要坚持教育的文化自信。2016年5月17日，习近平总书记在哲学社会科学工作座谈会上指出，"我们说要坚定中国特色社会主义道路自信、理论自信、制度自信，说到底是要坚定文化自信"。教育改革也要坚持文化自信。全面深化教育领域综合改革不仅要继承发扬中华优秀传统教育的丰厚遗产，而且还要立足本土，不断总结首都文化、古都文化、京味文化，凝练首都教育思想，让教育改革更加智慧地解决各级各类教育所面临的新问题。再次，要解决人民群众关心的教育热点难点问题。在教育改革发展面临一系列重大问题中，人民群众关心的热点问题主要是促进教育公平和提升教育质量。要破除各种体制机制障碍，促进教育公平，实现各级各类教育内涵式发展。最后，教育综合改革要求我们采用系统思维和系统方法，全面把握教育领域的各种关系，统筹处理各种矛盾，科学谋划整体改革，统筹协调各级各类教育发展，激发各级各类教育发展活力，形成上下齐心、协力推进首都教育现代化的开放共赢局面。

（八）以教化人，促进北京文化的传承创新

城市作为一个人与自然和谐统一的生态体系是有生命的，其历史文化的厚重是彰显底蕴的重要因素。北京作为千年古都和当代中国的首都，文化不仅是城市魅力之源，也是城市发展之魂。要集中做好首都文化这篇大文章，特别是源远流长的古都文化、丰富厚重的红色文化、特色鲜明的京味文化和蓬勃兴起的创新文化，这对新时期北京做好文化的建设提出了更高要求，需要教育在全国文化中心建设中发挥辐射带动、创新引领和服务保障作用。

通过各级各类学校文化建设和学校文化宣传，坚持国家文化意识形态和文化价值导向的社会主义先进文化，积极传承中华优秀传统文化。统筹校内外文化资源，打造一批展现中华文化自信和首都文化魅力的校园文化。完善社会文化资源与学校的有效对接，以优秀文艺作品进校园的方式拓展优质文化艺术资源，提高学校文化育人水平。推动艺术院校特色化、高水平发展，建设集育人、创作、展演于一体的文化艺术高地，培养出一流的文化人才。积极推进高等学校文化创意人才与文化创意产业的良性联动，尤其在工业设计、建筑设计、创意艺术设计、服装设计等领域开展多元文化创新创造，为建设创意北京提升服务保障能力。

（九）扩大开放，提升首都教育国际竞争力

首都北京是向全世界展示国家的窗口。未来的北京国际化程度高，会吸引全世界各国人来北京创业、定居和旅游。与此相适应，开放成为未来首都教育发展的重要特征。首先，深化京港澳台地区教育合作，加快推进京津冀区域教育合作取得突破性进展，整体提升区域教育协同发展水平。其次，丰富开放内涵，提高开放水平，构建面向世界的首都教育开放体系。一方面，培养和集聚高端国际化人才，为提升首都教育国际竞争力提供人才支持；另一方面，全面扩大教育的国际交流合作，稳步扩大外国留学生规模，保持全国领先优势。最后，打造国际留学中心城市，树立"留学北京"品牌。持续推进"一带一路"教育行动，深化与沿线国家的交流合作。全面提升中外合作办学水平，引进一批示范性中外合作办学项目，加强中外合作办学质量保障体系建设，不断提升合作办学质量。探索多种形式的海外办学模式，支持高等学校和职业院校走出去。结合首都教育发展优势和全球教育发展热点，广泛参与全球教育治理。

（十）强化保障，确保城教深度融合政策落到实处

实现首都教育现代化，离不开政府对教育持续充足的经费支持。要进一步明确政府提供教育公共服务的主体责任，坚持教育优先发展，完善各级各类教育经费投入机制，保障教育投入持续稳定增长。确保教育财政拨款的增长高于财政经常性收入的增长，生均教育费用、公用经费逐步增长，保证教师工资逐步增长。优化教育投入使用结构。在促进教育质量提升和内涵发展的过程中，教育经费重点投入到课程教学改革、创新人才培养、教师队伍建设、优秀文化传承、体制机制创新等方面。针对当前北京教育改革发展的重点领域和关键环节，优先投入解决北京的重大教育改革和创

新难题。以疏解非首都功能为核心，在强化"四个中心"功能建设，加快京津冀区域教育协同发展和北京城市副中心建设中，加大教育投入，提高首都教育的"四个服务"水平。

实现首都教育现代化，离不开政府对教育重要方面的政策支持。政府要积极为高层次人才引进、教育规划占地及基础设施建设、学校办学条件完善、社会及社区资源共享、信息共享、教师编制及工资等方面争取更多利好政策，并创造一切条件促成这些相关政策的落地。在出台教育的相关配套政策时，要联合财政、规划、人事、社保、建设等职能部门共同参与政策的制定，并保持内部政策的一致性、互补性和协调性，相辅相成，共同致力于解决教育改革和发展中遇到的政策障碍和难题。在事关北京城市未来发展的重大建设面前，要高度重视教育行政部门的合理诉求和发挥的重要作用，赋权赋能教育行政部门依法行政。

实现首都教育现代化，离不开中国共产党的领导。要在贯彻中央决策部署上更加自觉，把习近平总书记视察北京重要讲话精神作为做好首都工作的根本遵循，按照首都功能定位和《北京城市总体规划（2016—2035年）》要求，全面深入抓好落实。进一步加深对首都功能定位的认识，加深对疏解非首都功能与提升首都核心功能的认识，加深对城市副中心建设的认识，加深对举办冬奥会的认识，加深对建设国际一流和谐宜居之都的认识，把"首善标准""率先意识"真正树立起来。坚持正确的政治方向，牢牢掌握党对教育工作的领导权，掌握教育领域意识形态工作的主导权，强化基层党组织的创造力、凝聚力和战斗力，为全面深化教育领域综合改革提供坚强的政治保证和组织保障。

第十章　面向 2035 首都教育体制机制改革趋势

面向 2035，建设一套符合首都"四个中心"需求的教育体制机制是首都教育现代化发展的内在要求、必要保障和活力之源，具有重要而深远的意义。教育发展的根本动力是改革，深化教育改革的关键是体制机制变革。❶ 教育要现代化，治理能力和治理体系首先要现代化。教育体制机制改革在教育现代化进程中具有引领性、基础性、规范性、保障性的重要地位和作用。当前，面向率先全面建成小康社会、服务"四个中心"城市战略实现、国际一流的和谐宜居之都建设和京津冀协同发展，首都教育的内外环境、供需关系、资源结构、评价标准均发生广泛而深刻的变化，首都教育改革发展步入新的历史时期。现阶段，首都教育体制机制还不能完全适应和满足人的全面可持续发展、首都经济社会发展和"四个中心"城市战略的实现、区域教育协同和全球化教育竞争的多元化要求，一些人民群众关心的教育热点难点问题仍有待进一步解决，一些深层次的体制机制障碍需要系统破解，亟须通过系统回顾首都教育体制机制改革的实践，结合中央教育改革文件精神要求和国际教育变革趋势，深入思考和分析面向 2035 的首都教育体制机制的改革方向、思路与重点领域。

一、十八大以来首都教育体制机制改革的基础探索

教育体制机制处于更为宏观的教育现象之中。教育现象由教育观念、教育活动、教育体制和教育机制四个基本范畴组成，❷ 或者可以从教育理论、

---

❶ 参见：周光礼.改革体制机制 推进基本公共教育服务体系现代化［J］.人民教育，2017（19）：48–50.

❷ 参见：孙绵涛.教育现象的基本范畴研究［J］.教育研究，2014（9）：4–15.

教育实践、教育体制和教育机制四个方面理解。教育观念、体制和机制贯穿于教育活动的始终，为教育活动的开展服务，以适当的方式作用于教育活动。教育观念的产生、教育活动的开展、教育体制的建构和教育机制的运行构成一个完整、开放的教育现象系统。

教育改革就是发生在教育现象四个范畴的互动过程之中。教育改革是一个复杂的过程，可能会是自然力、强制力和认同力共同作用的结果。现代社会中，未经设计和审度的、基于自然进化而发生的教育改革并不多见，教育改革更多地表现为本真和他控路径，也可以称为自下而上的内生式改革和自上而下的外源式改革。❶教育改革的内生式逻辑链条是教育观念调整作为教育活动变化的逻辑起点，引发教育活动，在教育活动的变化中，伴生教育机制和教育体制变革。外源式变革的逻辑链条是，教育观念的变化，带来教育体制和机制的相应调整，从而改变既有教育活动组织结构和方式，最终提升教育活动的成效（见图10-1）。成功的教育改革，离不开教育观念的优选、典型范例的推销、配套体制的跟进和灵活机制的配合。党的十八大以来，首都教育体制机制改革以自上而下外源式改革为主，教育体制和机制都是教育活动改革开展的重要路径，它们共同规定了教育事业由谁治理、治理什么和怎么治理的结构和运行方式。

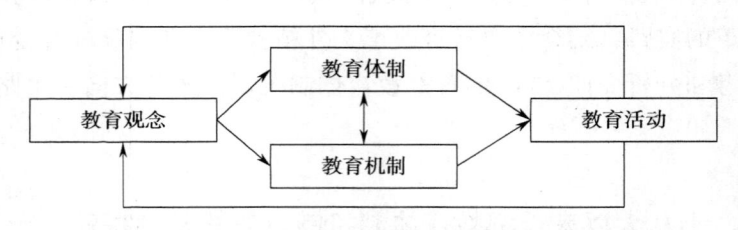

图 10-1　自上而下的外源式教育改革逻辑

党的十八大以来，首都积极实施教育优先发展的战略，围绕教育供给侧结构性改革，从体制机制两方面破解教育发展难题，建立消费引导下的

---

❶ 参见：杨东平．试论我国教育范式的转变［J］．北京理工大学学报·社会科学版，2012（4）：1-9．

教育供给机制。首都教育改革聚焦"为谁培养人、培养什么人和怎么培养人"这一教育功能的根本问题，创新改革思路，从教育消费者的需求着眼，思考教育供给的思路和方式，从而将问题转化为"谁需要人、需要什么人、谁能培养人、怎么培养人"。谁需要人？中国特色社会主义国家建设需要人，首都经济社会发展、"四个中心"功能实现、京津冀协同发展和雄安新区建设需要人，老百姓也需要满足自身发展和价值实现的需要。需要什么人？需要中国特色社会主义国家的合格建设者和可靠接班人，需要满足服务国家战略、首都"四个中心"和国际一流和谐宜居之都建设的拔尖创新人才，需要服务老百姓衣食住行的各行各业的专业技能人才。谁能培养人？所有人才的需求者都可以成为人才的培养者。怎么培养人？要构建大中小幼一体化纵向贯通和政产学研用横向联合的育人体系，培养支撑终身发展、适应时代要求的关键能力，建立促进人的身心健康、全面发展长效机制。

（一）出台规范性文件

1. 政策制定三个时期

自2013年9月1日至2017年8月31日，北京市共出台教育改革相关文件81份，年均出台20份。若以教育工作学年度作为时间切割点，党的十八大刚召开后的2013—2014学年度和党的十九大召开之前的2016—2017学年度北京出台的教育改革文件数较高，分别为22份和25份（见图10-2）。首都教育规范文件制定先后经历了快速反应期（2013—2014学年度）、稳步推进期（2014—2016学年度）和完善突破期（2016—2017学年度）。

（1）快速反应期

以北京市教委为主体，联合市政府、人力资源与社会保障局出台了针对教育治理体系内部行政权力滥用和规范性文件冗余过时、区县政府落实义务教育均衡发展责任、各学段教育质量提升项目工程、中高考招考制度调整、食品安全保障、教师激励等方面的政策文件，着眼理顺教育治理体制，并解决一些面上问题。

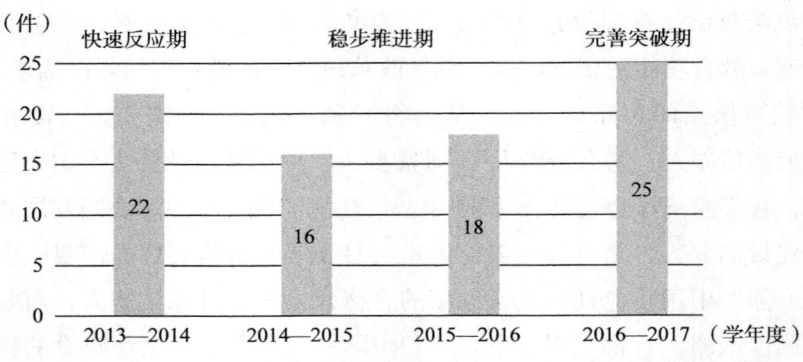

```
(件)
   快速反应期        稳步推进期        完善突破期
25
20
15                                              25
10   22
             16         18
 5
 0
   2013—2014  2014—2015  2015—2016  2016—2017  (学年度)
```

图 10-2　2013—2016 学年度首都教育改革规范性文件出台情况统计❶

（2）稳步推进期

北京市教委加大与市政府、财政局、人保局、公安局等多部门的政策协同，深度切入教育体制机制改革的关键问题，比如各级教育之间、民办机构和公办机构间协同育人、招生—培养—考试—评价的全链条改革、"管办评"分离和"放管服"结合的各个环节的宏观和中观层面问题，以及乡村学校和乡村教师支持、创新创业教育等较为微观和具体的问题，在兼顾教育系统改革的同时，在教育公平、优质资源配置和提质增效等重点问题上进行攻坚。

（3）完善突破期

在稳步推进改革的同时，一方面，结合实践总结、反思、完善既有的制度性规范，修订了协同育人的一系列文件；另一方面，实现政府教育供给结构和方式的转型，在厘清管理权限的同时，强化对市场机制的运用（政府购买），质量标准和保障体系建设（以教育督导监测评估为突破口），灵活运用"计划—指导—服务—监督"多元治理机制，推进以素质教育为核心❷的教育整体变革。

2. 紧密贴合时势要求

首先，党的十八大和党的十九大召开的时间节点对首都教育改革规范性文件出台的频率和节奏有一定的潜在影响。以党的十八大以来三中、四中、五

---

❶ 根据党的十八大召开以来北京市教育委员会官方网站的公开信息统计。
❷ 习近平总书记 2016 年 9 月 9 日视察北京市八一学校时指出，素质教育是教育的核心，教育要注重以人为本。

第三部分 展望：服务"四个中心"建设的首都教育发展与变革趋势

中、六中全会作为时间节点，看首都教育改革政策制定的文件分布。图10-3显示，三中全会的召开拉开了全面深化综合改革的序幕，北京市在四中全会之前出台18项教育改革政策文件；四中全会至五中全会时期的主题是依法治国，这一年也是"十二五"改革的总结收尾和"十三五"规划的筹备期，因此这一年北京出台的教育改革文件数量有所降低；五中全会后发布了"十三五"规划，提出全面建成小康社会、实现"第二个一百年"奋斗目标和五大发展理念，也是习近平总书记新理念、新思路、新举措开始系统实施的一年，北京教育改革政策出台在这一年数量有所上升；六中全会提出全面从严治党，加强党对教育的领导，由此北京密集出台了24项文件推动教育改革迎接十九大召开。

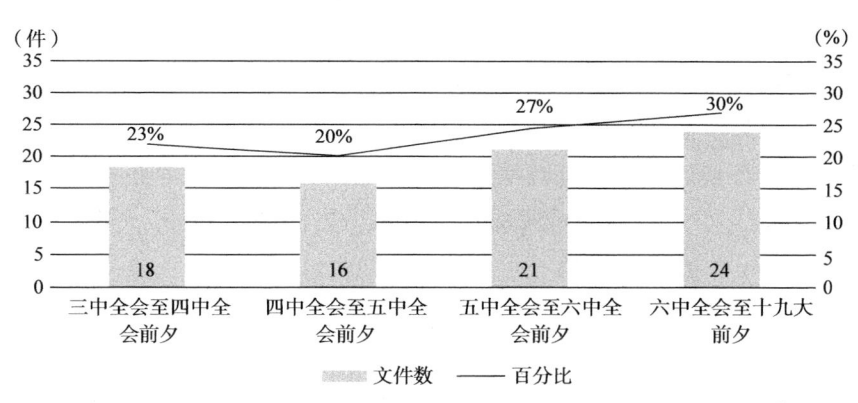

图10-3 十八届三中全会以来首都教育体制机制改革文件出台情况 ❶

3. 配套国家政策改革

五中全会前后至今，全国人大常委会先后修改《义务教育法》《高等教育法》《教育法》《民办教育促进法》，对各级各类教育改革产生重大的影响，首都教育政策要配套国家教育相关法律的调整，修正教育改革政策。同时，教育部也出台一系列涉及体制机制改革的重要文件，比如《关于深入推进

---

❶ 按照三中、四中、五中和六中全会召开的时间，将区间设置为2013年11月9日至2014年10月19日，2014年10月20日至2015年10月25日，2015年10月26日至2016年10月23日，2016年10月24日至2017年9月30日。2017年9月1日至30日期间，北京市教委又出台4份教育改革政策文件，将其纳入统计范围之内。

教育管办评分离促进政府职能转变的若干意见》(2015年)和《关于深化高等教育领域简政放权放管结合优化服务改革的若干意见》(2017年)等，对教育主体关系和治理结构都有了新的调整方向，首都教育改革政策也要与新形势下的国家教育改革方向和要求匹配。这两方面也可以解释五中全会后首都教育改革政策出台数量增加的现象。

4. 响应首都政治要求

党的十八大以来，习总书记先后12次在北京对教育改革问题发表重要指示，讲话内容涉及立德树人、各级各类教育改革、师德师风建设、教育国际交流和依法治教等方面的问题。这也成为首都教育体制机制改革政策关注的重要内容，从大中小幼一体化德育体系建设、优化资源配置、师资队伍建设等方面制定相应的政策文件积极响应习总书记对教育改革的期望。此外，首都"四个中心"城市功能定位、国际一流和谐宜居之都建设、京津冀协同发展、城市副中心和雄安新区的"一核两翼"建设也是首都教育改革的政策环境。面对外部政治要求带来的形势变化，北京也在高精尖中心支持、卓越人才培养、协同创新育人模式等方面出台了制度文件。

（二）体制机制改革内容

从改革文件内容来看，81份文件中主要涉及体制改革的有4份(5%)，机制改革58份(72%)，体制机制均有涉及的19份(23%)(见图10-4)。由此可见，首都改革的重心在机制改革，"伤筋动骨"的体制改革相对幅度较小，只能在国家宏观教育体制框架之下，在中观和微观层面做一些调整。

1. 教育体制改革

教育体制改革涉及增减教育机构、纵向层级管理、横向部门设置、空间布局调整、学段设置改变、教育类别设置、教育治理体制完善等内容。图10-5显示，教育机构增减和教育治理体制调整是教育行政管理部门较易规范的部分，相应出台的文件也较多。虽然其他方面出台的文件数量不多，但是都是较有分量、影响范围广的文件，均为事关教育改革和发展的结构、资源布局结构、各级各类教育设置框架的核心体制要素。

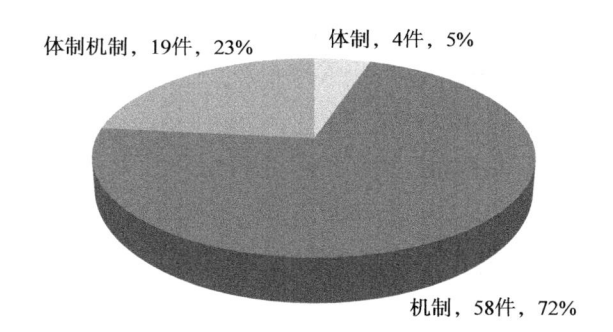

第三部分 展望：服务"四个中心"建设的首都教育发展与变革趋势

图 10-4 2013—2016 学年度北京出台的教育体制机制改革文件分布

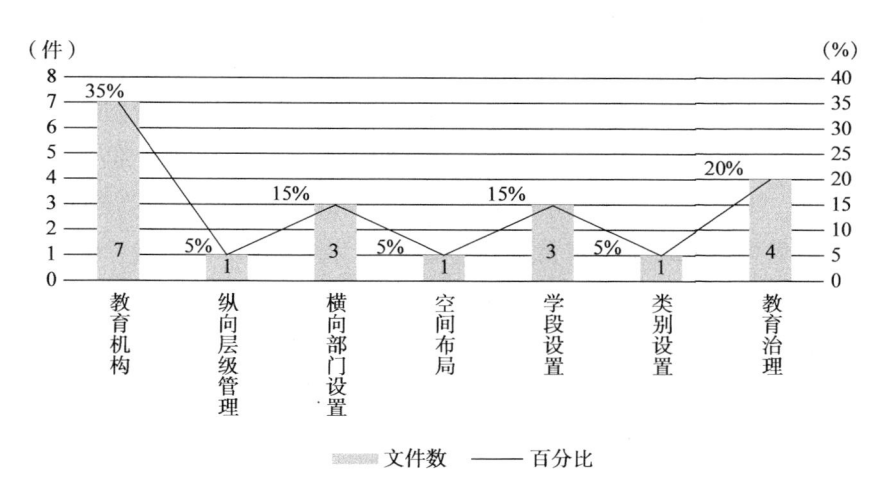

图 10-5 2013—2016 学年度北京出台的教育体制改革文件分布

教育机构方面，针对首都学前教育、职业教育、高等教育治理提升和教育督导机构完善，分别设立名师工作室、高校专业群建设和教学协作专家委员会，开设职高综合高中班，设立高精尖创新中心，制定教育督导评估与质量监测专家委员会管理办法。明晰管理职责，厘清市教委和市政府教育督导室职责边界，将市教委有关质量监控职责调整为"负责制定教育教学质量标准并组织实施"，明确市政府教育督导室"负责各级各类教育发展状况和质量的监测以及各级各类学校办学状况和教育教学水平的督导评估"，并调整增设为 6 个处，同时优化市委教工委市教委相关处室职能。

教育规范方面，一是在纵向层级管理上，首都教育一方面在中观层面完善区县政府落实义务教育均衡发展问责制度，强化市教委与区县政府在教育均衡发展方面的协同体制；另一方面积极鼓励海淀区试点学区制管理，强化教育资源在区县政府之下中微观层面的统筹。二是横向部门设置上，扩展社会餐饮企业参与高校食堂管理、民办教育机构参与中小学教学改革、第三方机构参与教育督导评估检测方面的权限。三是在空间布局上，一方面从政策上结合疏解非首都功能的要求，对进城务工人员随迁子女在京参加高职学校招生考试作出规定；另一方面在实践中，基础教育强化北京教育新地图布局，推行集团化办学、教育联盟等体制创新，高等教育疏解在京部分高校，实现高等教育资源在各区间的均衡分布。四是学段设置上，基础教育推行九年一贯制、十二年一贯制、完全中学等体制改革，强化学段衔接，职业教育开展"3+2"中高职衔接、高端技术技能人才贯通培养试点，优化职业教育培养链条。五是类别设置上，建设北京数字学校，使教育信息化融入北京基本公共教育服务，以资源建设为基础，保质保量完成政府确定的9500节课程制作任务，确保在多个公共平台上提供同步点播和直播服务，保证"可获得"，以名师同步课程资源为依托，开展"点对点"应用模式试点，专家引领、学校参与，实现名师同步课程资源与学校课堂教学和教师教研的深度融合，保证"会应用"，探索虚拟学校与现实学校的无缝衔接，保证"能扩展"。❶六是在教育治理方面，梳理不符合教育改革发展需要的规范性文件进行清理，约束行政权力滥用，解除对自费出国留学中介机构的备用金监管。研究制定《推进首都教育管办评分离的实施意见》，开展管办评分离改革试点，持续推进简政放权、放管结合、优化服务。

2. 教育机制改革

图10-6显示了2013—2016学年度北京出台的教育机制改革文件内容分布，26份文件规定了育人机制，22份规范了管理机制，23份涉及保障机

---

❶ 参见：李奕，宫辉力. 教育信息化融入基本公共教育服务的理念与途径——以北京市为例[J]. 中国教育学刊，2013（8）：9-11，61.

制，办学机制方面的文件相对较少。

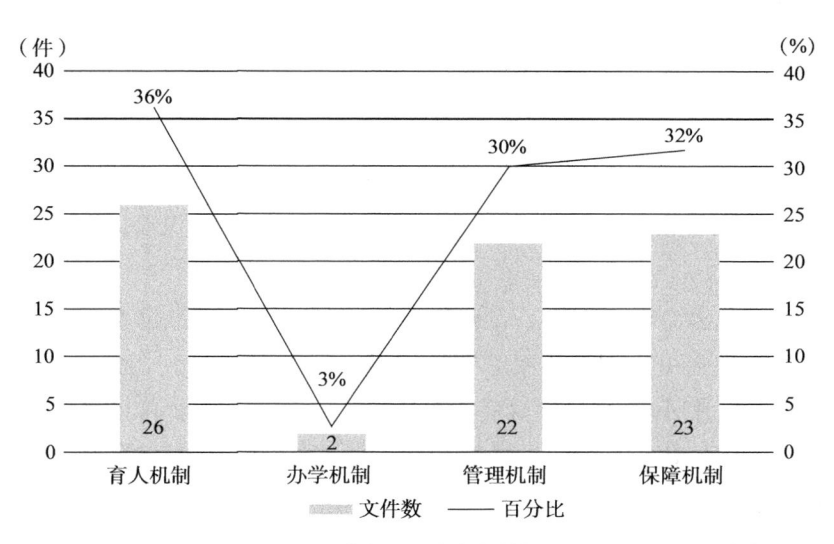

图 10-6　2013—2016 学年度北京出台的教育机制改革文件分布

（1）育人机制

结合学前教育、义务教育、高中教育、职业教育、高等教育等各级各类教育，从立德树人、课程改革、实践活动、学科专业建设、学段贯通协同育人、横向机构协同育人等方面推进教育机制创新，强调协同机制、素质教育质量体系建设。

一是坚持立德树人，加强社会主义核心价值观教育。强化实践育人，全面推进中小学生观看天安门升旗和走进国博、首博、抗战馆的"四个一"活动，自 2014 年 9 月启动以来，已有 40 余万中小学生参与活动。推动中小学志愿服务，全市已有近 30 万中小学生自愿注册为实名志愿者。形成了童谣创编、时事辩论赛、模拟联合国等从小学到高中的教育活动体系。搭建成长平台，有效提升学生综合素质。积极探索体育美育发展新模式，加快推进校园足球发展，建立健全校园足球工作机制，探索构建北京市"1346"青少年校园足球发展的特色模式。跨年度、分层次开展全市中小学冬奥、冰雪等主题活动，因地制宜地推进冰雪运动进校园。创新施行以"小足球、小篮球、小排球"为主要内容的"小球计划"。深入推进高等学校、社会力量支持中小学体育美育发展工作，32家高校和社会团体支持163所中小学，通过挂牌基地学校、特色学校、艺术家工作室、体育俱乐部等方式提升小学美育工作。开展全市体育、卫生、艺术、科技、校外、国防和军训活动200余项。在16区的38所中小学开展开展"一校一品"体育教学改革项目试点工作。注重弘扬中华民族传统文化，积极开展非物质文化遗产传承与学校非遗教育，进一步推进北京市民族艺术、高雅艺术进校园活动。

二是深化教育教学改革，推进减负增效提质。积极推进基础教育课程教学改革，加强中小学课程教学资源建设，逐步完善中小学教材管理长效机制，建设"中小学课程教材资源网"。关注学生核心素养培育，构建开放性、多样化的教与学模式，持续推进义务教育阶段"遨游计划"。进一步规范教育教学行为，加大学校作业、考试评价、课程建设、课堂教学等关键环节的改革力度，打好减负组合拳。推动落实一系列减负文件以及中小学学科教学改进意见的落实，力求通过教育教学改革，不断夯实减负增效基础。加强减负工作监督检查，不断完善学生课业负担监测公告机制、专项督导检查机制和社会监督机制，初步建立全市"减负"督导监测数据库，形成挂牌责任督学针对"减负"实施经常性督导和专项督导检查相结合的工作机制。

三是加强对广义教育资源的统筹力度，不断完善协同育人模式。深化社会大课堂应用，建立服务学生成长需求的社会教育资源群，市级社会大课堂资源单位达到628家。支持和引导区自主利用社会力量实施中小学课外活动计划，满足学生成长发展需求。落实10%学科实践要求，2015年，全面启动初中开放性科学实践活动和初中综合社会实践活动，一年来，活动人次均达84万人次。推动初中生开展为期一周的学农实践，学生自主选课、自由选班、自主管理，到2018年年底，有5.5万余名学生参与市级学农实践活动，学农实践活动得到国务院副总理刘延东的批示和肯定。积极开展远郊区学生到城区游学，共完成51批次2600人次学生的游学活动。积极开展"互联网+"家庭教育指导模式创新实践。启动"伴随成长、父母学院"项目，免费为家长提供家庭教育指导和服务，推送信息近400万条，累计受益家庭16万户。

（2）办学机制

一是完善内部治理结构，努力落实学校办学自主权。中小学章程建设样本实验校达300余所，现代学校制度建设取得重大进展，市属高校基本完成章程制定。自2016年起，对市教委高等学校学术评议委员会评价范围进行适当调整，将市教委负责的高等学校教师"教育管理研究"副高级及以下学术评议工作下放到各高等学校；将高职院校（含北京教育学院、北京开放大学两所成人高校）副高级及以下的学术评议工作下放到各院校。

二是优化教育供给结构体系，大力推进开放办学。创新体制机制，使各种教育资源充分融会涌流，各方面的积极性广泛调动。引导民办教育优质特色发展，重点解决基础教育资源短缺问题，满足多样化个性化需求。创新办学模式，教育系统内部实现学段贯通、普职融通、校际联通。引导社会力量托管中小学校、组织开放性科学实践等活动，共筑社会大课堂，服务大学生创新创业。推动国内外联合培养学生，促进京津冀教育协同发展。

三是创新教育服务方式，增强学生实际获得感。深化考试招生和教育教学改革，落实素质教育，推动中高考衔接，推进分层分类走班教学，扩大学生选择权，促进学生全面而有个性地发展。依托北京数字学校，推动"互联网+教育"发展，为学生提供全天候、个性化优质数字教育服务。

（3）管理机制

在充分落实办学自主权的基础上，从质量标准和资源配置两个维度把控各级各类教育的管理和评价。一是管理方面，制定实施中长期规划、五年规划、专项规划，完善各级各类学校公用经费定额标准、办学条件标准、校长教师专业标准、学生综合素质评价标准，努力健全首都教育公共服务标准体系。二是评价方面，坚持督政、督学和科学评估监测三位一体，坚持开展教育法律法规执行情况、全面实施素质教育、义务教育优质均衡发展情况等综合督导。每年开展对区域学前教育、特殊教育、校外教育、教育督导工作等专项督导，重点做好培育和践行社会主义核心价值观督导；创新督学责任区制度，实现中小学挂牌督导全覆盖。开展教育综合改革重点工作、对空气重污染红色预警等专项督导；连续开展学前教育发展状况、义务教育质量监测和教育工作满意度入户调查，为各区改进教育工作提供依据。建立第三方教育评估监测机制，积极培育并依托高校、教科研机构和其他社会组织，构建多元参与的教育评估监测体系。

（4）保障机制

从教育资源投入和校园食品安全等方面全方位保障教育改革。以深化人事制度改革为例，一是启动中小学教师职称改革。从 2016 年起，北京市中小学、幼儿园等 17 万教师都可以参评正高级职称，民办校、编外教师等也首次纳入评价范围，中学、小学教师职称系列"合二为一"。二是推进师范生培养内涵式发展，出台《关于加强和改进师范生培养与管理的意见》，完善师范生就业办法，完善师范生免费教育制度。三是推动义务教育校长教师在区域、城乡、校际间合理有序流动，出台《关于进一步推进义务教育学校校长教师交流轮岗的指导意见》。四是大力支持乡村教师队伍建设，制定实施《北京市乡村教师支持计划（2015—2020 年）实施办法》，创新乡村教师编制管理，乡村中小学教职工编制按照城市标准统一核定，全面推进义务教育教师队伍"区管校聘"管理体制改革，完善激励机制。制定实施《北京市乡村教师特岗计划（2016—2020 年）》，拓展乡村教师补充渠道的要求，帮助全市乡村学校解决教师结构性短缺问题，有效补充紧缺学科乡村教师。五是探索教师培训新模式，实施中小学教师开放型教学实践活动，制定实施《北京市中小学教师开放型教学实践活动计划（2016—2020 年）》，建立起高层次教师队伍建设管理评价的新机制。

二、首都教育体制机制改革的价值取向与经验总结

党的十八大以来，首都深化教育领域综合改革的实质是基于供给侧结

第三部分 展望：服务"四个中心"建设的首都教育发展与变革趋势

构性改革的整体变革。❶ 因此，把握首都教育供给侧结构性改革的理念是深入理解教育体制机制改革的前提。首都教育供给侧结构性改革是围绕教育资源和服务提供主体和方式的改革，其根本目的是提供人民满意的教育，❷ 即将人民的教育需求放在中央，从关注"实际发生"向关注"实际获得"转变，提升人民的教育获得感。❸ 具体而言，规范教育资源和服务的供给主体和主体关系属于教育体制的问题范畴，教育供给方式的改革属于教育机制的问题范畴。在"满足人民教育需求"的改革观念的指引下，通过进行一系列教育体制和机制的内部调整，理顺教育体制中各教育机构和教育规范的关系，完善教育治理的结构和方式，从而供给更加优质、均衡、多元的教育资源与服务教育，即为首都教育供给侧结构性改革的完整链条。

（一）找准教育改革的顺序：从解决好人民群众普遍关心的突出问题入手

习近平总书记明确指出，改革要"从解决好人民群众普遍关心的突出问题入手"，"做到老百姓关心什么、期盼什么，改革就要抓住什么、推进什么"。所谓人民群众"普遍关心"，是指与群众切身利益相关，有着广泛群众共识的问题，"突出问题"，就是要诸多矛盾中主要矛盾的表现形式，表现为现存的诸多问题中最为凸显的问题，其背后是教育领域深层存在的结构性矛盾。因此，将改革的顺序进行"排排坐"，"人民群众普遍关心的突出问题"就应成为改革顺序中的优先项，也是改革的破题之处，就是改革的突破口。

北京在基础教育综合改革中，选择从群众反映强烈的问题入手，以推进义务教育阶段就近入学改革作为改革的优先项。有三点经验值得借鉴。第一，提出"双增量"的概念，坚持继续做大增量的原则。实际上是走了

---

❶ 参见：李奕.北京"深综改"：基于供给侧结构性改革的整体性变革［J］.中小学管理，2016（1）：4–7.

❷ 参见：庞丽娟，杨小敏.关于教育供给侧结构性改革的思考和建议［J］.国家教育行政学院学报，2016（10）：12–16.

❸ 参见：李奕.北京：聚焦与服务"在家门口上好学"的实际获得［J］.人民教育，2016（9）：40–44.

245

一条增量先行，存量优化，标本兼治的路子。第二，坚持渐进不突进，着眼于系统性改善。在北京教育改革，通过政策倾斜、统筹各方资源等方式，为普通校的改造升级创造条件，通过多措并举，推进优质教育资源的重组和整合，促进优质教育资源的实质性扩大。第三，把握好改革的系统性和联动性，整体推进。北京教育改革按照"供给侧结构性改革"整体改革思路，打破单一的课程、资源、考试评价供给结构，促进体制机制的创新，很好地提升人民群众、学生的实际教育"获得感"、幸福感和安全感。

改革是利益关系的重新调整。习近平总书记提出"以更大的政治勇气和智慧深化改革"，勇气来源于党的坚强领导和人民群众的拥护支持，智慧来自对改革规律的深刻认识，来自对新阶段改革的特征和属性的准确把握。对于地方教育综合改革而言，在教育领域利益日益分化、固化的阶段，选择"从解决好人民群众普遍关心的突出问题"作为改革的优先项，需要超越选择单一"突破口"推进的思路，而应实施着眼于系统推进、实现系统改善的"最小一揽子改革"。

（二）抓好教育改革推进方式：要真刀真枪推进改革

深化教育领域综合改革阶段，面对教育领域业已形成的复杂的利益格局和利益关系调整，需要改革者攻坚克难的政治勇气和决心、信心，正如习近平总书记指出的，"要真刀真枪推进改革"。"要真刀真枪推进改革"关键是一个"真"字，光说不练是假把式，真说真练才是真把式。仅仅"说"和"练"也还不够，还要有"刀"和"枪"之间的相互配合，换句话说，在改革执行过程的要有充足的资源支撑，而且政策工具意义上"刀"和"枪"还得配合和协同，才能形成推进改革的强大动力。

北京在破解择校难题的改革中，采取"堵住漏洞""疏通出口""组合拳"并举的策略。通过颁布号称"史上最严"的15条禁令，取消"共建生"，堵住"条子生"，规范办学行为等堵住漏洞，采取一系列扩大优质教育资源覆盖面的政策措施疏通出口。同时，全市启用统一的小学和初中入学服务系统，将每一个学生入学途径和方式全程记录、全程跟踪监控。并且畅通了违规行为家长举报平台，接受社会监督。内部监督监测和第三方监督评估起到对改革进程的监督约束作用。

这一改革,从"面"上看,极大提升就近入学率;从"里"上看,群众教育"获得感"得到提升。据21世纪教育研究院一项对19个重点大城市义务教育均衡发展满意度的调查显示,群众对择校治理满意度方面,北京市择校治理成效显著,在2015年监测中,满意度与5年前相比增幅达24.18%,增幅排名第一。这一改革可谓"有里有面""真刀真枪""一竿子到底"的改革。

实践表明,"真刀真枪"推进教育改革,不能单纯靠行政权力的扩张来实现,尤其是不能单纯依靠教育行政部门的力量推动,而必须是通过提高改革的共识度和一系列机制来实现。一是在改革共识方面,要将提升人民群众的教育"获得感"作为推进改革的指导思想,这是提升和凝聚改革共识的前提和基础;二是省级教育综合改革必须建立有权力、有资源、有班子的领导机构;三是建立和完善教育标准化体系,实施标准管理;四是构建"第三方教育评估监测"制度体系,健全机制,增强客观性、可信度;五是健全和完善重大教育改革的听证制度,落实好教师、家长和学生民主参与的机制,既为改革推进提供动力,也倒逼既得利益者让利。

(三)增强教育改革的可感知性,实施预期管理:让群众得到看得见、摸得着的实惠

人民群众的教育"获得感"既有客观性又有主观性。习近平总书记提出,要让群众得到看得见、摸得着的实惠。因此,提升教育改革发展的"获得感",必须增强改革发展成果的可感知性,并建立和实施预期管理机制,将"获得感"目标变得可接受、可预期,进而可持续。在增强教育改革的感知性方面,"看得见、摸得着"的改革,既要求改革过程的公开性,又要求改革成果的实效性。北京教育改革过程体现了这一点,包括政策出台前的调研论证、政策过程中的信息公开、政策出台后的宣讲等;编制发布《北京教育新地图》等措施及实施;入学服务系统的运行也使每一名学生入学情况公开化,这些都使得教育改革过程更直观可见。而通过市级层面的统筹,推进优质高中名额分配向农村和一般学校倾斜,实行"校额到

校"；通过政府购买服务的方式，引进民办教育机构参与中小学学科教学、推行课外活动计划等，政府既"请客"又"买单"，使改革让群众得到了实实在在的"摸得着"的实惠。

因此，使改革"看得见、摸得着"，具体着力点在三个方面：一是增强教育改革目标的清晰度。改革发展既要有总的目标和设计，又要有明确的分解性、阶段性目标。有明确的施工图、时间表，接受群众监督。二是增强教育改革政策和措施的透明性。不搞"半夜鸡叫"式的突然袭击。三是教育改革要引入"用户体验"概念。教育服务的优质与否由用户切身体验来验证，良好的用户体验来自改革设计者以用户需求为导向，也来自民众在与教育行政机构制度化交互中参与改革的过程。

在发展的新阶段，公众对教育的期望值越来越高，甚至超前于发展水平，改革政策运行的风险进一步加大。因此，推进教育综合改革过程中，政府要引入预期管理机制和模式，综合利用和发挥好教育智库及传媒的作用，通过政策解读、互动交流等方式，及时回应公众关切的热点问题，使公众更好地理解政策及改革举措，有效引导公众形成合理的心理预期，提高对改革政策的接受度，使群众的教育"获得感"更理性。

"获得感"思想的方法论内在逻辑十分清晰，改革的成功取决于最广大人民群众的支持和拥护，只有通过改革增进人民的福祉，使人民在改革过程中有"获得感"，人民群众才能积极参与改革支持改革。在教育改革中运用好"获得感"方法论，强调的正是回到人民的立场，从群众的现实教育需求和遇到的突出教育问题出发，推进改革。通过改革给予人民群众可观察、可感知、可体验的实际教育获得，并且从程序上确保最广大的人民群众有可持续的教育获得感。"获得感"思想方法论，从实践逻辑上昭示着教育改革发展最终必然要集中到一点，这是实现"使全体人民在共建共享发展中有更多获得感"。

三、面向 2035 首都教育体制机制改革趋势

对首都教育体制机制改革来说，当前面临着国际教育改革新兴趋势、

首都战略定位和区域协同发展的新形势、新挑战、新任务。未来，首都教育体制机制改革仍然需要立足教育供给侧结构性改革理念，不仅要明确首都教育的供需关系，还要充分利用这一杠杆，按需求调整供给，以供给满足需求，变需求方为供给方，以供给侧引导需求侧。按需求调整供给，就是要从需求端来深入研究供给，科学分析劳动力市场和业态革新动向，未雨绸缪，超前布局，将人才培养与国家、社会和市场近期、中期和远期的需求紧密结合；以供给满足需求，就是要创新供给体制机制满足人的终身学习发展和经济社会发展的需求；变需求方为供给方，政府、社会机构、学校、企业、家庭既是用人主体也可以是培养主体，需求方不仅来自北京，还有京津冀协同发展和雄安新区建设的需要，从而建立合作协同育人机制；以供给侧引导需求侧，是针对非首都功能疏解的底线要求和首都构建高精尖经济结构布局，首都教育要减量集约，"瘦身健体"，做好舍得的工作。

（一）国际教育变革趋势：更大的覆盖性、包容性和开放性

一是由"学习为中心"转向"可持续发展"为中心。联合国教科文组织2015年出台《反思教育：向"全球共同利益"的理念转变？》的报告，强调培养人的可持续发展能力，即从将学习本身作为一种目的和手段，转变为将可持续发展作为目的和手段。

二是由教育"公共利益观"转向教育"共同利益观"。过去，我们都将教育看作一种公共产品"public good"，因此政府在提供这种公共产品中承担主体责任，而现在教育不仅是一种公共产品，知识创造及获取、认证、使用是所有人的共同利益（common good），是超越个体利益（private good）、公共利益（public good）的上位存在。因此，社会、市场和家庭的教育角色要从"问责"转向"共责"，共同承担起教育的主体责任。

三是由国家教育决策治理转向全球教育决策治理。教育治理的终极目标是超越经济、社会等物质主义的标准，指向建立如同习近平总书记倡导的，相互信任、尊重、包容、理解的人类命运共同体。我们的教育不仅要有扎根中国大地的定力，更要有走向世界中心的魄力。通过提升教育决策

治理的影响力增强道路自信、理论自信、制度自信和文化自信。

因此，未来首都教育体制机制改革方向要体现"三性"，一是要具备更广的"覆盖性"，以服务于人的终身学习和可持续发展；二是具备更高的"包容性"，以便家庭、学校、市场和社会共同参与教育改革和治理；三是具备更强的"开放性"，以着眼中国的全球发展战略，培养能够对外发出中国声音、讲好中国故事、传播中国文化的人才。这需要一个更为全纳的教育系统，要反思梳理在服务北京各教育主体发展中，北京教育现有的体制机制各个环节的衔接、各类教育的融通方面是否仍存在断点、盲点和障碍。

（二）中央教育改革文件要求：更优的治理格局和质量体系

中共中央办公厅、国务院办公厅印发的《关于深化教育体制机制改革的意见》中的指导思想和基本原则，既是对教育体制机制改革的总体要求，也是深入推进教育体制机制改革的根本方法。中央教育体制机制改革文件体现出以下几个特点：（1）着眼于中国特色和世界水平；（2）强调系统性，要求基本建立基础性制度体系；（3）未来的教育体制机制是活力、效率、开放、科学的；（4）具有问题导向；（5）强调依法治教，依法治校；（6）完善多元主体协同治理格局。中央文件是从体制机制的角度对教育十三五规划、教育中长期改革和发展规划进行的系统梳理，对教育体制机制改革规定的内容更为全面具体。

根据文件要求，国家层面将在大中小幼一体化德育体系构建、学前教育、义务教育、职业教育、高等教育、民族教育、教师管理、教育投入、宏观管理九大领域出台体制机制改革文件、制定标准，并实施相应的工程或计划（见表10-1）。

第三部分 展望：服务"四个中心"建设的首都教育发展与变革趋势

表 10–1 《关于深化教育体制机制改革的意见》要求制定的文件、标准和实施的工程计划 [1]

教育体制机制改革领域	需制定出台的文件	需制定的标准	需实施的工程计划
大中小幼一体化德育体系构建	（1）高等学校思想政治工作质量提升工程实施纲要 （2）加强高等学校体育工作办法	（1）学生运动技能等级评价标准 （2）学校美育工作基本标准	（1）高等学校思想政治工作质量提升工程 （2）高等学校思想政治理论课建设体系创新计划
创新学前教育普惠健康发展的体制机制	以县域为单位制定幼儿园总体布局规划	幼儿园保教质量评估指南	——
完善义务教育均衡优质发展的体制机制	——	（1）义务教育学校国家基本装备标准 （2）寄宿制学校和小规模学校办学标准	消除大班额计划
完善提高职业教育质量的体制机制	校企合作促进办法	——	——
健全促进高等教育内涵发展的体制机制	分类管理办法	（1）高等学校分类设置标准 （2）建立不同类型高等学校的拨款标准 （3）高等学校特色发展的评价指标体系	高等学校招生阳光工程
完善民族教育加快发展机制	——	双语教师任职资格评价标准	——
创新教师管理制度	（1）学校人员总量核定指导标准和试点方案 （2）学校依法依规分类制定岗位设置方案和管理办法	（1）幼儿园教职工编制标准 （2）学校人员总量核定指导标准 （3）学校开展日常教育教学、康复和管理工作所需的人员配备标准	（1）师风建设工程 （2）学校人员总量核定试点
健全教育投入机制	——	公办幼儿园、普通高中生均拨款或生均公用经费标准	——
健全教育宏观管理体制	——	从学前教育到高等教育各学段人才培养质量标准	——

---

[1] 根据中共中央办公厅、国务院办公厅印发的《关于深化教育体制机制改革的意见》（简称46号文件）归纳整理。

该文件中，对北京教育体制机制改革的部分先进经验进行制度化的提升。比如，在"多措并举化解择校难题"的改进管理模式部分，提到"试行学区化管理，鼓励各地因地制宜划分学区，合理确定学区与学校之间的管理权责，完善学区运行机制，提高学区管理效能。探索集团化办学，通过优化内部治理、加强教师跟岗、促进课程共建、开展教学共研等方式，发挥优质学校的示范辐射作用。鼓励各地结合实际，采取委托管理、强校带弱校、学校联盟、九年一贯制等灵活多样的办学形式"；在完善入学制度部分，要求"统筹设计小学入学、小升初、高中招生办法。采取单校划片或多校划片等举措，将热点小学、初中分散至每个学区，确保各学区之间教育资源大致均衡。小升初按照强弱结合原则实行对口直升。扩大优质高中招生指标合理分配到区域内初中的比例"。这是对党的十八大以来，首都教育通过供给侧结构性改革优化教育资源布局和供给结构，扩大基础教育优质均衡的改革思路和系列举措的充分肯定。

（三）首都城市功能定位要求：更高的大局观和服务性

首都"四个中心"功能和国际一流和谐宜居之都的定位从根本上确定了北京城市建设规划和教育改革的政策环境和战略发展方向，是对首都功能建设方面的内涵要求，要构建与"四个中心"和国际一流和谐宜居之都相匹配的教育体制机制。北京市委书记蔡奇在调研北京教育工作时强调，教育贯穿于"四个中心"城市战略定位的方方面面，尤其是与文化中心、科技创新中心密切相关，其基础地位和支撑作用不可动摇，要服务"四个中心"功能建设，完善教育服务科技创新中心建设、文化交流、"大城市病"治理的体制机制。在2018年10月18日召开的北京教育大会中，蔡奇书记进一步指出，要坚持把教育放在优先发展的位置，突出其基础性、先导性、全局性作用，紧紧围绕首都城市战略定位，以首善标准推进教育现代化，办好人民满意的教育。虽然北京在落实教育优先发展战略、落实立德树人根本任务、培养德智体美劳全面发展的社会主义建设者和接班人、加强教师队伍建设、推进教育改革创新、加强党对教育工作的领导五个方面走在了全国前列，为中国教育改革发展探索了重要经验，为提升中国教育世界影响力提供了重要支撑,然而,当前的首都教育体制机制与高水平教育现代化对教育治理体系的要求之间,仍然存在着明显的差距。在教育治理体系内部,教育经费的投入结构、学前教育和民办教育的治理机制、考试招生制度、"管办评"分离、"放管服"改革等方面有待进一步完善。在教育部门与其他部门的关系方面,教育服务地方经济社会发展和"四个中心"建设方面的潜力尚未完全释放,制度设计和保障机制仍需健全。比如,在提升北京高校科技成果转化率方面,教育主管部门应进一步发挥"政府搭台"的作用,搭建成果展示、技术对接、项目推介、学术交流等方面的服务平台。在社会主义核心价值观和中华传统文化传承创新方面,要充分统筹协调首都丰富文化资源,发挥艺术院校集中的优势,在知识产权保护、文化教育、文化活动和文艺作品创新方面增强制度保障,拓展服务机制。

（四）京津冀协同发展要求：更强的协同性和政治性

京津冀协同发展和雄安新区建设是对区域协同发展的规划蓝图,它们与首都城市功能定位"一内二外"共同构成首都发展战略的"一体两翼",首都教育体制机制改革也要相应地匹配"一体两翼"的战略部署,构建符合区域教育协同发展需求的教育体制机制。京津冀协同发展的战略和雄安新区建设既为非首都功能疏解和城市副中心建设搭建了"腾笼换鸟""瘦身健体"的平台,也为共建共享教育资源提供了强有力的政策支持。一方面要抓住"疏解整治促提升"的契机,进一步明确市属高校和应用型本科的定位,通过优化教育体制和高校空间布局,努力实现每区都有高校的目标,更好地服务于首都建设发展；另一方面首都教育不仅要满足北京地区的教育需求,也要积极发挥辐射带动作用,促进区域教育水平的整体提升。要在《京津冀协同发展教育专项规划》的基础上,完善京津冀教育协同体制机制建设,在创新协同管理机制、建立投入保障和补偿激励机制、协同发展监督评价机制和区域交流合作机制等方面谋篇布局,跳出问题内部消化吸收的固化思维,在更广阔的天地做好首都教育体制机制改革的文章。

四、面向 2035 的首都教育体制机制展望

未来的首都教育在世界教育改革发展和国家宏观政策战略的牵引之中。在这样的背景下，面向 2035 的首都教育体系，应当是一个可持续的、以人为本的、开放的教育生态系统。这个新型教育生态系统中的教育体制机制应该呈现更大的覆盖性、包容性、开放性、政治性、系统性和创新性，应当是一个全社会共同参与建设、共同参与治理、共同分享成果的现代教育治理体系。具体体现在以下四方面的延伸和超越。

（一）完善现代化的教育体系以保障首都"四个中心"建设

回顾首都教育体制机制的改革历程，尽管不同阶段面临的改革环境不同、重大教育问题有别、具体改革策略各异，但体制机制改革始终为人民服务的制度基础、教育优先发展的战略地位、持续深化改革和扩大开放的实践举措没有改变。教育体制机制改革涉及各种教育利益主体之间的教育权利与利益的合理调适与博弈，需要寻求不同教育利益主体之间适度张力并激发主体活力，通过"管办评"分离和"放管服"结合，进一步明确教育系统中各主体的权责边界，推进各个层级的教育供给侧结构性改革，应当由强调律法规制向推进法治赋权和协商共治变迁，[1]更加注重以体制机制改革提升教育服务社会经济发展的能力。[2]现代化的教育体系应该遵循科学治理、民主治理、依法治理和过程治理的理念，[3]要坚持扎根中国与融通中外相结合、目标导向与问题导向相结合、放管服相结合、顶层设计与基层探索相结合，服务于教育主体的成长和发展，服务于首都社会经济发展，服务于优秀文化与文明的传承与创新。

---

[1] 参见：范国睿. 教育制度变革的当下史：1978—2018——基于国家视野的教育政策与法律文本分析［J］. 华东师范大学学报·教育科学版，2018（5）：1-19，65.
[2] 参见：周洪宇，程光旭，宋乃庆，等. 学习贯彻全国教育大会精神 加快推进教育现代化［J］. 陕西师范大学学报·哲学社会科学版，2018（6）：5-28.
[3] 参见：别敦荣，韦莉娜，唐汉琦. 高等教育治理体系和治理能力现代化的基本原则［J］. 复旦教育论坛，2015（3）：5-10，9.

（二）建立与智慧城市而不仅是学习型城市相配套的智慧教育生态系统

学习型城市的终身教育体系是可接入的、连贯的立交桥，而智慧城市需要的智慧教育系统则是具备多样性、便利性、人性化和自我生发的特点。教育体制机制要打破固有的边界，做到纵横协同和深度融通，需要在教育的宏观管理体制机制，"管办评"分离、"放管服"结合方面既做到权责分明，又做到合作无间，通过进一步提升政府教育治理能力，明确市区各级、各部门权责，理顺运转机制；以独具特色的现代学校制度激发学校发展和创新活力；构建畅通无阻的社会参与教育治理渠道和网络，使得学校教育与家庭教育和社会教育能够密切配合、良性互动。

（三）由关注教育体制机制结构和关系的调整转向建立首都教育文化生态

这种教育文化生态的核心特点应为全纳、有序、自新，即全主体参与、各主体各司其职、共生平衡、自我更新。在大中小幼一体化德育体系的基础上，建立大中小幼一体化的职业发展和终身成长体系和政产学研用协同创新的教育发展生态。建成终身学习型社会，满足全民终身学习需求，实现人人皆学、处处能学、时时可学。

（四）兼顾教育发展体系的可持续性和教育治理体系的可持续性

不仅要关注教育体制机制的变革，还要优化教育治理系统本身的体制机制，关注教育可持续发展的体制机制，进行结构调整和资源内部整合，强化智库建设、督导体系和第三方评价主体的内部挖潜。更好地发挥北京市教委直属单位如北京教育科学研究院、北京教育学院和教育考试院等机构的能动性，将其纳入教育治理系统优化的框架中来，完善教育发展支持机构的评价激励机制，在资源配置、组织管理、成果认定、质量标准、奖励机制、人员的专业化发展等方面，分别有针对性地建立相应的制度。

附 件

聚焦:"教育 2030"视域下 OECD 的倡议与行动

2015 年 9 月 25 日,世界首脑齐聚在纽约召开的"联合国可持续发展峰会"上,为国际社会未来设定宏伟目标。会上审议通过一份由 193 个会员国共同达成的成果文件《改变我们的世界——2030 年可持续发展议程》(*Transforming our world: the 2030 Agenda for Sustainable Development*),这是一份包括 17 项可持续发展目标和 169 项具体目标的纲领性文件,构成了全球有史以来最宏伟的发展进程。与千年发展目标相比,新内容更广泛,致力于根除社会、经济与环境发展所有领域的贫困和不公平,它阐明了全球各国,无论发展国家还是发达国家,在 2030 年之前需要达到的目标及路径。这份文件不仅是发展中国家,而且也是世界上 193 个国家的行动指南。

作为创造更具可持续性社会的变革性动力之一,教育包含在可持续发展目标四(SDG4)中,致力于确保"包容、公平、优质的教育并促进所有人的终身学习机会"。该目标连同与教育相关联的其他全球可持续发展目标,共同构成了从 2015 年到 2030 年世界教育的宏伟和普适目标,即"教育 2030"。而由《仁川宣言》与《教育 2030 行动框架》共同构成的"教育 2030"全球议程,为世界教育发展描绘了新愿景、新目标,绘就了新的行动路线图。

经济合作与发展组织,简称经合组织(OECD),作为 34 个市场经济国家组成的政府间国际经济组织,一直致力于共同应对全球化带来的经济、社会和政府治理等方面的挑战,并不断把握全球化带来的机遇。OECD 通过其组织宗旨与目标、机构设置、研究内容的全方位设计,通过教育研究及

附件 聚焦:"教育 2030"视域下 OECD 的倡议与行动

教育治理工具建立一系列教育测评体系、标准和规则,深度参与全球教育治理。教育 2030 全球议程确定以后,OECD 将可持续发展目标(SDG)的实现看作是促进整个世界包容性社会进步进程的一个特别机会,它倡导、发起并实施的各项教育创新计划以及教育行动,正推动教育 2030 目标的实现并对全球的实现进程进行评估,OCED 的教育政策工具、手段、证据及对话平台也与"教育2030"进程实现高度互补。

一、聚焦 2030,OECD 对影响全球教育的趋势判断

《教育 2030 行动框架》中倡导各国在当今发展的大背景中审视"教育 2030"。强调教育系统必须相互关联,以回应迅速变化的外部环境,如变革的劳动力市场、技术的更新换代、城镇化的兴起、政治环境的不稳定、环境恶化、自然风险与灾难、对自然资源的争夺、人口压力、全球失业率的攀升、贫穷的困扰、不平等的扩大以及和平与安全所面临的更多威胁等。

OECD 的"教育研究与创新中心"(Centre for Educational Research and Innovation,CERI)持续关注全球不断涌现的新趋势和问题,反思学校和大学的未来,以期为未来设定发展进程。该中心的"影响教育的趋势"年度项目重点思考对全球教育有重要影响的经济、社会、人口统计及技术趋势。

(一)教育在全新世界格局变革中正发挥日益重要的作用

OECD 认为新的经济平衡、全球融入、人口更加多样化、不平等以及环境挑战正推动全球化进程不断扩大与加深。巴西、中国与印度等新兴经济体现在稳居全球十大经济体之列。这些国家日益在全球事务中发挥重要政治作用。这些变革体现了经济力量与世界金融平衡的根本改变。与此同时,全球不平等——富裕和贫困地区之间的差距——也正加剧。OECD 成员国富国与穷国之间的差距达到 30 年来新高。

另外,在快速变革的技术及交通成本日益下降的推动下,人们在不同国家和大陆之间的流动更加自由,国际流动日益频繁,越来越多的人进出国门导致社会日益多元化,也为全球各国带来更大的宗教、语言和文化的

多元性。伴随全球化，在政治方面，越来越多的国家允许公民拥有多重国籍；而经济上，全球化则体现为国际贸易、外国直接投资增加，以及跨国公司遍及全球。

OECD 认为，面对全球化与全球流动形成的全新世界格局，教育可以在这一全新世界运行所需的技能和能力培养方面发挥重要作用。教育可以通过影响最处境不利者的生活结果，从而成为减少不平等的有力工具。还可以促进移民融入，教会人们基本技能，以及进行价值观灌输，加强认同。在某些方面，教育能够非常明显而且快速地影响以及被全球化趋势影响，如外语教学，全球商业与贸易能力培养，提高人们对气候变化影响的认识等。但有些影响不明显并具有长期性，如气候变化对于学校基础设施规划的影响；随着受过最多教育和最有天赋的公民选择离开祖国到海外学习（有可能在国外生活），如何应对低收入国家的人才枯竭问题等，这些问题需要战略思维和规划，需要全面研究全球趋势对于教育系统层面的影响以及教育与全球化趋势的相互作用。

（二）各国政府在平衡公共支出中越来越重视教育的优先支出

全球挑战的速度与紧迫性需要国家在确保公民的福利与安全方面发挥核心作用。OECD 成员国，实际上也是全球大多数国家面临的重要挑战之一就是在财政紧缩时代如何平衡公共支出。伴随人的生命周期延长带来的健康与养老金成本的上升将会对其他支出领域（如教育和国防）的预算产生怎样的影响？由于医疗技术的改进以及人们有了更好意识与预防措施，在过去 60 年里，癌症和心血管疾病等大大减少，而新的致死疾病及健康担心也不断出现，这些都可能进一步影响医疗和保育支出。例如，糖尿病现在成为 OECD 各国增长最快的死亡病因。糖尿病发病率上升与肥胖盛行密切相关，而痴呆与人口老龄化及对心理健康问题的意识相关。这两个趋势都将继续对人们的健康与幸福感产生影响，国家层面必须制订行动计划（及拨款）解决这些问题。

OECD 各国现在仍然需要通过生产高层次知识、技能、创造力和创新的物品和服务保持竞争优势。教育要确保优先支出的地位，教育者必须充分了解学生在知识密集型劳动力市场获得成功所需的高级技能，加强一些重要能力的培养（21世纪技能），如全球语言、高级数字化技能以及社交与情感技能。教育也必须帮助各国为女性搭建公平竞争的平台，鼓励女性创业，以及更新老年工人的技能。此外，教育还需要提高人民对健康生活方式的认识，减少肥胖对于学生和教师健康与幸福的影响。

（三）教育在提高城市宜居性和创新性中逐渐发挥重要作用

当前，世界上超过一半人口生活在城市中，这一比例到2050年有望增加到70%。一些大城市，如墨西哥城，人口增长到2000万，比一些国家（如丹麦、匈牙利和荷兰）都大。在一定程度上，两个不同国家的城市（如纽约与上海）彼此之间的共同性比他们与各自国家的乡村地区的共同性还多。城市吸引了大量来自乡村及国外的人，他们希望在这里获得更好的经济前景和公共服务，如教育和医疗保健及各种文化机构，等等。人力资本集中促进了研究和发展，让城市成为增长与创新的区域核心。

但城市也面临许多矛盾：这里集中了生产力与就业机会，但也集中了高度贫困与劳动力市场排斥，可能带来社会关系紧张，由于家庭与社区彼此不联系而产生社会疏远、信任降低与暴力等。这使得吸引公民参与社会生活变得尤其重要。公民参与正变成城市政策与规划中的一支重要力量。公民参与已成为地方问责和社区构建的重要部分。同时城市生活也面临风险：缺乏绿地、人口密集、交通拥挤和产业带来的空气污染，带来呼吸道健康与心血管疾病。靠近街道与机场带来的高噪音水平，引发人们的睡眠问题及工作或学习注意力不集中。此外，居住环境密集，带来病毒疾病的快速传播。这些身体方面的危险还可能带来心理问题：越来越多相关研究发现，大城市与成人及年轻人更大的焦虑与情绪扭曲相关。

尽管全球各国正努力提高城市的宜居性，OECD各国（实际上是全球）的市长们都正在通过大量基于创新和社区的方案应对以上问题。教育可以也能够在其间发挥重要作用：如教会公民读写，提高公民社会参与所需的技能，以支持创造性与创新。教育还需要为城市化进程加快带来的大量挑战做好准备，如制订增加与减少社区人口的规划，保护学校建筑基础设施免受极端气候事件的影响等。教育还需要对学生，尤其是最贫困社区的学生的安全负责，要监测他们在面临新的或加大的城市压力情况下身体及情感的幸福状况。

（四）突飞猛进的新技术为教育带来机会与挑战

OECD发现"信息与通信技术"（ICT）在过去40年发展迅速。ICT不仅影响人们生活的方方面面，而且改变人们沟通、工作与社会化的方式。技术进步不仅仅体现在互联网领域。生物技术的一些重要发展可能以非常急剧的方式改变我们的生活。生物技术用于医学可以对抗疾病，用于农业能够提供产出，用于环境能够开发清洁能源。

对此，OECD强调：新技术可能是一把双刃剑。尽管它带来积极的影响，也可能导致以前不知道的风险与危险。网络欺诈、黑客、网络欺凌（在过去10年大大增加）、身份盗用仅仅是不断出现的影响个体和政府的一些案例。目前各国政府面临的最大挑战是如何保持与技术及人类行为演变的步调一致：如越来越多的国家正努力弥补法律漏洞。由于青少年和儿童是最普遍的在线服务与社交网络的使用者，学校和教师日益面临如何教育与指导学生了解虚拟世界的好处与坏处的挑战，因为他们自身也缺乏必要的相关技能。

此外，在过去10年，随着有关ICT应用（如户均计算机拥有量、全球网络流量和花在互联网上时间等）的所有指标都在增长，全球已有效消除了接触计算机者与没有接触计算机者之间的第一条数字鸿沟。但是第二条数字鸿沟却已经在那些积极拥抱技术丰富的世界的人与滞后的人之间形成。现在，由于相当比例的工作都需要人们拥有基本的ICT技能，因此缩小第二条数字鸿沟比以往任何时候都变得重要，它是一个公平问题也是一个效率问题：因为，伴随全球经济变得越来越知识密集，各国无法承担大量劳动力缺乏这样的基本技能带来的严重后果。

OECD认为，教育可以在确保每个人都能享受到技术世界带来的收益方面发挥重要作用，同时积极降低其中的一些风险。这要求教育系统必须适应数字化环境，以应对学生的注意力下降，数字化剥夺紊乱以及"担心错过综合征"等。所有这些问题都需要作为各国及全球长期战略的一部分加以考虑，以帮助教育跟上技术进步的步伐。

（五）迫切需要教育发挥更大作用以实现性别平等

OECD 在 2017 年 10 月 4 日发布的最新报告——《追求性别平等：一场升级的战争》(Pursuit of Gender Equality: An Uphill Battle) 预测，如果 2025 年将劳动力参与性别差距缩小 25%，在 2013—2025 年 OECD 各国预期 GDP 可增长 1%，如果性别参与差距 2025 年减半，那么 GDP 增长将达到近 2.5%。

但自 2012 年 OECD 发布《从现在开始缩小性别差距》(Closing the Gender Gap Now) 报告以来，OECD 各国在促进性别平等方面进展甚微。性别差距在几乎各国的社会与经济生活的所有领域都持续存在，而且差距的规模在最近几年都没有变化：尽管现在 OECD 成员国年轻女性离开学校时比年轻男性获得更好的学历资格证书，但他们仍然较少可能在能够获得更高收入的 STEM 相关领域学习；尽管女性劳动力参与率在过去几十年已经接近男性，但在所有 OECD 成员国，女性仍然比男性较少可能参与带薪工作。即使女性就业，她们也更可能做一些兼职，并较少可能晋升到管理岗位，更可能面临歧视，也比男性收入少。OECD 成员国平均而言，女性工人平均收入比男性同辈低 15%，而且自 2010 年以来，这一比例一直没有变化。女性也较少可能成为企业家，而且女性所在的企业通常也比男性拥有的企业赚钱少。此外，性别差距随着年龄增长而扩大，体现了父母身份在性别平等中发挥关键作用。性别不平等也遍及公共生活的各个层面：女性在政治领域代表不足。OECD 各国平均而言，在国家立法机关占不到三分之一席位。

OECD 认为，追求性别平等是实现惠及每个公民的可持续、包容性增长的优先任务。因为性别不平等增强了其他形式的与社会经济地位、文化背景和年龄相关的不平等。各个层面的政策都需要消除所有形式的性别不平等，努力创造一个男女都有公平权利、责任和机会的世界，尤其可以通过增强早期教育让所有人都拥有生活的良好开端、通过教育改变人们的态度和行为等，推动 SDG 中的性别平等目标的实现。

（六）教育在适应家庭结构变迁中发挥越来越多的支撑作用

在过去 50 年，重组家庭和单亲家庭数量日益增长，家庭变得越来越小，是否要孩子也越来越取决于个人。此外全球离婚率上升而结婚率下降。人们的婚姻观念发生的改变，家庭与家庭结构也发生了变化。全球各国政府在支持家庭方面正日益发挥重要作用：在过去 30 年，大多数 OECD 成员国家庭补助的公共支出增加，其重点针对 0—5 岁儿童（最脆弱的年龄群体）。通过增加幼儿支出和其他计划，如推出家庭双方育儿假，各国政府正试图减轻有孩子的家庭的负担。这一趋势可能影响体现了 OECD 各国为了应对人口老龄化，正努力提高生育率。

此外大多数 OECD 成员国的家庭债务都日益攀升，年轻人也比年长者更容易陷入贫困。现代化世界为社会带来新的压力，尤其对儿童。儿童肥胖、网络风险（如在线欺凌）在过去 10 年大大增加。社会背景对人的一生的成就（例如教育、就业）的重要性越来越大。

高质量教育是减少不公平、缩小低收入与高收入学生之间的差距的一个重要工具，但是不能仅仅依靠教育。学校在促进人们对新的家庭结构的接受方面以及鼓励包容与多样化方面有着非常明确的作用。各国还需要思考一些重要问题，如教育如何更好支持家庭，尤其是最贫困和最处境不利的家庭？家长与教师之间的信任以及这种信任可能对学习环境以及教师招募与保留产生哪些影响？所有这些问题都必须从现实及长期的视角加以考虑。

二、面对 2030，OECD 的教育价值取向：消除贯穿人一生的教育不公平

面对"教育 2030 议程"构建的新的全球学习格局，作为引领发达国家教育革新方向的智囊团的 OECD 有自己的教育政策关注重点，并提出了实现"教育 2030 议程"的行动倡议及政策建议。

OECD 成员国及其与伙伴国一直在朝着实现 SDG4 目标成功迈进，已经

部分实现了许多与学校基础设施和基本教育机会相关的目标。但是，许多国家在实现评估学习结果与公平的目标方面仍然面临巨大挑战。对于OECD成员国而言，教育不公平的体现，太多来自社会经济处境不利背景的儿童、学生和成人持续落后。在许多国家，处于社会经济量表两端的学生之间存在巨大的学习差距，这些差距通常在他们进入成年之后继续扩大。不同国家在向处境不利个体提供教育与技能开发机会方面的进展也是差异巨大。只有少数国家成功提供了终身学习机会，而大多数国家只在个体一生的特定阶段提供了零星的干预，没有为个体一生提供持续的支持。

在大多数国家，学习机会不公平从出生就开始了，并通常随着个体成长而加剧。2015PISA结果发现，OECD各国社会经济处境不利学生科学成绩低于基准线的可能性是处境优越学生的3倍。家长受过高等教育和家长只有初中教育程度的学生之间的科学分数差距为84分，相当于2.8年学校教育。不公平导致成人后非常不同的生活结果。在一些国家，特定人群之间学习机会获得存在相当大的不同。成人技能评估调查显示，即使考虑了社会人口因素，如性别、年龄、国外出生、工作年限或者自我雇用，在所有参与调查的国家中成人的阅读技能差距仍然存在，家长受教育程度高的20—29岁成人和家长受教育程度低的成人数学技能差距达46分，以色列、英国、美国、希腊、斯洛伐克、波兰、斯洛文尼亚和智利差距尤其大。OECD各国平均而言，家长受教育程度高的年轻成人获得大学学位可能性是家长受教育程度低的成人的4倍。

OECD在研究了处境不利如何在人的一生中累积，深入思考了人一生的每个阶段（从早期教育、学生、学校结果到成人教育与技能开发）的教育公平问题之后，提出了创造面向所有人的终身学习机会，确保人的生命各阶段都能获得公平的教育结果的政策建议。

（一）投资于早期教育

由于与更富裕的同辈相比，来自社会经济背景低的儿童不太可能受益于高质量的家庭学习环境和早期教育与保育服务，因此，OECD建议需要考虑针对性政策，重点从以下几个方面确保为来自处境不利背景儿童提供高质量学习环境。

1. 消除学前教育与保育障碍

来自处境不利背景儿童更可能面临获得优质保教设施的障碍，如好的学前教育与保育设施的成本、距离和可得性以及缺乏保教服务信息等。一些OECD成员国成消除了这些障碍，而一些国家，如智利、爱尔兰、波兰和土耳其没有成功为来自社会经济最处境不利的儿童提供ECEC机会。这些国家需要努力消除妨碍处境不利儿童获得保教服务的障碍。

2. 确保学前教育与保育质量

没有很强的健康、安全和其他质量监控的低质量学前教育与保育对于儿童的身体和社会情感发展及学习结果会产生负面影响。来自处境不利背景儿童通常较少可能获得高质量学前教育与保育服务。OECD强调从以下几个方面确保学前教育与保育质量：保持较低的师幼比和小班教学；严格学前教育与保育人员资格标准，加强他们幼儿教学和关爱方面的培训；制定国家课程大纲和指南及教职员专业标准；制定保教机构设施的设计、布局、空间及卫生标准；等等。

3. 支持家庭和基于社区的干预

年幼儿童大量时间在家与父母或者看护者一起，因此，家庭学习环境对于儿童早期结果有直接影响。对家庭实施基于证据的养育计划、对于问题家庭的家访、加大对低收入家庭的补贴等，都有助于这些家庭改善为儿童提供的学习环境。

（二）支持来自处境不利背景的和处境不利学校的"低表现者"

要让早期教育投入发挥持续效果，必须在儿童的整个学校教育历程中继续提供持续支持，尤其是对那些有短期或没有学前教育体验的处境不利学生更是如此。一些国家，如奥地利、比利时、法国和意大利，在为来自社会经济最处境不利儿童提供学前教育与保育机会方面非常成功，但是，这些学生在15岁和20—29岁时的学习结果并不优秀。处境不利学校通常最需要高质量的资源和支持，但是在大多数国家，他们却更可能遭遇财政预算和缺乏教职员。因此，OECD建议各国可以考虑从以下几个方面持续对处境不利学生进行支持。

1. 尽早甄别低表现者并提供针对性支持

低分学生需要尽早甄别，以便教师和家长能够为面临落后危险的学生提供尽早、定期、及时的支持。一些分类和分隔机制，如学业分流和能力分组，会巩固学校中的教育不公平，通常成本很高，对于提高教育结果也没有效果，因此各国应该推迟学业选择，废除留级以促进更大公平，并为所有学生都设定较高的学业、态度和行为标准。

2. 支持处境不利学校

分配足够资源到处境不利学校对于确保所有学生获得完全参与社会所需的高质量教育和培训非常关键。为这些学校提供额外的经费及人力资源，同时学校预算优先用于高质量人力资源投入，如校长和教师。还可以使用金钱或者专业层面的激励吸引高效率领导和教师到处境不利学校，并为处境不利学校校长和教师提供针对性支持，努力为他们与其他学校领导和教师建立联系，帮助他们彼此分享知识和提供资助。

（三）为成年人提供持续的教育机会

早期和学校教育阶段干预和投资的失败会导致成年后很难解决的严重后果。许多辍学早的成年人没能获得基本的读写和数学技能，这成为他们进入就业市场或者参与今后培训的巨大障碍。根据2012年人口数据，OECD各国66%人口达到工作年龄（16—64岁），15岁以下学龄人口为18%。工作年龄人口规模及他们在经济和社会中发挥的作用，使得各国必须保证这些成年人不断升级、维持或增加现有技能。OECD建议各国可以考虑以下政策方案为成年人一生提供持续的教育机会。

1. 关注提高来自处境不利背景的成人的就业能力

为了提高成人的就业能力，必须通过教育与培训计划确保他们拥有基本的读写、数学和计算机技能。必须为他们提供一些学习机会，如学徒、实习等，推动他们向劳动力市场过渡。法国、德国、瑞士和英国已经实施了各种将工作体验融入学习中的计划。丰富的职业信息与指南也可以帮助成人作出职业选择，并为进入就业市场做更好的准备。政府也必须为雇主提供财政激励，吸收那些失业的成年人进行培训，并建立简单、透明的管理程序确保充足学位。

2. 为最脆弱的成人群体提供针对性支持

成人学习要有效，针对支持非常关键。各国需要甄别成年人中最脆弱的群体，为其提供适应需求的机会。最脆弱的人群包括失业的年轻成人、单亲母亲和长时间脱离劳动力市场的女性、缺乏语言技能的移民等。每个群体面临不同的挑战和障碍，需要相应的政策与支持体系解决他们特定的问题。

3. 消除成人教育参与障碍

消除成人参与各种学习项目的财政、环境和时间方面的障碍非常重要，特别是社会经济处境不利的群体。OECD建议政策制定者选择各种融资方案，如特别为成人学习设立个体学习账户、教育券和培训补贴及培训假等。此外，一些基于税收的机制，如税收补贴和税收折扣，也可以消除成人参与教育的成本障碍。为了消除时间和环境障碍，可以使用一些具有创新性的高效成人学习机会，如在线、远程及家庭学习计划等。此外，周末或者晚上的业余课程，增加了灵活性，有利于鼓励成人的教育参与。

三、启动"教育 2030"项目，为教育系统的未来指明方向

为了呼应"教育 2030 议程"，OECD 启动了"教育与技能的未来之教育 2030 项目"，将视角聚焦课程——学习内容的变革，制定 2030 学习框架，帮助各国应对课程实施中面临的共同挑战并找到成功课程实施的关键因素；探索能够帮助所有学生取得未来成功所期望的结果的教师的能力类型与特征。试图回答两个对于全球各国而言意义深远的问题：什么将是当今学生在 2030 成功并塑造他们的世界所需的知识、技能、态度和价值观？教学体系如何有效培养这些知识、技能、态度和价值观？

"教育 2030"项目分两条线进行，第一条线研制"2030 学习框架"（Learning Framework for 2030），达成全球对于塑造面向 2030 的未来的必要的知识、技能和价值观的共识；第二条线是对全球课程进行分析，构建一

个知识库，确保各国的课程设计过程更加系统。

（一）制定 OECD "2030 学习框架"，勾画 2030 世界需要的知识、技能、态度、价值观和能力图景

"2030 学习框架"（Learning Framework 2030）由 OECD 与各国政府与伙伴代表，包括思想领袖、专家、学校网络、学校领袖、教师、学生和年轻人群体、家长、大学、地方机构和社会伙伴合作构建，以期为教育系统的未来指明方向，2018 年末已完成终稿，2019 年探索如何将框架转化为教学法、评估和教学体系的设计。

OECD2030 学习框架明确了全球新的共同教育愿景——帮助所有学习者作为一个完整的人发展，实现潜能，帮助塑造一个建立在个体、社会和星球的幸福基础上的共享的未来。在新的愿景下，OECD 提出教育的目标除了要培养年轻人为职场做准备，更要让学生具备成为积极、负责和投入的公民所需的技能。新的全球学习框架将"素养"（competency）概念作为核心，涵盖知识和技能的获得以及如何应用知识、技能、态度和价值观满足复杂需求。为应对 2030 教育面临的挑战和机会，"2030 学习框架"在"OECD 关键素养"（OECD Key Competencies）的基础上，特别强调三类素养——统称为"变革性素养"（Transformative Competencies）——是指变革社会和塑造未来的各项能力，包括创造新价值；调解紧张局势与困境；承担责任。

1. 创造新价值（Creating new value）

全球迫切需要新的增长源以实现更强、更包容和更可持续的发展。要为 2030 做好准备，人们必须能够创造性思考，开发新产品和服务、新的就业、新的程序与方法，新的思维和生活方式，新企业、新部门，新的商业模式和社会模式。创新也越来越不会从个体思维和单打独斗中涌现，而是在同与他人的合作与协作中吸收现有知识而创造新知识。支撑这一素养的要素包括适应力、创造力、好奇心和开放性。

2. 调解紧张局势和困境（Reconciling tensions and dilemmas）

在一个以不公平为特征的世界里，为了协调多样化视角与利益，年轻人必须能够熟练应对紧张、困境和取舍，如平衡公平与自由、自治和社区、

创新和持续、效率和民主程序等。要为2030做好准备，个体需要以更加综合的方式进行思考，从短期和长远的视角考虑冲突或者相互矛盾的观点、逻辑和立场之间的相互联系和内在联系。换句话说，他们必须学会成为"系统思考者"（systems thinkers）。在一个相互依赖和充满冲突的世界，人们只有具备理解他人需求和期望的能力，才能成功获得自身、家庭及社区的幸福。

3. 承担责任（Taking responsibility）

这一素养是上述两项素养的前提。应对新事物、变革、多样性和模棱两可，需要个体能够独立思考并与他人合作。同样，创新和问题解决也需要个体考虑某项行动产生的后果的能力，能够评估风险和收益，接受问责。它体现了一种责任感及道德与智力方面的成熟，个体能够根据经验和自身及社会目标、以前所学所听，反思和评价行为的正确与错误。这一素养的核心是自我管理，包括自我控制、自我效能、责任心、解决问题和适应力。

为确保这个新的学习框架能够付诸实施，OECD正与利益相关者密切合作，试图将这三类素养和其他关键概念都转化为一套明确的要素（如创造性、批判思维、责任感、顺应力、合作等），以便教师和学校领导能够更好将它们融入课程中，目前，这些要素还在检讨之中。

（二）展开全球课程调查，构建重新设计课程的知识库

OECD通过对全球不同国家课程实施的调查发现全球课程改革正面临以下5个共同的政策问题：（1）面对家长、大学、雇主的需求和要求，学校正面临课程超负荷。因此，学生通常缺乏足够时间掌握关键的学科概念或者交朋友、睡觉和锻炼。因此，课程改革的关注点必须从"更多学习时间"转向"优质学习时间"了。（2）课程改革在认识、决策制定、实施和影响之间经历了时间滞后。课程内容和学习结果之间的差距通常非常大。（3）如果希望学生能够投入学习并获得更深入的理解，课程内容必须高质量。（4）为了让所有学生都能受益于社会、经济和技术变革，课程在创新的同时必须确保公平。（5）为了改革的有效实施，认真规划和协调至关重要。

为了回应这些挑战，OECD制定了课程和教育系统变革的设计原则，这

些原则将在不同国家具有长期重要意义。第一，概念、内容和主题的设计原则。（1）必须激发学生能动性。课程应该围绕学生设计以激发他们的积极性，并承认他们以前的知识、技能、态度和价值观。（2）必须严格。主题应富有挑战心，确保深入思考和反思。（3）必须聚焦。各年级应该引入相对少量的主题以确保学生学习的深度和质量，为了增强关键概念，主题可能交叉。（4）必须具有连贯性。主题应该连续，体现学术科目的逻辑，确保不同阶段和年龄水平能够取得进步。（5）必须具有一致性。课程应该很好与教学与评估实践一致，不同目的可能需要不同的评估实践。应该有新的评估方法，关注学生结果和一些不常被评估的行为。具有可迁移性。应该更优先关注能够在一个情境中学会并能迁移到其他情境中的知识、技能、态度和价值观。（6）具有选择性。应该为学生提供多样化的主题和项目选择及提出他们自己的主题和项目的机会，支持他们作出理性选择。

第二，过程设计原则。（1）必须激发教师的能动性。教师应该被赋权使用他们的专业知识、技能和专长，以有效传授课程。（2）必须确保真实性。学习者应该能够将他们的学习体验与真实世界联系，在学习中有目的感。这需要在掌握学科知识的同时跨学科和合作学习。（3）必须相互关联。应该让学习者有机会在学科或跨学科中发现一个主题或概念可能与其他主题或概念的联系，以及与校外真实生活的联系。（4）确保灵活性。课程概念应该可修改并动态变化。学校和教师应该能够更新并校准课程，以体现社会要求及个体学习需求的变化。（5）促进参与。教师、学生和其他相关利益者应该在课程开发早期参与进来，确保他们的实施职责。

四、迈向2030，OECD构建的评估框架与监测体系

（一）不断完善评估框架，在全球推动OECD所倡导的素养的培养

OECD正推动"国际学生评估计划"（PISA）成为全球教育成功的标尺，教育公平、质量与效率的评价标准，通过不断加入新的评估内容，在全球推动所倡导的各项能力的培养和提高。

1. 制定"全球化素养"框架，在课程体系中融入全球化、国际的、跨文化的视角

始于 2000 年，每三年进行一次的 OECD 的 PISA 测试作为一项国际合作研究，始终坚持跨学科、多维度的特性，一直以来确定的主要测试领域为：阅读、数学和科学。但是随着 2030 可持续发展目标四的确立，全球新的学习格局正在形成，教育 2030 议程承诺的面向所有人的高质量教育，不仅仅限于读写、数学与科学等基础知识与技能，更强调可持续的共同生活。同时，当今社会，经济方式、数字技术、人口结构和生存环境的加速转变正在影响人们的生活，人们将面临更多日常的跨文化交流的机会和挑战。无论在传统或者在更具创业型的工作环境中，年轻人都需要与来自不同学科及文化的其他人合作，需要解决复杂的问题并创造经济与社会价值，需要在面临别人的信仰与看法与其不一致的困难情景中作出判断并采取行动，需要辨别文化特性与偏见，并承认自身对世界的理解不可避免会存在偏袒。很多年来，教育者一直在讨论如何才能最大程度增强这些能力。是否存在一个独特的能力领域，能够确保年轻人为他们即将工作与生活的、文化多元及数字化连接的社会做好准备？学生是否可以学会调动自身拥有的知识、认知及创新技能、价值观及态度，确保自身的行动具有创新性、合作性并合乎道德？总之如何让年轻人更好为当今快速变革的全球化世界做好准备，OECDPISA 管理委员会提出"全球化素养"这一概念旨在回答以上问题。2016 年 5 月 14 日于日本仓敷市召开的七国教育部长会议上，OECD 提交的《面向包容世界的全球化素养》报告，陈述了全球化能力在日益互联和多元化的社会中的重要性以及全球化能力的概念框架和评估策略。倡导"全球化素养"必须成为 21 世纪教育愿景的核心。2017 年 12 月 12 日，经合组织（OECD）教育与技能司和哈佛大学教育研究生院零点项目共同主持《培养面向包容和可持续世界世界的年轻人：OECDPISA 全球化素养框架》（*Preparing Our Youth for an Inclusive and Sustainable World: The OECD PISA global competence framework*）的发布会，提出以此为基础，将"全球化素养"纳入 2018 年新一轮 PISA 测试的主要评估领域，80 个国家将首次参与评估 15 岁青少年的"全球化素养"（global competence），"全球化素养"植

根于学校的进程迈出具有里程碑意义的一步。

OECD 将"全球化素养"纳入 PISA 测试及 TALIS 调查中，将在全球各国促进全球化素养教育，在日益多元的社会中增强文化意识并推动相互尊重的互动。全球化素养教育旨在培养关心全球问题，积极参与应对社会、政治、经济和环境挑战的新一代，确保公民获得数学、阅读、科学等基础知识之外，学会与其他人一起生活，从而支持可持续发展目标的实现。

2. 构建"社会与情感技能"的评估框架，促进人类幸福和社会进步

近年来，社会与情感技能逐渐提上了全球教育政策议程并进入公众讨论视野。社交和情感技能对于个体幸福与社会进步（涵盖了生活的各方面，包括教育、劳动力市场产出、健康、家庭生活、公民参与和生活满意度等）有重要影响，社会与情感技能与认知技能的平衡，在提高经济与社会产出方面发挥着重要作用。提高儿童的认知技能水平（通过读写、学业成绩测试和学业分数进行评估），对大学教育注册率和就业率影响明显；而提高儿童的社交和情感技能水平（通过毅力、自尊和社交能力等指标评估），有助于改进与健康相关的结果和主观幸福感，同时减少反社会行为。

但对于大多数学生而言，社会与情感技能的培养仍然靠运气，主要取决于它是否进入教师和学校的优先发展领域。妨碍社会与情感技能培养的主要障碍是该领域缺乏可靠的评价指标，教育者和政策制定者看不到进步也无法改善不足。因此，选择合适的测量和评价方法，获得关于社会和情感能力现状、发展及产出等方面的信息，可以有效促进社会和情感技能的培养和发展。但关于如何最好评估社会与情感技能全球似乎缺乏共识。

2014 年 3 月 23—34 日，在 OECD 有关"社会进步技能"的非正式部长大会上，11 位教育部长和副部长在巴西圣保罗讨论了"哪些技能促进人类幸福和社会进步？"会上达成的一致意见是：需要培养认知、社交和情感技能平衡的全面发展的儿童，以便他们能够更好应对 21 世纪挑战。2015 年 3 月 10 日，OECD 发布一份题为《促进社会进步的技能：社交和情感技能的力量》(*Skills for Social Progress: The Power of Social and Emotional Skills*)的报告，呈现了对于社会与情感技能作用的全面分析，同时提出了提高这些技能的策略；2017 年 12 月 12 日，OECD 发布《社会与情感技能：幸福、连

通与成功》(Social and Emotional Skills Well-being, connectedness and success)报告，提出对社会与情感技能进行全球评估的框架，并宣布以此为基础将从2017年年中开始，跨度三年，开展一项新的、评估全球部分城市与国家10岁与15岁学生的社会与情感技能的国际调查。这是全球构建一个综合社会与情感技能评价指标的首次尝试。OECD选择了六个大领域——大五模型五个维度和复合技能——中的15项社会与情感技能进行评估。

（二）构建可持续发展教育目标实现进程的监测体系

可持续发展目标四（SDG4）在两个方面区别于以前的千年发展目标（MDGs2000—2015）的教育目标。第一，SDG4是真正的全球目标，富裕与贫困国家没有差异。每个国家在实现SDG进程中都面临挑战。第二，SDG4将教育质量与学习结果置于优先与核心地位。曾是MDGs的主要关注点的机会、参与与入学，仍然重要。世界仍然没有为所有人提供高质量的教育机会。估计有5700万儿童仍然没有机会获得初等教育，还有许多儿童因为贫困、性别、种族、居住地和武装冲突等继续被排除在教育收益之外。但是教育参与本身不是终结。对于人们和经济发展而言重要的是通过教育获得的技能。是通过学校教育培养能力和道德品质而不是获得资格证书与文凭，让人们在职业及私人生活中获得成功并具备顺应力。这些也决定了个体的幸福和社会的繁荣。OECD学习结果和技能国际评估体现了教育面临的挑战的程度与重要性。在2012年参与OECD的PISA测评的65个国家和经济体，平均有35%的15岁学生没有达到数学精熟度基准水平，26%没有达到阅读基准水平。这意味着墨西哥近80万15岁学生、法国16.8万学生、巴西190万学生还没有掌握现代社会成功所需的基本知识和技能。

从MDGs中的机会与入学转向目标四中的教育质量需要一个能够评估不同年龄和不同教育阶段儿童与年轻人真正学习结果的体系。OECD正提供这样的评估工具，并承诺改善、扩大并丰富这一评估工具。提供比较数据、基准，促进经验交流正成为OECD的核心使命。例如，评估15岁学生的阅读、数学、科学与合作问题解决方面的学习结果的PISA测评，2016年12月最近一轮测试涉及了超过70个中高收入国家，通过可比较的完整的进步评估，确保所有国家，无论起点，都能清楚看到他们超过国际达成的统一教育质量与公平目标之路的位置。此外，OECD 开发的"促进发展的 PISA 计划"其目标不仅是扩大国际评估的覆盖面，纳入更多中低收入国家，更重要是为这些国家提供资助，帮助他们构建自身的国家评估与数据收集体系。PISA 测评也在不断扩大评估领域，力求将其他与目标四相关的技能纳入，如上所述，2018 年 PISA 将首次评估 15 岁学生的全球化能力，包括评估他们对于和平和非暴力文化的理解，全球公民、文化多样性的理解和对可持续发展作贡献的文化。

OECD 的其他监测工具，如"成人技能调查"（国际成人能力评估计划的一个产品 PIAAC）和"教学与学习国际调查"（TALIS），以及呈现了世界上可得的整套教育指标的《教育一览》年度报告也正提供全面监测教育体系的强大证据。2017 教育概览首次用一章来讨论各国实现这一全球教育议程的进步情况。附表 1 提供了和附表 2OECD 开发的跟踪实现目标四进程一套全球指标。尽管这些指标没有涵盖相关目标中包含的所有概念。但 OECD 正与联合国教科文组织合作，构建一个综合的数据体系中，监督教育 SDG 实现进程。（见附表 1、附表 2）

附表 1　OECD 评估试行教育 SDG 目标进程的数据

教育 SDG 目标		OECD 能够提供并有助于开发的数据
4.1	到 2030 年，确保所有女童和男童完成免费、公平和优质的小学与中学教育，并伴随相关而有效的学习结果	来自行政渠道和 INES 数据收集的入学和完成率数据；PISA 中的 15 岁学生阅读与数学成绩；需要开发小学结束时的学习结果评估；为了发展的 PISA 将改善估计失学人群的方法
4.2	到 2030 年，确保所有女童和男童都有机会获得高质量的学前儿童发展、保育和学前教育，确保他们为初等教育做好准备	通过 INES 调查有关学前儿童发展和学前教育收集的行政数据；正在开发的早期学习结果评估项目，将产生幼儿认知、社交和情感技能发展方面的数据
4.3	到 2030 年，确保所有女性和男性享有公平的获得可支付的、优质的技术、职业与高等教育机会，包括大学	来自 INES 收集的高等教育和高中职业教育课程的不同性别入学率数据；来自 PIAAC 的正规和非正规成人教育参与
4.4	到 2030 年，大大增加拥有相关技能（包括技术与职业技能）的年轻人和成人数量，促进就业、获得体面工作与创业	来自 PIAAC16—65 岁人群数字化问题解决技能熟练程度数据；来自 PIAAC16—65 岁人群阅读与数学数量程度数据

续表

	教育 SDG 目标	OECD 能够提供并有助于开发的数据
4.5	到 2030 年，消除教育性别差距，确保最脆弱人群，包括残疾人、原住民和脆弱地区儿童获得公平的各级教育和职业培训机会	来自 INES 数据收集的分性别所有 ISCED 教育层级入学率、毕业率与完成率数据；来自 PIAAC 对于 ISCED 等级三更高等级教育的分性别、移民背景、家长教育程度、在家语言的教育完成数据；来自 INES 数据收集的有关公共和私人教育投资数据；OECD 发展资助委员会开发汇编的教育资助数据
4.6	到 2030 年，确保所有年轻人和相当比例成人，无论男女，达到阅读与数学熟练程度	来自 PIAAC 的阅读与数学熟练数据；来自 PIAAC 基本技能培训活动参与数据
4.7	到 2030 年，确保所有学习者获得促进可持续发展所需的知识和技能，包括通过可持续发展和可持续生活方式教育，人权教育，性别公平，和平与非暴力文化促进，全球公民和文化多样性理解，为可持续发展做贡献的文化	从 2018PISA 评估开始收集全球化能力熟练度数据；来自 2015PISA 产品的科学精熟度与环境意识；来自 PIAAC 有关人际信任和各种其他社交结果的数据；INES/NESLI 有关课程、学科领域和学校学习时间的调查
4.a	建设并升级教育设施，满足儿童、残疾人和不同性别需求，为所有人提供安全、非暴力、包容和有效的学习环境	来自 PISA 调查的有关学习环境、资源和设备（包括 ICT 和互联程度）数据；来自 TALIS 的学校氛围指标，包括学生的暴力与破坏行为
4.b	到 2020 年，充分扩大发展中国家可以获得的全球奖学金数量，特别是最不发达国家、小岛屿发展中国家和非洲国家，促进高等教育入学，包括发达国家和其他发展中国家的职业培训与信息与通信技术、技术、工程学与科学课程	有 OECD 发展资助委员会编辑的有关奖学金数据，包括发展援助计划
4.c	到 2030 年，充分增加合格教师供给，包括通过发展国家中国家国际教师培训合作，尤其是最不发达和小岛屿发展中国家	来自 INES/NESLI 的教师数据；来自 TALIS 调查和 PISA 教师问卷的有关教师、教师培训和教师专业发展数据；来自即将开展的职前教师培养研究的数据（Initial Teacher Preparation ITP Study）

附表 2　通向教育 SDG 目标的图例

4.1	15 岁学生 PISA 数学达到二级及更高的比例（PISA2012）
4.2	5 岁注册幼儿园与小学教育的比例（INES2014）
4.3	第一次高等教育入学率（INES2014）
4.4	24—64 岁掌握 3 到 4 组技能的比例，准备好应用信息与通信技术解决问题的程度（PIAAC2012/2015）
4.5	PISA 包容性指数（PISA2012）
4.6	达到阅读量表三级或更高水平的成人比例（PIAAC2012/2015）
4.7	在环境科学成绩指数（PISA2006）达到 ABC 等级的学生比例

续表

4.a	人均教育目标的计算机数量，平均指数（PISA2012）
4.b	奖学金和学生成本，捐赠国家（美元，百万，2012—2014差异）
4.c	ISCED2教师完成教师教育或培训课程的比例（TALIS2013）

《教育概览2017》中各国朝着10个SDG4目标的进展情况如下：

1. 目标4.1实现情况

OECD各国已成功保障了充分的教育基础设施并接近普及基础教育机会。但是，各国的教育参与情况不足以体现个体幸福与现代社会繁荣所需的知识、能力、技能与态度的掌握情况。在一些与学习结果相关的指标，如15岁学生科学、数学与阅读熟练程度，成人阅读与数学熟练程度等方面，OECD成员国与伙伴国存在显著差异，例如，OECD各国PISA阅读与数学至少达到二级基准水平的15岁学生的比例介于26%—84%。在一些国家，来自处境不利社会经济背景的学生数学和阅读达到或超过最低精熟度水平只有处境优越背景的学生一半。

几乎所有OECD成员国及伙伴国都有法律规定至少9年初等和中等义务教育。在9个国家实现了12年义务教育。5—14岁儿童入学率在所有OECD成员国与伙伴国接近100%。但是更大年龄群体的参与，尤其是高中教育参与率在一些国家显著下降。在10个OECD国家与伙伴国，这一年龄段的10%或更多年轻人没有在学校接受教育。

在OECD成员国及伙伴国，并非所有学校都在提供优质学习机会。如在爱沙尼亚、芬兰、日本，至少有83%学生阅读与数学达到二级以上水平，而巴西、哥伦比亚和哥斯达黎加，这一比例只有不到35%学生。历次PISA测评也显示在很多国家，无论教育系统整体表现多好，社会经济地位仍然对学生成绩有非常大的影响。因此，提高所有学生（不论背景如何）的成绩，对于各国实现SDG4目标非常迫切。

2. 目标4.2实现情况

OECD各国与伙伴国都成功普及了正式小学教育前一年的学前教育机会。因此，几乎所有OECD成员国与伙伴国实现了这一指标的性别平等。

许多 OECD 国家实际上优先提供面向幼儿的教育与保育服务，但是需要更多数据评估所有儿童是否获得足够高质量的学习和保育，以确保预期的健康、学习与心理结果。

3. 目标 4.3 实现情况

OECD 各国及伙伴国职业教育参与率存在巨大差异，从巴西和哥伦比亚的 4% 到斯洛文尼亚的 31% 不等。在大多数 OECD 国家及伙伴国，至少 20% 的 25—64 岁人群参与了正式或非正式教育与培训，在过去一年，这一数据在卢森堡和瑞典达到 70% 或更多。

4. 目标 4.4 实现情况

尽管教育完成率不能直接与技能目标相联系，但他们体现了各国成功提高人口教育程度的成效。OECD 各国 25—34 岁人群接受高等教育的比例从 2000 年的 26% 提高到 2016 年的 43%。

5. 目标 4.5 实现情况

公平维度贯穿整个可持续发展 2030 进程，是 SDG4 目标的核心。由于全球数据收集存在挑战，目前 OECD 对 SDG4 的监测只涉及两个公平维度：性别与社会经济地位影响 PISA 学习结果的程度。

监测显示：教育性别差距在 OECD 各国与伙伴国仍然存在。15 岁女生至少达到数学和阅读最低熟练程度的比例几乎在所有 OECD 国家高于男孩。这些结果与其他教育指标一致，显示了有利于女孩的性别差距，如高中教育完成率、高等教育参与与完成等。但是，成人阅读与数学熟练程度在 3/4 在有可得数据的 OECD 国家和成员国中，都显示了有利于男性的性别差距。在所有 OECD 国家和伙伴国，社会经济背景仍然影响学生成绩。社会经济地位造成的成绩差距在加拿大、爱沙尼亚和芬兰最小，这 3 个国家成绩与公平都达到了较高水平。

6. 目标 4.6 实现情况

这一目标关注个体和劳动力市场最重要的基本技能——阅读与数学。OECD 将国际成人能力评估计划阅读与数学达到 226 分界定为全球的"熟练程度固定水平"。在大多数有数据的 OECD 成员国和经济体，至少 70% 的 25—34 岁阅读与数学分数达到 226 分及以上。但是，这是各国差异最大的指标之一。日本超过90%成人达到这一分数，智利和土耳其只有40%。

7. 目标4.7实现情况

该目标将教育和几个其他与全球进程的社会与人文主义相关的可持续发展目标联系。它是根据全球量表评估最具挑战性目标之一。因为与该目标相关的任何全球或者主题指标数据都没有替代指标。OECD用15岁学生PISA2015科学分数达到或者高于二级的比例来部分体现这一目标。在大多数OECD成员国和伙伴国至少50%参与PISA2015的学生分数达到或高于二级。比例最高的包括爱沙尼亚91%、日本90%和加拿大及芬兰达到89%。

8. 目标4.a、4.b、4.c实现情况

目标4.a旨在保障学校有高效学习所需的必要资源，包含从建筑物的物理基础设施到让儿童安全的能力所有事物。OECD用两个替代指标——"获得与互联网连接，学生用于教育目的的计算机机会的15岁学生比例"和"经常被欺凌的15岁学生比例"进行监测，结果显示，OECD各国学生都有机会在校接触计算机和联网。但提高学生幸福仍需要努力，目前超过15%学生报告在学校经常被欺凌。

对于目标4.b，2015年29个国家总奖学金额度增加9.54亿美元，主要针对在捐赠国留学的发展中国家学生。对于目标4.c，提高教学职业的地位和质量吸引最好的人从事教育，留住合格及表现好的教师，OECD列出三个影响教学职业吸引力与质量的因素：工作条件、工资和专业发展。OECD各国小学到高中教师收入均低于其他受过高等教育的工人。学前与小学教师法定工资大约是非教师受过高等教育工人的85%，初中提高到91%，高中提高到96%。在所有OECD各国和伙伴国，至少70%教师在前一年获得过培训，澳大利亚和新西兰比例最高，为97%。

五、小结

全球教育已经进入一个新的发展阶段，当前国际教育与发展界都致力于实现全球可持续发展议程，尤其强调教育2030议程在可持续发展目标全球综合框架中的关键作用。《北京教育现代化2035》需要与全球2030教育

议程实现对接，顺应国际教育发展潮流，创新发展方式，不断提升首都教育的内涵和水平。让"可持续发展议程"成为"北京教育现代化2035"表达和行动的基本"语境"和"场域"，密切关注全球教育发展理念的变化，把握全球教育改革的方向，思考教育发展模式；同时在重视"核心素养""21世纪技能"培养的同时，密切关注"全球化、自动化、数字化"这些影响教育发展的重要趋势，在融入世界教育大潮的同时，坚守社会主义核心价值观；此外，在吸取全球经验的同时，要讲好中国经验、北京故事，增强教育国际竞争力，树立首都教育品牌。首都的"可持续发展教育""社会大课堂""雏鹰""翱翔"等创新人才培养体系以及独特的教研制度都是我们可以挖掘的推向全球的"北京故事"；让"学会学习"成为首都教育的新目标，首都教育在注重知识技能培养的同时，还应强调学生的情感、幸福及全球素养培养；最后，首都教育必须重视全球性的教育质量指标体系，面向2035，首都必须向国际上学习成绩优异的竞争国看齐，高度重视大型跨国教育测试，尤其是重点研究OECD的各项指标，甚至选择参与一些国际统一测评，如PISA、TIMSS、或PIRS等，在参与与实践中，学习全新的视角与理念，同时也让首都教育具有国际可比性，增强首都教育的国际话语权。

参考文献

[1] 孔令帅.纽约教育发展研究[M].北京：北京大学出版社，2017.

[2]（日）富田和晓.图说大都市圈[M].王雷，译.北京：中国建筑工业出版社，2015.

[3] 李燕，王芳.北京的人口、交通和土地利用发展战略：基于东京都市圈的比较分析[J].经济地理，2017（37）.

[4] 李冬梅.日本竭力消除"入托难"顽疾[J].上海教育，2016（32）.

[5] 李冬梅.日本：将职业生涯教育融入多种学校活动中[J].上海教育，2018（6）.

[6] 李冬梅.日本扶持特定国立大学以抗衡世界一流大学[J].世界教育信息，2017（15）.

[7] 李冬梅.日本拟调控大学新建以应对东京人口增长[J].世界教育信息，2017（8）.

[8] 盛垒，洪娜，黄亮，张虹.从资本驱动到创新驱动——纽约全球科创中心的崛起及对上海的启示[J].城市发展研究，2015（10）.

[9] 王俊.东京：科学创新与技术创新的融合[J].上海教育，2015（36）.

[10] 王兰，等.纽约的全球城市发展战略与规划[J].国际城市规划，2015（4）.

[11] 北京国际城市发展研究院.北京建设世界城市的国际借鉴[N].北京日报，2010-3-10（12）.

[12] Annual London Education Report 2015[EB/OL].[2018-06-12].https：//www.london.gov.uk/what-we-do/education-and-youth/education-and-youth-publications/annual-london-education-report-2015.

[13] Annual London Education Report 2017[EB/OL].[2018-06-15].https：//www.london.gov.uk/what-we-do/education-and-youth/education-and-youth-publications/annual-london-education-report-2017.

[14] DCPS at a Glance: Enrollment [EB/OL] . [2019-01-15] .https: //dcps.dc.gov/node/966292.

[15] DCPS Fast Facts [EB/OL] . [2019-01-15] .https: //dcps.dc.gov/node/966292, 2017-2018.

[16] DCPS at a Glance: Performance [EB/OL] . [2019-01-15] .https: //dcps.dc.gov/node/966292 .

[17] Friendly London: Agreat place to live, work and visit [EB/OL] . [2018-06-10] . https: //www.london.gov.uk/sites/default/files/gla_migrate_files_destination/Friendly%20London%20report%2011-5-15.pdf.

[18] London pupils predicted to improve further [EB/OL] . [2018-06-20] .http: //www.bbc.com/news/education-34390467.

[19] OSSE.High School Graduation Requirements Task Force Over view [EB/OL] . [2018-06-20] .https: //sboe.dc.gov/sites/default/files/dc/sites/sboe/page_content/attachments/High%20School%20Graduation%20Requirements%20Task%20Force%20Overview%20-%2007-11-2017.pdf.

[20] Social In frastructure Supplementary Planning Guidance [EB/OL] . [2018-06-12] . https: //www.london.gov.uk/what-we-do/planning/implementing-london-plan/supplementary-planning-guidance/social-infrastructure.

[21] Students in Washington region show little change in national test scores.[EB/OL] . [2018-04-10] .https: //www.washingtonpost.com/local/education/students-in-washington-region-show-little-change-in-national-test-scores/2018/04/09/a02db918-3c26-11e8-8d53-eba0ed2371cc_story.html?utm_term=.241c689513fb.

[22] Sean Coughlan.London is most educated city in Europe [EB/OL] . [2018-06-18] .http: //www.bbc.com/news/business-37158445.

[23] 2020 Vision: The Greatest City On Earth-Ambitions For London By Boris Johnson [EB/OL] . [2018-06-10] .https: //www.london.gov.uk/sites/default/files/gla_migrate_files_destination/2020_vision_web_0.pdf.

[24] 东京都教委.とうきょうの教育 [EB/OL] . [2018-05-06] .http: //www.kyoiku.metro.tokyo.jp/administration/pr/general.html.

[25] 东京都教委.東京都教育施策大綱［EB/OL］.［2018–05–03］.http：//www.kyoiku.metro.tokyo.jp/administration/action_and_budget/action/files/action/general_principle2016.pdf.

[26] 东京都政府.東京都長期ビジョン［EB/OL］.［2018–06–06］.http：//www.seisakukikaku.metro.tokyo.jp/tokyo_vision/vision_index/index.html.

[27] 东京都政府.都民ファーストで作る「新しい東京」—2020年に向けた実行プラン［EB/OL］.［2018–06–10］.http：//www.seisakukikaku.metro.tokyo.jp/actionplan_for_2020/honbun/honbun_zentai.pdf.

[28] 东京都教委.東京都の教育2017［EB/OL］.［2018–05–06］.http：//www.kyoiku.metro.tokyo.jp/administration/pr/files/multilanguages_tokyou_no_kyoiku/tokyo2017_c.pdf.

[29] 黄吉.东京2020年发展计划［EB/OL］.［2018–06–13］.http：//www.istis.sh.cn/list/list.aspx?id=10893.

[30] Department of Education. The Framework for Great Schools［EB/OL］.［2018–05–28］.http：//schools.nyc.gov/AboutUs/schools/framework/default.htm.

[31] 联合国教科文组织.反思教育：向"全球共同利益"的理念转变？［R］.联合国科文组织，2015.

[32] OECD.Trends Shaping Education［R］.Paris：OECD，2016.

[33] OECD.Pursuit of Gender Equality：An Uphill Battle［R］.Paris：OECD，2017.

[34] OECD.Social and Emotional Skills Well–being，connectedness and success［R］.Paris：OECD，2017.

[35] OECD.Preparing Our Youth for an Inclusive and Sustainable World：The OECD PIS A global competence framework［R］.Paris：OECD，2017.

[36] OECD.Learning Framework for 2030［R］.Paris：OECD，2018.

[37] OECD.Educational Opportunity for All：Over coming Inequality through out the Life Course［R］.Paris：OECD，2017.

[38] UNESCO.Education 2030：Incheon Declaration and Framework for Action［R］.Paris：UNESCO，2015.

[39] Paris Region Key Figures［R］.Paris：Paris Region Enterprises，the Paris Ile–de–France Regional Chamber of Commerce and Industry and the Paris Region Urban Planning and

Development Agency (IAUÎle-de-France), 2018.

[40] Projet académique 2017-2020 : trois grandes ambitions pour la réussite detous [R].Paris: Académiede Paris, 2017.

[41] Le Grand Paris Citoyen [R].Paris: Mairiede Paris, 2015.

后　记

自2000年起,北京教育科学研究院就策划出版了全国第一部年度性蓝皮书《北京教育发展研究报告》,记录北京教育的发展轨迹和政策变迁。18年来,蓝皮书围绕首都教育前沿趋势、首都各级各类教育改革与发展重大热点难点问题研究,用事实和数据说话,努力发挥着"存史、资政、宣传、育人"的作用。

从现在起到2035年是北京落实城市"四个中心"战略定位、实现高水平教育现代化的关键时期。北京作为中国这一伟大社会主义国家的首都,不仅是国家政治中心、文化中心、国际交往中心和科技创新中心,也是京津冀协同发展战略打造世界级城市群的核心,是建设雄安新区这一"千年大计、国家大事"的首要推动力,北京教育的改革发展面临前所未有的新需求、新机遇、新挑战。随着教育改革速度加快、范围加大、层次加深,首都社会各界对教育研究提出了更高、更快、更强的要求,我们必须紧跟形势,更好地提升专业性、服务性。为此,本辑《北京教育发展研究报告》作出全新改版,打破了原有专题集的架构,力求通过合作研究,形成统分结合、体系完整、逻辑严谨的报告体系。同时,本辑报告是北京市"十三五"时期教育科学规划重大课题"京津冀协同发展战略下首都教育地位、作用和变革趋势的研究"(立项编号 BMAA16012)的研究成果,是北京教育科学研究院集体智慧的结晶。课题坚持以促进首都教育现代化为宗旨,确定"'四个中心'建设与首都教育新使命"为主题,力图分析首都城市战略定位与教育功能关系,开展前瞻性研究,明确2035年首都教育的发展方向和重点,推进首都教育现代化向更高水平迈进。我们期待,也愿意继续努力与关心首都教育改革与发展的人士就围绕"'四个中心'建设与首都教育新使命"这一主题真诚交流、寻求共识。

参与研究及编写本书的团队以北京教科院教育发展研究中心科研人员为主体，具体执笔人如下：概述，李政、刘继青、李旭、尹玉玲；第一章，刘继青、高兵；第二章，唐科莉（负责华盛顿部分）、纪俊男（负责巴黎部分）、李震英（负责伦敦部分）、周红霞（负责纽约部分）、李冬梅（负责东京部分）；第三章，杜光强；第四章，雷虹、高兵；第五章至第八章，李旭；第九章，尹玉玲、李旭；第十章，李璐、刘继青；附件，唐科莉。在开展研究和编写本书的过程中，北京市教委、北京教育科学研究院的有关领导和部门给予了重要指导和大力支持，在此表示衷心感谢。

作为一项集体研究成果，本书阐发的观点和资料的可靠性由相关研究人员负责。同时，需要说明的是，虽然本项目的研究人员努力工作，希望本书为关心首都教育改革与发展的机构和人士提供有益参考，但囿于时间和能力，我们的观点未必完全准确，相关的政策建议不一定切合实际，敬请相关专家和广大读者批评指正。

联系地址：北京市海淀区翠微路 4 号院北京教育科学研究院教育发展研究中心　邮编：100036

电话：010-88171908　　传真：010-88171917

E-mail：fzzxlps@163.com

编　者

2018 年 12 月

《北京教育发展研究报告》
读者评价调查

尊敬的读者：

  您好！为进一步提升《北京教育发展研究报告》的质量和水平，给您提供更好的服务，特开展此次调查活动。请您给予真诚和中肯的评价。本调查不记名，内容保密。问卷包含8项满意度选择题和1项开放式问题。满意程度由高到低分为：非常满意（5）、满意（4）、一般（3）、不满意（2）、非常不满意（1）；请根据您的真实意愿圈出相应分值。

  您的意见和建议，对于我们十分重要。衷心感谢您的支持！

《北京教育发展研究报告》编委会

1. 您的身份： A. 政府行政官员   B. 专职科研人员   C. 任课教师
      D. 学校或事业单位行政管理人员   E. 其他

2. 就《北京教育发展研究报告》的以下几个方面，您的评价是：

序号	题目	满意度由高到低				
1	《北京教育发展研究报告》的总体感觉	5	4	3	2	1
2	在"装帧、封面及排版设计"方面	5	4	3	2	1
3	在"整体稿件质量"方面	5	4	3	2	1
4	在"出版时效性"方面	5	4	3	2	1
5	在"学术价值引领和社会影响力"方面	5	4	3	2	1

续表

序号	题目	满意度由高到低				
6	在"关注首都教育热点、难点问题,促进教育发展并提供创新性政策建议"方面	5	4	3	2	1
7	在"服务读者的工作和研究需求"方面	5	4	3	2	1
8	在"积极向读者征求和反馈意见、建议"方面	5	4	3	2	1

3. 对《北京教育发展研究报告》的设计、组稿、服务等方面,您还希望我们作出哪些改进?

_____

_____

请您将填好后的问卷寄至:北京市海淀区翠微路4号院北京教育科学研究院教育发展研究中心 邮编:100036

电话:010-88171908

传真:010-88171917